KB073098

희 망 을 찾 는 이 들 을 위 한

나는 희망의 증거이고 싶다

애드미트

나의 곁을 늘 지켜주는

사랑하는 아내 영은과 두 딸 희진, 유진이

그리고

잊지 않고 응원을 보내주는 인연들과

퇴원하면 가장 먼저 반겨주는

사랑이에게…

"ALS(amyotrophic lateral sclerosis), 근위축성 측삭경화증입니다."

지난 수 년 간 나를 조금씩 갉아 먹고 있던 병명이 밝혀졌다. 의사의 선고는 망치가 되어 머리를 내리쳤고 그 후에 그가 한 얘기는 기억나지 않는다.

되돌아보면 증세는 서교동지점으로 발령 받은 후인 2013~14년부터 시작된 것 같다. 원인 모를 피로감에 늘 시달렸다. 그러던 어느 날 목 근육의 경련이 시작됐고, 치과에서 스케일링을 받던 중 아래턱이 덜덜 떨려 더 이상 받을 수 없는 지경까지 되었다. 그 뒤로 병원을 찾기 시작했다. 종합병원인 ㅂ병원의 진단은 수전증 같은 증세라고 했고, ㅅ병원은 아무 이상 없다고 했다. 동네 정형외과에서는 거북목이 원인이라며 무척 아픈 주사를 수십 방 찔렀고 물리치료를 했지만 소용이 없었다. 어느 한의원에서는 간에 문제가 있다며 약을 두어 재 지어먹고 침을 맞으면 될 거라고 얘기했다. 그밖에도 해 볼 수 있는 건 다해 봤지만 어느 곳에서도 정확한 진단을 하지 못했다.

병은 내 37년 7개월의 마지막 근무지였던 여의도에서 급격히 진행됐다. 얼굴의 떨림이 심해지기 시작해서 다른 사람들이 알아보기 시작했고, 어느 날 회의 중에 말하는 게 힘들어 서둘러 회의를 끝마쳤던 적도 있었다. 퇴직을 3개월 앞두고 서울대병원 신경과에 갔고 6월 MRI와 근전도검사와 유전병 검사를 했다. 결론은 운동신경에 문제가 생긴 것 같은데 병의 진행 상황, 현재 상태를 봤을 때 '파킨슨'이나 '루게릭'은 아닌 것 같다고 했다. 일단 두

가지 병이 아닌 것 같다는 진단에 안심했다.

　나와 아내는 3개월마다 서울대병원에 갔고 진료를 마친 후에는 마치 예전에 데이트를 추억하듯 동숭로를 거닐며 맛집도 가고, 카페도 들렀다. 그러나 진료가 거듭될수록 내 상태는 조금씩 더 나빠졌다. 특히 팔의 근육이 많이 빠져 조금 무거운 물건도 들지 못했고, 앞으로 손을 뻗은 채 오래 버티지도 못했다. 더 이상 동숭로 데이트도 하지 못하게 될 즈음 담당 의사는 다시 한 번의 근전도 검사 후 2019년 10월에 내 병이 루게릭이라고 확정했다. 돌아오는 길에 아내는 끝내 울음을 터트렸고 아내를 달랠 길 없는 나도 따라 울었다.

　그때부터 일기를 쓰기 시작했다. 아내와 아이들에게 하고 싶은 말도 써두었다. 아이들 결혼식에 참석 못할 경우를 대비해 선배님과 친구의 도움을 받아 축하 영상도 찍어 놨다. 하지만 이건 결혼식장을 울음 바다로 만들 것 같아 실행은 못할 것 같다. 부질없는 내 욕심이었다.

　이 책의 시작이 된 글은 서울대병원에서 퇴원했던 2020년 12월 말경 늘 내게 응원과 격려를 보내주신 부행장님과 벗들에게 병원 생활 잘 마쳤다는 인사를 카톡으로 남겼던 것이다. 그 후 한양대병원에 입원하면서 편지 형식에서 일기로 바뀌었다. 카톡 문자 입력창이 원고지가 됐고 오른손 엄지손가락이 펜이 되었다. 새벽에 깨서는 글을 썼고, 반복해서 읽었다. 잘못된 문장이나 단어를 고치기 위해서는 전 문장을 복사해서 다시 카톡 입력창에 붙여

넣기를 한 후에 수정을 해야 했다. 하루의 글을 완성하기 위해서는 그 작업을 많게는 수십 번 반복하기도 했다. 어깨의 힘이 빠지고 손가락이 어눌해지면서 시간은 더 걸렸고 어깨의 심한 통증이 시작됐다. 언제가 끝일지는 모르겠지만 바람이 있다면 어눌한 지금의 목소리와 카톡에 입력하는 손가락만은 끝까지 유지됐으면 좋겠다.

한양대병원에서 많은 루게릭 환우들을 만났고 놀라울 정도로 밝은 그들로부터 많은 치유를 받았다. 이 책은 루게릭으로 아파하는 모든 환우들과 가족들이 함께 써 내려간 '우리의 일기'이다. 비록 몸이 촛불처럼 타들어 가지만 주변을 밝혀주는 그런 사람들의 이야기이다.

환자가 다른 아픈 사람에게 보내는 위로이자 같은 고통을 겪는 사람이 처지가 다른 이에게 보내는 응원의 함성이다. 그 힘은 나를 좌절에서 일으켜 세웠고 스스로 견고하게 쌓아 둔 고독의 감옥을 허물게 해주었다. 나는 안다. 그것이 우리가 만들어 가고 있는 작은 기적임을. 그리고 그 기적은 끊임없이 이어질 것이다.

지난 1년여간 안식의 길을 떠난 환우들과 지금 투병의 말미에서 가쁜 숨을 몰아 쉬는 환우들에게 말하고 싶다. 루게릭과의 싸움은 아직 끝나지 않았고 계속 이어질 것이라고. 그 누군가가 우리의 '희망의 증거'가 될 때까지.

2022년 3월
이 후 범

[모리와 함께 한 화요일] 소설과 [내사랑 내곁에] 영화는 신경계 희귀난치성 질환인 루게릭병을 주제로 하여 인생과 삶의 의미를 진지하게 다룬 이야기입니다. 그 외에도 루게릭병과 투병하면서 힘들고 어려운 시간을 희망의 여정으로 승화시키고자 하는 적지 않은 귀중한 저서들이 발간된 바 있습니다. 루게릭병 환우들과 가족들이 써 내려간 역사 속에서 새로운 형식의 에세이를 [이후범]님께서 [나는 희망의 증거이고 싶다]는 제목으로 발간하게 됨을 축하드리고자 합니다. 축하라는 표현보다는 감사와 존경을 표하고 싶은 심정이 더 정확할 것입니다.

신경과 의사로 루게릭병 전문클리닉을 개설하여 루게릭환자들을 진료하고 애환을 나눈 시간이 벌써 22년이 되어갑니다. 1990년 신경과 전문의 자격을 받고 휴스톤 베일러대학의 루게릭과 치매센터를 다녀온 것이 2000년이니 루게릭과의 인연은 32년을 넘었습니다. 그동안 루게릭병으로 의심되어 처음 내원했을 때부터 현재까지의 병록을 소중하게 간직한 환자수가 3000명이 넘으니 적지 않은 루게릭병 환자를 만나온 것 같습니다. 환자를 진료하고 치료하고자 노력하고 공급자적인 위치에서 환자를 설득하고 이런 점이 힘들거야 하는 생각으로 노력해왔지만 환자들의 속마음 이야기를 듣지 못했던 것 같습니다. [나는 희망의 증거이고 싶다]를 읽어보면서, 처음 진단을 받을 때까지의 우여곡절, 진단 받고 난 후의 애환, 진단을 부정하고 싶었지만 질병을 받아들이고 희망을 놓지 않고 열심히 살아가시는 모습들, 나와 비슷한 환우들을 위한 배려, 가끔씩은 병동에서 동호인 모임을 만들어 병원과 간호사실에 압력단체가 되기도 하고, [파바의 덱]에서의 모임과 [파바 덱 이슬이 모임]들을 해온 역사와 의미를 알게 되면서 우리 환우들을 더 많이 이해하게 되었음을 고백합니다.

특히 동병상련의 환우들끼리 느끼는 끈끈한 공감, 슬픔과 희망이 함께 묻어나는 이야기들, 점차 나빠지는 상황에서도 희망과 소망의 끈을 놓지 않고 슬기롭게 살아가는 이야기들, 아프다는 것은 감성을 풍부하게 하고, 평범했던 빗소리, 새소리, 꽃봉오리들이 계절이 반복되면서 변화하는 모습을 감상하고 의미를 느끼고자 하는 시인과 같은 이야기들, 기도하는 목적이 나아지기를 위해서가 아니라 그 시간 동안의 마음의 평안을 유지하기 때문이라는 구절, 파바 데크에서의 치맥파티가 그리울 수 밖에 없는 코로나시절의 이야기들은 가슴을 뭉클하게 하였습니다. 본인이 투병하면서도 가족들과 친구들, 다른 환자와 심지어 우리나라의 정치를 위해서, 때로는 반려견을 위해서 기도하는 간구와 회개의 기도를 하는 모습들, 힘든 병을 견디게 해주는 힘이 희망이라는 말…

저 역시 의사의 길을 살아가면서 환갑을 넘기고 나니 인간에게 [가치있는 삶]이란 얼마나 오래 사느냐 보다는 [보다 의미있는 삶을 살기 위해 얼마나 노력하느냐]라는 평범한 진리를 새삼 깨닫게 됩니다. 인생의 선배 [파스칼]이 "태양아래서 내가 차지하고 살고 있는 현재 자리는 타자의 희생으로 이루어진 것이다"라는 말을 되뇌며, 오늘 내 모습 배후에는 누군가의 희생이 있었음을 생각하면서 내가 빚진 자의 모습으로 살아가야하는 이유를 깨닫게 됩니다. [나는 희망의 증거이고 싶다]는 에세이를 통해 삶의 의미를 깨달아가는 모습, 슬기롭게 투병하는 모습, 힘들어도 희망을 놓지 않는 모습들 이런 모습을 같이 공유하고자 하신 [이후범] 환우 작가님께 다시 한번 감사와 존경을 표하며, 환우들에게 희망의 증거가 되는 따뜻한 울림을 주는 선물이 되었으면 합니다.

베르그송은 [지속하는 시간]이란 생명의 연속적인 과정 가운데 끊임없이 무엇인가를 새롭게 생성시키는 창조의 과정이라고 했습니다. 우리가 아프더라도 어제보다 오늘, 오늘보다는 내일의 새로움을 위해 노력하고 어제보다 나은 오늘을 살아가는 우리가 되면서 루게릭이라는 힘든 병도 희망을 갖고 극복할 수 있는 환우들이 되시기를 간절히 기원합니다.

마지막으로 이 에세이의 배경이 된 한양대병원 루게릭병 클리닉이 어제보다는 오늘 조금 더 나아졌다는 이야기를 들으면서 성장했으면 합니다. 대형병원들에 비해 부족하기만 한 시설의 한양대병원을 가난한 친정과 부자집 시댁이라 표현해주신 환우들의 심정을 들으며, 한양대병원 루게릭병 클리닉에서 여러 환우분들의 높은 기대와 희망을 들어드리지 못해 많이 아쉬웠지만, 또 한 편으로 이 모두가 의료진과 환우들간의 끈끈한 정이 있어 불편함을 극복해가고 서로 격려하며 나아가고 있는 것이라 생각합니다.

"우리는 루게릭병을 앓고 있다. 치료가 잘 안 된다고 한다. 그래도 이겨야 한다. 그리고 병에 시달리기보다 병을 이해하고 병을 보듬으며 그래도 희망을 갖고 오늘도 희망의 끈을 놓고 지내지 않기를 간절히 바라고 싶다." [나는 희망의 증거이고 싶다]의 저자 이후범님과 베프 친구분들의 신선한 이야기가 루게릭병 환우들에게 도움이 되기를 기원합니다.

2022년 봄
한양대학병원 신경과
루게릭클리닉 **김 승 현** 교수

이 후범 형제의 '슬기로운 환자 생활' 병상일지를 접하며.

미래 삶이 어떻게 전개될지 예상할 수 없을뿐더러 감당할 수 있을지 불안한 마음으로 불확실한 삶의 시간표를 바라보면서도 동병상련의 환우들과의 우정을 소중하게 여기며 관계를 이어가자 하는 마음이 아름답게 느껴졌습니다. 자신의 고통을 감당하기에도 여유가 없을 것 같은데, 자신의 치유를 위한 욕구보다는 가족이 받을 수 있는 상처와 혹시 더 자상하게 배려하지 못했다고 자책할 수 있는 가족들의 부채 의식을 먼저 안쓰럽게 걱정하며 매일 입원하는 환자를 맞이하기 위한 준비로 바쁘게 임무 수행할 간호사를 배려하는 인정(人情)의 여유가 부러웠습니다. 만일 내가 그러한 상황에 놓인다면 나는 어느 정도 여유로운 마음을 유지할 수 있을까 생각해보았습니다.

'정신의 안정과 마음의 평화가 육체적 병의 치유에 큰 도움이 된다'는 그의 말은 옳다고 생각합니다. '건강한 육체에 건강한 정신'(Mens sana in corpore sano)이라는 라틴어 속담도 있지만 동시에 '선량한 정신은 왕국을 소유한다. (Mens regnumbona possidet)는 세네카(Seneca)의 말로 병행 보완되어야 하지 않을까 생각합니다.

'친구란 어깨에 나의 슬픔을 대신 짊어져 주는 사람'이라는 말을 기억하며, '우리는 기꺼이 상대방의 슬픔에 공감하고 때론 들은 얘기의 비밀(?)도 지켜가며 더욱 단단한 친구가 되고 있다'는 이 후범 형제의 말에 공감합니다. 아주 조금씩이나마 희망의 가냘픈 빛줄기기라도 보인다면 희망 없는 희망 속에서라도 희망을 찾기 위한 삶의 의욕을 살려 나갈 수 있기를 바랍니다. 4년간 식물인간 상태에서도 자신과 가족들이 희망을 포기하지 않고 정성을 다한 결과 패럴림픽 경기에 미국의 대표 선수로 참가하여 은메달 세 개와 금메달 한 개를 획득하며 세계 신기록까지 세운 빅토리아 앨런 (Victoria Arlen)은 우리에게 말합니다.

'자신에 대해 믿음을 절대 잃지 마세요. 낙관주의는 성공으로 인도하는 믿음입니다. 희망과 자신감이 없으면 아무것도 이룰 수 없습니다. "라고 말했습니다.

그렇습니다. 희망은 어둠 속에서도 잠들지 않는 삶의 꿈이며 등불이라고 합니다. 희망은 실패하는 데서 끝나지 않고 포기하는 데서 끝난다고 합니다. 결과야 어찌 될지 알 수 없지만, 희망을 품고 있는 한, 우리는 살아있습니다.

이 후범 형제와 루 환우 여러분의 희망에 동참하고자 합니다. 그리고 루 환우 가족분들의 어려움에도 동참하며 희망 잃지 않으시도록 기도합니다.

　　이 후범 형제님과 루 환우 여러분, 건강 잘 유지하시기를 바라며 여러분들의 희망이 지속될 수 있도록 기도로 동참합니다. 고맙습니다.

김 희 중 대주교

나는 희망의 증거이고 싶다(슬기로운 환자생활)의 추천사를 쓰려하니 쓰린 가슴의 숨소리부터 다스려야 했다. 후범이 보내온 글을 읽다 보면 멍하니 하늘을 보면서 가슴을 쓸어내린다. 만나면 하고 싶은 얘기들이 많지만 마주치는 눈빛만 주고받고 돌아선다.

후범은 은행에서 나와 함께 할 때 다가온 그 모습과 지금의 투병중인 모습이 많이 닮았다. 어느 순간에도 부드럽고 따뜻한 말투와 특유의 유머와 위트를 섞어가면서 주변을 포근하게 만드는 재주가 탁월했다. 어디서든 부지런히 영상과 사진 속에 우리 이야기들을 기록하고 있었다. 그리고 얼마간 세월이 흐르면 이야기들을 사진 속에 글과 함께 담아내서 추억의 소중함과 즐거움을 제공하는 멋진 동료이자 후배이다.

후범이 간직하는 세상의 의미는 만나는 인연들에게 봄에 만나는 아지랑이처럼 따뜻한 바람을 불어넣어 아름다운 이야기를 만들어 내는 일이 아닐까?

루게릭 환우들과의 만남 속에서 후범이 받아내는 세상을 글로 느끼다 보면 나의 속된 세상사로는 범접하기 어려워서 마음을 쓸어내린다. 어찌 보면 후범은 말 못할 고통을 겪는 환우들에게 예지자처럼 다가와 용기와 희망을 심어주면서 끊임없는 기적을 보여주고 있다. 후범 혼자만으로도 다가온 루게릭의 파도가 막아내기 힘든 상황에도 가족들한테 늘 여유로운 행동과 주변에 늘 위안의 표현들로 따뜻한 세상을 만들어가는 후범을 진실 되게 끝까지 응원하리라

후범의 소망대로 어눌한 목소리와 카톡에 입력하는 손가락이 오랫동안 유지된다면 후범의 글이 절망 속에 갇혀있을 환우들에게 따뜻한 위로가 되길 희망한다.

이 책은 후범이 건강한 모습으로 살아온 인생과 루게릭으로 힘든 시간을 겪어내면서 끊임없는 기적을 만들어 가는 인생이 서로에게 대화를 통해 위로하고 사랑하고 또 다른 멋진 길을 안내해주는 화음 같은 이야기를 엮어냈다고 평하고 싶다.

힘든 고통의 시간에도 환우와 주변의 인연들에게 멋진 책을 집필한 후범의 용기에 찐한 감동을 느끼고 끝까지 응원합니다.

황 인 산 드림

목차
CONTENTS

슬·기·로·운·환·자·생·활 나는 희망의 증거이고 싶다

슬기로운 환자생활 1

시 작

(2020년 12월 16일 ~ 12월 30일 서울대학병원)

선배님께

처음 입원하는지라 불편함이 많을 거라 짐작했었는데 막상 가보니 그곳도 삶의 일부였습니다. 누군가에게는 바쁜 일터고 다른 이에게는 병마와 싸우는 처절한 전쟁터이고 병간호를 해야 하는 가족들에게는 고됨의 현장이었습니다.

장례식장에 죽은 이가 많은 것처럼 병원에는 아픈 사람 투성이라 제 병을 n분의 1하면 누구에게나 있을 수 있는 일인 그저 흔한 일이 된 것 같았습니다.

뇌출혈 후유증으로 4년째 투병하는 전직 변호사와 그를 간호하는 누이, 갑자기 두 팔의 힘을 상실해 많이도 울었다는 목사 부부, 80세가 넘으신 노인은 재력이 있는지 4인실이 불편하다고 하도 투덜거려서 오히려 주변을 불편하게 만들었고 3일 전 저와 비슷한 증상으로 입원한 전직 교사인 아빠를 간호하는 딸이 하나은행 직원이라는 얘기에 뜻밖의 반가운 상견례(?)를 하기도 했습니다.

서울대병원은 시설이 오래돼 불편함은 있었지만 좋은 의료진과 간호사들을 만나 위로와 격려를 받은 것으로 상쇄하고도 남았습니다.

하루에 링거로 주사제를 두 시간 정도만 맞으면 달리 할 일이 없을 줄 알았는데 수시로 혈압과 체온을 측정하고 잊을 만하면 피 뽑겠다고 달려들어서 작업치료, 운동치료까지 받다 보면 하루가 금세 지나갔습니다. 저는 다행히 주사제의 부작용은 없었고 목소리 내는데 힘이 덜 드는 효과를 본 것 같습니다. 큰 기대는 하지 않았던 터라 이것만으로도 감사할 뿐입니다.

이제 집에서 2주 있다 일산에 있는 다른 병원으로 옮겨서 2주간 2차 주사치료를 하고 그 후에는 4주에 10일씩 입원하여 주사치료를 받을 예정입니다. 퇴원 직전에 면담한 주치의가 과거에는 아무것도 해줄 게 없었는데 이 주사약이 3년 전에 나와서 그나마 병의 진행을 지연시킨다고, 여건만 되면 지속적으로 치료를 받으라고 합니다.

여건이란 '효과가 있을 것과 경제적으로 가능하다면'이란 뜻인 것 같습니다. 이러다 치료제가 나오면 좋은 것 아니겠냐고 말을 맺었는데 집사람 눈이 밝아지더군요.^^

집에 오니 좋습니다. 익숙한 물건들이 주는 편안함도, 반겨주는 딸들과 사랑도, 마음대로 채널을 선택할 수 있는 자유로움도 새삼 좋습니다. 그리고 무엇보다 정성 없이 기계적으로 만든 음식을 안 먹어도 되는 것도 큰 기쁨입니다.

어느덧 세밑이네요. 이제 한해를 보내는 아쉬움도 새해를 맞는 희망도 새로울 것이 없게 느껴집니다. 제가 삶의 관조자가 된 것인지 의미를 찾지 못하게 된 것인지 모르겠습니다만 원래 삶이란 하루하루를 이어나가는 긴 시간의 연습이라는 생각입니다. 다가올 내일은 제 삶에서 단 한 번도 경험해 보지 못한 날일 테니까요.

그래도 선배님께 새해 건강과 평안을 기원합니다.

새해 복 많이 받으십시오.

슬기로운 환자생활 2

루씨 연대기

(2021년 1월 14일 ~ 1월 23일 한양대병원)

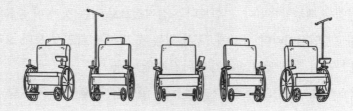

슬기로운 환자생활 2_ 입원

다시 병원생활이 시작되는 날입니다. 일산에 있는 병원에는 입원이 불가능하다고 해서 우리나라 병원 중 유일하게 루게릭 센터가 있는 한양대병원에 입원하게 됐습니다. 한강의 파도도 얼게 만든 추위가 잠시 자리를 비운 틈으로 마치 봄볕 같은 햇살을 맞으며 집을 나섰습니다.

참 이상한 일입니다. 자유로로 접어드는 길목에 펼쳐진 강은 여전히 얼음이 두터웠고, 강가의 논은 벼를 베어낸 밑동만 가득해 추운 겨울 한복판임을 보여주는데도 봄을 느끼다니 말입니다. 기분 탓이겠지요?^^

한양대병원 역시 다른 병원들처럼 복잡했습니다. 입원 절차를 기다리며 늙고, 마르고, 지친 병색을 한 많은 노인들과 병원 신세를 지기엔 아직 아까운 젊은 모습들도 간간히 섞여 있음을 봅니다. 저는 그 가운데 어디쯤 속해 있겠지요. 아니었으면 좋았을 거라는 부질없는 생각을 하던 중 집사람이 수속을 마치고 병실로 들어 왔습니다.

16층 전망 좋은 2인실로 배정 받았는데 5인실 병상 비는대로 옮겨 달라 신청을 해놓았습니다. 편함보다는 장기전으로 가는 것이 더 중요하기도 하고 2인실이라야 방안에 TV가 있는 것 말고는 다인실 보다 오히려 좁게 느껴져 하루 빨리 빈자리가 나길 바랍니다.

엑스레이, 심전도, 소변검사, 피검사, 혈당검사, 혈압과 체온을 재는 등 이전에 입원했을 때 했던 검사를 다시금 했습니다. 이것도 일종의 크로스 셀링이려니 하는 생각이 드니 피식 웃음이 났습니다. 은행에서는 온갖 감언을 쏟아내야 가능했는데 병원의 경우는 필요의 설명 없이 통보만으로 가능한 것이 달랐습니다만 거기서 왜 빙고게임이 생각났는지.

지금은 식사 후 비타민링거(이것도 X셀링인듯)를 맞고 다시 첫 번째 라디컷 주사제를 맞고 있습니다.

열흘 중 하루를 이렇게 시작했습니다.

편한 밤 되십시오.

슬기로운 환자생활 2_ 3일차

다른 사람과 비교하는 일이 세상에서 가장 어리석은 것인 줄 알면서도 병원에서도 나보다 나은 사람을 보면 내 처지가 서글프고 혹 나보다 더 심하게 아픈 사람을 보면 마음 한 켠에 위로가 싹 트는 걸 보면 이순 가까운 이제야 철들지 못했음을 깨닫게 됩니다.

목요일에는 머리에 물이 차 걸음이 어려운 80대 할아버지가 들어와 척수를 빼고 3일만에 퇴원했습니다. 그리고 그 자리에는 10년 전 뇌졸중으로 쓰러졌던 80대 할아버지가 최근 다시 뇌출혈로 병원에 오셔서 중환자실에 있다 오셨습니다.

이 묘하고 철없는 감정은 이 두 분의 할아버지를 보고 생긴겁니다. 내 나이는 생각 못하고 말입니다.

3일째 주사를 다 맞았습니다. 한양대병원에 오니 먹는 약으로 비타민제 4알이 아침 저녁으로 추가되어 하루에 총 21알의 약을 나눠 먹게 됩니다. 약 먹다 부작용으로 아플 것 같습니다. 다만 대부분 비타민제 같은 영양제류라 크게 부담은 안 될 거라고는 하는데 하여튼 여러 번 나눠 먹어야 하는 일은 유쾌하지 못한 일입니다.

옆 병상 할아버지는 뇌졸중이 20년 동안 세 번 오신 분이고, 이번에는 매우 심해서 집중치료실에서 며칠 동안 계시다 어제 일반 병실로 옮기신 분입니다. 처음에는 의식이 없으신지 계속 잠만 주무시더니 오늘은 처음으로 앉아서 식사도 했습니다. 간병은 세 딸이 번갈아 가며 하고 있는데 세 자매 중 결혼한 둘째가 휴일 당번이고, 평일은 미혼인 첫째와 막내가 담당한답니다.

둘째 딸은 조금도 쉬지 않고 환자에게 깨어 있으라, 밥을 먹어라, 말을 해야 한다고 말을 걸고 팔다리를 주무르고 수시로 대소변을 치웁니다. 할아버지의 체격이 커서 여자 혼자 힘으로는 몸을 돌려 눕히기도 어려울 텐데 그 일도 힘든 내색 없이 수시로 합니다. 옆에서 보는 내가 도와주고 싶을 정도지요.

할아버지 환자의 대소변 처리 시간도 필요할 듯하여 저녁 식사를 마치고 휴게실에 갔는데 거기서 루게릭 환우들을 만났습니다. 2인실에 있을 때는 몰랐는데 16층 병동에는 라디컷을 맞는 환우가 꽤 많은 모양입니다. 발병 시기, 증상, 실손보험 등 다른 곳에서는 들어보지 못한 다양한 얘기들을 들을 수 있었습니다. 수시로 들러야겠습니다.

슬기로운 환자생활 2_ 4일차

오늘 오후에 3박 4일 머물렀던 2인실에서 5인실로 옮겼습니다. 다소 복잡하고 소란스러워졌지만 서너 배 넓어진 창문의 개방감으로 오히려 공간이 넓어진 느낌이라 나쁘지 않습니다.

어제 저녁 휴게실에서 저와 같은 환우 두 분을 만났는데 한 사람은 부부가 대구에서 매달 올라와서 주사를 맞는다고 하고, 다른 한 사람은 라디컷를 21차례나 맞았다고 합니다. 그 둘로부터 슬기로운 환자생활에 도움이 될만한 다양한 정보를 들었습니다. 마치 예전 2차 대전 영화 중 포로수용소에 있는 포로들이 저마다의 노하우로 슬기로운 포로생활을 하듯이 말입니다.

환자당 1명으로 제한되어 있는 간병인에게는 표찰이 지급되는데 옆자리 간병인 표찰을 필요한 숫자대로 빌려가면 간병인 두세 명쯤은 거뜬히 병실로 들일 수 있습니다. 이런 팁부터 줄기세포 치료의 효용성 여부까지 저마다의 사례를 얘기하는데 여기서도 학습모임을 할 줄은 몰랐습니다. 다음 주에는 라디컷를 41번이나 맞은 분이 들어오신다니 그분은 어떤 비책을 알려줄지 기대가 큽니다.

이른 저녁식사를 마치고 휴게실에 나왔습니다. 조금 있으면 아주머니, 할머니 환자와 간병인들이 가득 모일 겁니다. 주말연속극 시간이거든요. 예전에 동네 부잣집 흑백 텔레비전 앞에 모여서 김일 레슬링을 보는 느낌입니다.

이렇게 나흘 밤을 맞았습니다. 평안한 주말 밤 되십시오.

슬기로운 환자생활 2_ 5일차

환자가 다양한 만큼이나 간병인의 종류도 다양합니다.

첫째, 배우자

이 경우는 남편이 환자일 때가 대부분입니다. 허리 꼬부라진 할머님은 영감탱이 간병하다 내가 먼저 죽겠다면서도 할아버지 환자를 정성껏 보살핍니다. 젊었을 때 고생시키더니 늙어서까지 고생시킨다는 말도 빼먹지 않습니다. 제 가슴 한켠도 켕기게 만드는 말입니다.

남편이 아내를 간호하는 경우도 드물게 있습니다만 이 경우는 정말 부부애가 각별하거나 다른 대안이 없는 경우입니다. 여자 병실에 남자가 들어가는 것은 환자나 간병인 자신도 불편한 일이지라 그것도 이유 중 하나인 것 같습니다. 반대의 경우는 흔하디 흔하고 익숙합니다. 남자 화장실에서 소변보고 있는데 청소 아줌마가 걸레질한다고 다리 들라고 하는 일이 익숙한 것처럼.

둘째는 자녀들입니다.

딸들이 간병하는 경우가 흔하죠. 아빠든 엄마든 대부분 딸들이 간호하는데 간혹 아들이 하는 경우도 있습니다. 딸들의 특징은 환자에게 말을 많이 거는 겁니다. 반응 유무에 상관없이 수다를 떱니다. 자기 의사표현이 어려운 환자라도 간병인의 이런 대화 시도는 매우 중요하다고 합니다. 들으면 생각을 하게 되고 생각을 하면 반응하려는 자극이 생긴다고 합니다. 다만 딸들은 힘이 약해 거동이 불편한 환자를 돌보는데 어려움이 있습니다.

반면 아들은 쓸만한 건 오로지 힘입니다. 대부분 무뚝뚝하고 자기 할 말만 하고 끝입니다.

딸들은 식사시간에 재잘 거리며 많이 먹이려 하는데 아들들은 똑같은 상황에서 화를 내며 많이 먹으라고 합니다. 군대생활의 후유증이 아닌가 싶습니다만 저라도 그만 먹고 싶겠더라구요.

그리고 핸드폰만 들여다 보다 환자보다 먼저 잡니다. 코나 골지 말든가. 이런 걸 보면 조만간 남자는 번식용 빼고는 도태될 가능성이 높아 보입니다. 아들만 있으면 아프시지 말기를 권합니다.^^

셋째, 건강보조사(간병인)입니다.

조선족이 많은데 만족도가 너무 낮아서 어쩔 수 없는 경우에만 쓴다고 합니다. 한국인 간병인은 드물지만 만족도가 높고 수입이 괜찮은 편이라 점차 늘고 있답니다. 보름 정도 간병하면 3백 정도 된다고 합니다.

넷째는 며느리입니다.

서울대병원이나 이곳에서는 보지 못했으나 가끔 있다고 합니다. 다만 며느리의 지극한 병간호를 받기 위해서는 강남에 아파트 3채 정도는 있어야 한답니다. 그렇지 않은 경우는 연변 아줌마가 차라리 낫다고 합니다. 거듭 말하지만 아들만 있는 사람은 정말 배우자에게 잘해야 합니다. 아니면 아프지 말던가.^^

끝으로 아주 드물지만 지인 찬스입니다.

지난번 서울대병원에 보름간 입원했을 때 은행 선배이자 오랜 山友인 형님이 4박 5일 간 제 아내의 빈자리를 채워 주셨습니다. 요새 같은 인심에 정말 '세상에 이런 일이'에 나올만한 일이지요. 오랜 기간 부모님의 병간호를 했던 경험이 있던 선배님은 때론 아내보다 세심하게 침상을 지켜 줬습니다. 제 인복일까요? 아닙니다. 그 선배님의 성품이 제 부족함을 넉넉히 덮어 주셨을 뿐입니다.

병원에 있다보니 지금까지 몰랐던 것들이 보입니다. 우리의 앎이 얼마나 편협한 것인지 새삼 깨닫습니다.

지금까지 나열한 사람들이 소용없도록 내내 건강하길.

슬기로운 환자생활 2_ 6일차

- 범사(凡事)에 대하여

'범사에 감사하라'라는 교회 설교에 빈번하게 인용되는 성경구절이 있습니다. 영어 성경에 따라 '범사'를 'in all circumstance'나 'in everything'으로 표기합니다. 어떤 상황이든지 어떤 일이든지 감사하라는 얘기가 되겠죠. 그래도 나름대로 일상에 대해 주변 사람들에게 감사하며 살았다고 생각했는데 병과 함께 지내다 보니 범사의 의미가 보다 선명해졌습니다.

호수공원을 사랑이와 새벽 산책하기.

그곳의 사계를 카메라에 담기.

산책 후 사랑이 목욕시키고 같이 아침밥 먹기.

가족들과 외식과 여행.

가족을 위한 식사준비, 설거지, 청소, 임진각 드라이브.

좋아하진 않았지만 쫓아다녔던 아울렛 쇼핑몰

가끔 산에 오르는 것.

친구들과 왁자한 술자리.

맥주 한 캔을 시원하게 마시는 것.

손편지를 쓰는 일.

그냥 걷는 거, 숨쉬는 것, 자유롭게 말하는 것.

아내가 잘 만들어 주던 매콤한 닭볶음탕과 돼지갈비, 김치찌개 등등

범사란 것은 공기처럼 평범한 일상 중에는 그 소중함을 느끼지 못하는 것이라는 것을 깨달았습니다. 얼칙이 크리스챤으로서 기원보다는 감사의 기도를 많이하려 했지만 실은 지금까지 범사의 의미를 깨닫지 못하고 입으로만, 강박에 의한 기도만 한 것입니다.

많은 것을 잃고 깨달았지만 여전히 제게는 많은 범사가 남아있습니다.

고된 간병에 지친 아내의 가릉가릉 코고는 소리

밝은 모습으로 자기 일을 하고 있는 딸들

퇴원 후 집에 가면 미친듯이 꼬리를 흔들 사랑이

하루에 한 번씩 안부전화 하는 친구들

언제든 간병을 해주겠다는 선배님

입퇴원 날짜 맞춰 먼저 안부 물어 주시고 병원가서 먹으라고 사과 보내 주신 부행장님

카톡으로 안타까움과 격려를 보내주는 시원해

먼 일산까지 몇 번이나 찾아와 주신 선배님들

내 버킷리스트를 도와주신 선배님

어제처럼 펑펑 내리는 눈을 바라보는 것

나의 아재개그에 한껏 웃어주는 간호사들

그리고 드라마 '눈이 부시게'와 '나의 아저씨' 등등

아직 내가 감사해야 할 범사는 적지 않은 것 같습니다.

'in all circumst' 그리고 'in everything'

이순 가까운 나이에 많은 것을 잃고 나서야 뜻을 알게 된 범사에 감사한 슬기로운 환자생활 6일차입니다.

슬기로운 환자생활 2_ 7일차

- 병원생활

병실의 하루는 매우 일찍 시작합니다. 새벽 4시경이 되면 보통 간호사들이 혈압과 체온을 측정하기 위해 들어오는데 불도 켜지 않고 작은 목소리로 조심스레 환자를 확인하던 서울대병원과는 달리 이곳은 마치 내무반 점호하듯 OOO님하고 부릅니다. 이때까지라도 잘 잤으면 다행인데 다인실에 한 명씩은 있기 마련인 중증환자 때문에 그 중간에 깨기도 합니다.

제 침상 왼편에는 뇌경색으로 입원하셨다가 위암이 발견되고 치매까지 온 여든이 넘으신 할아버님이 계신데 어제는 새벽 1시 20분 경에 링거 바늘을 빼라고 소리를 지르시는 바람에 저도 강제 기상을 해야 했습니다. 그 후로도 새벽 4시 안정제로 진정시킬 때까지 큰소리는 계속되었고 저도 토막잠을 자야했습니다.

예전 같으면 짜증 났을 상황인데 동병상련이 더 컸는지 '당신은 얼마나 힘들고 아플까?', '간병하는 아들은 얼마나 속이 탈까?'하는 생각이 들어 핸드폰만 쳐다보며 시간을 보냈습니다.

4시쯤 잠잠해져서 이제 잠을 좀 자려고 했더니 30분도 지나지 않아 간호사의 회진이 시작되었고, 청소하시는 분들의 쓰레기통 비우기가 이어졌습니다. 이런 소란 속에서 뒤척거리다 6시에 일어났습니다.

식사는 8시, 12시, 6시 이렇게 세 번 나오는데 진밥과 죽의 중간쯤 되는 밥과 잘게 다진 자극이 적은 반찬 그리고 건더기 없는 국이 나옵니다. 다행스러운 건 서울대병원 식사보다 나아 끝까지 먹고 뉴케어라는 영양 음료까지 마십니다. 체중 손실을 방지하기 위한 노력입니다.

하루 23알의 약을 아침 저녁으로 나눠 먹고, 라디컷 주사 1시간, 비타민 주사 2시간을 맞으면 점심시간이 돼버립니다.

오후에는 효과가 있을지 의심스러운데 치료비는 비싸고 보험 적용도 안 되는 언어치료와 운동치료를 받고 나면 오후 일과가 끝납니다.

이젠 같은 병실 환자들과 친해져서 형님, 동생하며 지냅니다. 위에 말한 할아버지와 저와 같은 루게릭 환자 1명, 뇌졸중 환자 2명이 있는데 공통점은 다들 악한 사람이 아니라는 겁니다. 이런 사람들을 보면 과연 神이 존재할까? 하는 의구심이 듭니다. 사회에 씻지 못할 죄를 저지른 사람들 중 부귀영화를 누리며 천수를 누리는 사람도 있는데 말입니다.

이런 부질없는 생각을 하다가도 잠자리 들기 전에는 기도를 합니다.

모든 환우들과 가족들에게 희망의 순간이 오기를.

슬기로운 환자생활 2_ 8일차

- 루 씨 연대기

우리나라에서 루게릭 환자를 가장 많이 보유(?)하고 있는 병원은 서울대병원과 한양대병원입니다. 특히 한양대병원에는 아시아 유일의 루게릭 센터가 있는지라 전국에서 환자들이 모여듭니다.

16층은 뇌신경·루게릭 병동이라 뇌졸중과 루게릭 환자가 대부분입니다. 루게릭 환자들은 라디컷 주사를 맞기 위해 입원한 사람들이 많은데 이제 2차인 저를 비롯해 무려 41차 치료를 받는 왕고까지, 또한 26세 젊은이부터 80대 노인에 이르기까지 다양한 연령대의 넓은 분포를 가집니다.

병실 바로 앞에 휴게실이 있는데 오전, 오후 수시로 이곳에서 만남을 갖습니다. 오전에 주사, 오후에 운동 치료 말고는 시간이 많기에 휴게실에서 친교와 정보나눔 그리고 수다로 시간을 보냅니다. 그러고 보니 은행 학습모임과 별반 다를 게 없네요.^^

저도 입원 둘째 날 우연히 들렀다 붙임성 좋은 환우 연경 씨로부터 환우들을 소개 받고 인사를 나눴습니다.

여기 환자들은 루 氏로 병명을 소개합니다. 아마도 무거운 병을 가볍게 객관화함으로써 병의 무거움에서 조금이라도 벗어나고 싶어서라 미루어 짐작해 봅니다.

환자들은 발병년차로 계급(?)이 나눠집니다. 사회에서 무엇을 했는지 재산이 얼마나 되는지는 전혀 반영되지 않습니다. 오직 발병한지 몇 년 차인가가 기준이고 오래될수록 대접을 받습니다. 그것은 그만큼 관리를 잘했고 노하우가 많다는 의미이니까요.

체중 관리, 근육 관리, 식단, 일상생활, 취미생활, 장애등급 잘 받기, 각종 혜택 챙기기 등 의사들도 모르는 환자들만의 주옥 같은 비기(祕技)가 쏟아집니다.

"라디컷 2회차가 뭘 알겠냐마는 시간이 지나면 알 것이다."라는 말도 듣습니다. 저는 유치부에 속하는 거죠. 라디컷 41회차, 21회차 선배님도 만나고 줄기세포 경험자도 만났습니다.

어떤 환우는 팔부터 힘이 빠지고, 어떤 이는 다리부터, 대령 예편하신 분은 호흡근육이 약해져서 몇 마디 말만 해도 가쁜 숨을 쉽니다. 이제 40대 중반인 민선 씨는 온몸 근육이 약해져서 목소리 마저 거의 잃었습니다. 비록 24시간 활동보조인의 도움을 받지만 잘 웃고 미소가 예쁩니다. 삐루빼루라는 유튜브 채널을 운영하는 수빈 씨는 이제 겨우 26살 된 예쁜 아가씨입니다.

모두 자신의 몸을 태우는 초와 같은 처지지만 희망의 불씨를 놓지 않는 강한 사람들입니다.

엊그제 들어온 21회차 선배님이 이런 얘기를 하셨습니다.

이 병을 가진 환우를 보면 세 가지가 아프다.

첫째는 나보다 나이 어린 사람이 아픈 걸 보면 아프다.

둘째, 나보다 증상이 안 좋은 사람을 보면 아프다.

마지막으로 먼저 떠난 환우를 보면 아프다.

혹자는 젊거나 더 상태가 안 좋은 사람을 보면 위안이 되지 않냐고 말하지만 모르는 소리입니다. 이 병의 고통을 알기에 그런 경우 왈칵 눈물이 오릅니다. 그냥 아픕니다. 아파함으로 서로에게 의지와 힘과 위안이 되고 있을 뿐입니다.

어제는 한양대병원에서 치료 받는 환우 70여 분의 단체 카톡에 초대를 받았습니다. 병원에서 주로 만나고 가끔 오프 모임도 한답니다. 지방에 있는 루 氏 집에 놀러 가기도 한답니다.

치료약이 나올 때까지 잘 견뎌보자. 그때가 언제인지는 모르지만 우리가 희망의 증거가 되자.

루 氏들이 서로를 격려하는 마음입니다.

슬기로운 환자생활 8일 차 루 氏 連帶記였습니다.

슬기로운 환자생활 2_ 9일차

- 마지막 밤

아내는 갑상선암 수술을 비롯해서 몇 차례 입원을 한 적이 있습니다. 그때마다 병간호를 하진 않았지만 몇 밤을 병실에서 잔 적이 있었는데 알다시피 좁고 딱딱한 보호자 침대라는 게 보통 불편한 게 아니었습니다. 밤새 깊은 잠을 못 자고 뒤척인 나를 보고 아내는 쯧쯧 혀를 차며 집에 가라고 했습니다. 그러면 몇 번 괜찮다고 사양하다가 가서 아이들이나 돌보라는 아내의 권유를 수용(?)하는 차원에서 집에 갔던 기억이 납니다.

아내는 아이들이 수차례 입원할 때, 장인어른 입원하셨을 때 간병을 하느라 병원에서 지냈지만 저의 간병은 처음입니다. 서울대병원에 이어 한양대병원까지 이십여 일을 지켜줬는데 이제 매달 열흘씩 한동안 반복해야 합니다. 젊어서도 편히 살게 해주지 못했는데 나이 들어서까지 고생 시키는 못난 남편이 돼버린 것입니다.

새벽에 일어나면 본인부터 씻고 제가 일어나면 제 세면을 도와주고, 아플수록 깔끔해야 한다며 면도기를 디밀고 콧털정리기까지 밀어 넣습니다. 세끼 밥을 집에서 준비해 온 반찬과 함께 먹입니다. 중간중간 간식도 먹이고 시간 맞춰 먹어야 할 약도 챙겨줍니다. 반면 본인은 입맛이 없다며 샐러드나 빵조각으로 아침과 점심을 때우고 저녁에는 얼어있는 밥한 덩이를 물에 말아 먹습니다. 제대로 못 자고, 잘 먹지 못해 체중이 줄었는데 미안한 내 마음을 눈치챘는지 저절로 다이어트 된다며 좋다고 너스레를 떱니다.

하루 두 번 맞는 주사제가 끝날 쯤이면 간호사 부르러 뛰어다니고, 짬짬이 혼자 입원한 앞 병상 루 씨 선배를 돕기도 합니다. 운동치료를 받으러 가야 한다며 휠체어를 미리 챙기고 16층에서 8층 치료실까지 긴 복도를 씩씩하게 밀어주는 것도 아내의 몫입니다. 이러고 보니 저는 병원에서 그저 환자로 존재할 뿐 모든 수고로움은 아내가 오롯이 감당하고 있는 셈입니다.

오래전부터 '만약 사정이 바뀐다면 나도 똑같이 할 수 있을까?'하는 자문을 해보았습니다.

수시로 고맙다, 미안하다고 하는 제게 오늘도 '당신도 내가 아프면 이렇게 해줄 것 아냐?'는 아내의 물음에 미안함과 고마움을 담은 미소로 답을 대신했습니다.

솔직히 오늘도 스스로 답을 하지 못했는데 하루치의 고마움이 더 쌓였으니 그만큼 멀어진 것은 아닌지 걱정이 자랐습니다.

부부란 무엇일까?

오래전 읽은 시를 떠올리며 하루를 접습니다.

부부

- 문정희 -

부부란

무더운 여름밤 멀찍이 잠을 청하다가

어둠 속에서 앵하고 모기 소리가 들리면

순식간에 둘이 합세하여 모기를 잡는 사이이다.

너무 많이 짜진 연고를 나누어 바르는 사이이다

남편이 턱에 바르고 남은 밥풀 꽃만 한 연고를

손끝에 들고

어디 나머지를 바를 만한 곳이 없나 찾고 있을 때

아내가 주저 없이 치마를 걷고

배꼽 부근을 내어 미는 사이이다

그 자리를 문지르며 이달에 너무 많이 사용한

신용카드와 전기세를 문득 떠올리는 사이이다

결혼은 사랑을 무효화시키는 긴 과정이지만

결혼한 사랑은 사랑이 아니지만

부부란 어떤 이름으로도 잴 수 없는

백 년이 지나도 남는 암각화처럼

그것이 풍화하는 긴 과정과

그 곁에 가뭇없이 피고 지는 풀꽃 더미를

풍경으로 거느린다

나에게 남은 것이 무엇인가를 생각하다가

네가 쥐고 있는 것을 바라보며

내 손을 한번 쓸쓸히 쥐었다 펴보는 그런 사이이다

부부란 서로를 묶는 것이 쇠사슬인지

거미줄인지는 알지 못하지만

묶여 있는 것만은 확실하다고 느끼며

어린 새끼들을 유정하게 바라보는 그런 사이이다

슬기로운 환자생활 3

휠체어의 자유

(2021년 3월 12일 ~ 3월 21일)

슬기로운 환자생활 3_ 입원

몇 개월 전만해도 서울대병원 통원은 스스로 운전해서 다닐 수 있었습니다. 그러나 이젠 팔다리에 힘이 점점 빠져 장거리 운전이 부담스러워졌고 집사람과 운동하러 가는 등 일산 내 가까운 거리만 운전하게 됐죠. 그마저도 사고의 우려가 커져 접은 지 석 달이 된 것 같습니다. 그래서 이제 차는 딸들의 차지가 되었습니다.

그 후 서울대병원까지 통원과 입퇴원은 40년 지기 친구네 부부가 수고해 줬습니다. 덕분에 드라이브한다고 부담 갖지 말라고는 하나 매번 부탁하기는 염치없는 일이라 지난 달에는 택시를 이용했는데 왕복 택시비가 6만 원이 넘게 나와 놀랐습니다.

12월 서울대병원 입퇴원에는 앞서 말한 40년 지기 친구부부가 도움을 주었고, 1월 한양대병원 입원에는 손위 동서가, 퇴원은 또 다른 친구부부가 기꺼이 수고를 해줬습니다.

통원 시에는 택시 이용이 가능하나 입원 시에는 큰 짐이 세 꾸러미나 돼서 LPG통이 있는 택시에는 짐을 싣는데 어려움이 있어 트렁크가 넓은 차량이 필요합니다.

오늘 입원을 앞두고 또 누구에게 부탁을 해야 좋을지 고민했는데 뜻밖에도 집사람도 아는, 처형의 고등학교 친구 분이 제 얘기를 듣고 자기가 차로 픽업해 주겠다고 하셨답니다. 그분은 경제적으로 넉넉한 분도 아니고 오히려 집에 돌봐야 할 환자도 있는데 친구 동생에게까지 선의를 베풀 마음을 어떻게 가지신 걸까요? 불광동 댁에서 운정까지 가서 처형을 태우고 일산에 오시느라 점심도 빵으로 때우셨다니 제 염치는 고마움에 앞서 미안한 마음이 먼저 듭니다.

차 안에서 처형과 집사람의 얘기를 들어보니 결혼도 안 하신 채 부모님 병수발을 다하고 일찍 치매가 온 언니를 돌보며 조카들까지 키워내신 인간극장의 주인공 같은 분이어서 또 한 번 놀랐습니다. 자기 처지가 그런데 40년을 만나지 않은 친구 동생에게 선의를 베풀 생각을 하다니 저같이 좁은 마음으로 평생을 살아온 사람은 짐작조차 어려운 마음입니다.

금요일인데 다행히 차가 막히지 않아 1시간 만에 병원에 도착했고 코로나 여파로 병원이 비교적 한산해 지난번보다 빠르게 수속을 밟았습니다. 오늘 아침 입원 안내 전화로는 2인실이 배정되었다고 하더니 마침 5인 병실이 났다며 새로 배정해 주었습니다. 병실은 지난 1월 입원했던 1622호였습니다.

처형과 친구 분은 16층 병동 문 앞까지 짐을 들어주셨습니다. 휠체어에 앉아 닫히는 문 사이로 간신히 감사의 말을 반복하는 것이 제가 할 수 있는 일의 다였습니다. 40년 지기 친구들에게도 처형과 동서에게도, 처형의 친구에게도, 그리고 많은 분들에게 갚지 못할 빚만 늘어갑니다. 그리고 무엇보다 24시간 돌봐주는 집사람에게는 고마움 보다 미안함이 앞섭니다.

5인실은 2인실보다 오히려 개인 공간이 넓습니다. 그리고 오늘 운 좋게 남산타워가 보이는 창 측 병상을 배정받았습니다. 낮에는 미세먼지가 가득하더니 해 질 무렵 맑아져 남산으로 넘어가는 아름다운 일몰을 보며 저녁식사를 했습니다. 지금은 각종 불빛들이 은하수처럼 창문에 가득합니다.

혈액검사, 심전도, 엑스레이를 찍고 세 시간에 걸쳐 비타민과 라디컷 주사를 맞았습니다. 예전 같으면 휴게실에서 TV를 보거나 다른 루 씨들과 얘기하는 즐거움이 있었는데 병원 내 코로나 환자 발생으로 휴게실이 폐쇄됐습니다. 그나마 카톡으로 얘기를 나눕니다만 많이 아쉽네요. 동병상련이 주는 응원의 힘이 적지 않음을 깨닫는 입원 첫 날입니다.

슬기로운 환자생활 3_ 2일차

끼니

수저에 반도 안 되게
올린 밥 위로
잘게 자른 시금치며
계란찜, 졸인 생선을
조심스레 올린다.
아내는 사냥에서 돌아온
어미새마냥 수저를 내밀고
아~하고 입을 벌리는 나는
영락없는 둥지 속 새끼 신세다.
나이를 먹는다는 것은
스스로 할 줄 아는 일이 줄어들어
다시 어린애가 되는 것이고

나는 그것이

조금 빨리 왔을 뿐이라는

아내의 위로와 함께

수저에 올린 먹이는

내 목구멍을 타고 내려가고 있다.

짭조름하다

아뿔싸!

어느새 떨어진 눈물 한 방울이 같이 내려간다.

슬기로운 환자생활 3_ 3일차

1시.

2시 30분.

3시.

세 번째 서투른 잠에서 깼다.

이따금 이곳저곳에서 가늘게 코 고는 소리와 삐빅 거리는 기계음이 나는 것 말고는 병실이 웬일로 조용하다. 잠깐의 고요함을 깨고 맞은편 병상, 통영에서 올라온 73세 루 씨 환우께서 외마디 신음을 몇 차례 뱉으신다. 신음이 계속되자 동갑내기 할머니가 일어나 잠이 덜 깬 불평 가득한 억센 사투리로 '이러단 내 먼저 가겄다.' 하시더니 간호사를 부르셨다.

와상환자이신 할아버지는 걷는 것은 물론 저작과 연하곤란으로 위에 관을 삽입해서 죽 같은 영양식을 넣는 것으로 식사를 하시게 됐다고 한다. 종일 매달려 있는 항생제며 영양제 수액 외에 시간마다 가래를 빼내야 하고 세끼 식사를 위루관을 통해 해야 한다. 지금 신음은 아마 수술 부위에 통증이 심해 괴로우셨던 모양이다. 간호사가 들어와 익숙한 일인 양 조치를 하니 금방 조용해지셨다.

병실은 다시 고요함을 되찾았다. 고요해지니 제일 먼저 들리는 소리는 벽걸이 시계의 초침 소리였다. 지난 1월 십여 일과 이번 이틀 동안 시계가 벽에 걸려 있는지는 알았으나 저것이 소리까지 내는 물건인 것은 처음 알게 됐다. 시계는 째깍째깍 소리를 내다가 틱톡 거리며 가기도 한다. 내가 째깍 인다고 생각하면 째깍 거리며 가고 틱톡 거린다 생각하면 그대로 소리를 낸다. 선잠 깬 깊은 밤에 일체유심조(一切唯心造)의 깨달음이라니 ㅎㅎ

이어 내가 내뱉는 숨소리가 큰 소음으로 들린다. 내 숨소리가 이렇게 가쁘고 컸던가? 행여 다른 환자들이 듣고 깰까 숨이 조심스러워졌다.

3시 30분.

외부 화장실에서 큰 물소리와 함께 어푸어푸 요란한 세수소리가 들려온다. 이 시간에 누군가?

잠이 달아난 지 오래고 하릴없이 핸드폰만 바라보다 왼쪽 어깨가 아파 오른쪽으로 끙끙대며 몸을 돌리니 좁은 보호자 침대에 누운 집사람 등이 보인다. 숨결에 따라 들썩이는 작은 등, 저 사람 등이 저렇게 고단하고 외로웠던가? 내가 그렇게 만든 거겠지. 생각이 거기에 미치니 맹~하는 느낌에 따라 콧물이 차오른다. 이미 내 귀는 병원 복도까지 열려있고 눈은 맑아졌다. 다시 잠들기는 포기했고 이른 하루가 시작됐다.

휴게실 폐쇄로 병실 외에 쉴 곳이나 모임을 가질 장소가 없어 불편하고 지루하다. 다른 병실을 가는 것도 눈치 보여 거의 자기 병실에서만 시간을 보낸다. 유일한 오락은 핸드폰, 그것도 오래 들여다보니 눈이 시다. 우라질 코로나.

그래서 답답한 환우들은 종종 1층과 3층에 있는 넓은 로비를 모임 장소로 이용한다. 평일에는 이용이 불가능하고 휴일에도 병원 관계자의 눈치를 살펴야 하지만 여러 명이 모일 수 있는 장소는 그곳뿐이다. 모임이래야 로비에 앉아 간식을 나누며 서로의 안부를 묻거나 정보를 주고받는 수다를 떠는 정도다. 그곳에서 통영, 광주, 서산, 청주 등 전국 각지에서 온 환우들과 인사했다. 걷지 못하는 사람들은 부축 받아 간신히 몇 걸음 걷는 나를 부러워하고, 호흡이 힘든 환우는 다른 이의 숨 쉬는 걸 부러워한다. 모두 자신의 결핍이 가장 힘든 일이지만 누구보다 가장 힘든 환우는 침상에서 먹고, 자고, 배변까지 처리해야 하는 와상환우들과 보호자들이다. 모두 각자의 처지에서 한 단계씩만 좋아졌으면 좋겠다는 소망을 말하지만 그것이 부질없다는 것도, 시간이 흐를수록 그 소망과 반대로 간다는 사실을 잘 알고 있다.

이런 중에도 긍정적인 덕담과 희망의 위로를 나눈다. 할 수 있는 데까지, 갈 수 있는 데까지는 가보자.

끝날 때까지 끝난 게 아니니.

슬기로운 환자생활 3_ 4일차

월요일은 입퇴원 환자가 몰려 병동이 가장 바쁜 날이라고 한다. 우리 병실 담당 간호사 중 가장 어린, 경력 3개월의 정 쌤은 이른 아침부터 정신줄이 나간 듯 발걸음이 급하다. 1시에 맞아야 할 주사를 3시라고 얘기하고는 1시에 잠시 병실을 비운 나를 한참 찾았다고 한다.

오늘 16층 병동에 새로 입원하는 환자는 8명이고 상당수가 루 씨 환우들이라고 한다. 환우 중 최강 마우스 곽재규 씨가 입원하자 온 병동이 시끄러워졌다. 자그마한 키에 장난기 가득한 눈을 가진 그는 군대 선임과 화정지점 근무할 때 신동안 지점장님을 많이 닮았다. 3년여 이곳에서 라디켓을 맞느라 매달 입원한 그는 간호사와 매우 친밀하며 현란한 말솜씨로 그들을 쥐락펴락한다. 내 짐작으로는 간호사 중 절반은 그의 유머와 위트를 좋아하고 나머지는 귀찮아하는 것 같다. 어쨌거나 그는 우울감에 빠지기 쉬운 환우들에게 유쾌함을 선물해 주는 드문 사람이다. 우리 병실 맞은편에 입원하자 나를 포함한 여러 환우들이 몰려가 수다를 떨다 간호사들의 경고를 받고 헤어졌다.

1월에 같은 병실에 입원했던 정연경 씨도 다시 들어와 2인실에 들어갔다. 남들보다 먼저 만났다는 그것도 인연이라 다른 환우들에 비해 반가운 마음이 컸다. 그는 두 달 동안 팔 힘이 더 빠져서 운동능력을 거의 상실한 것 같다. 안타까운 일이다. 지난번에는 보호자 없이 혼자 입원해 고생하더니 이번에는 활동보조인을 구해 동반했다. 다행스러운 일이다.

3시 30분 전기치료를 받고 병실에 와 잠시 누워있으니 우리 병실이 시끌해졌다. 집사람에게 일으켜 달라서 커튼을 젖히니 구, 박, 서 범띠 동갑네기 환우들이 모였다. 앞 병상 73세 형님의 안부인사 차 모인 것인데 병실 안이 잔칫집처럼 와자하다. 간호사들은 이렇게 모여 있으면 안 된다고 말하나 저들이 듣지 않을 것을 이미 아는 듯 이내 자기 일에 몰두한다.

잠시 뒤 3년 된 여성 환우가 들어와 뜨개질을 해 만든 예쁜 수세미를 하나씩 선물로 나눠 주었다. 고맙다 인사하고 이렇게 뜨개질을 하는 걸 보니 손이 괜찮은가 보다고 묻자 안으로 말린 손가락을 들어 보이며 조금하다 손가락이 아프면 주물러 펴면서 떴다고 한다. 하나 뜨는데 보통 사람 열 곱의 노력과 정성이 들어간 물건이다.

이렇게 루 씨들의 병원에서의 일상은 고됨 중에 웃음과 희망을 나눈다.

슬기로운 환자생활 3_ 5일차

루게릭 증상 가운데 하나가 호흡 근육의 약화로 체내 이산화탄소가 잘 배출되지 못하고 쌓이는 것이다. 루게릭병의 최종 단계가 결국 호흡근의 약화로 사망에 이르는 것이기에 호흡은 매우 중요한 일이다.

어쨌든 취침 시 체내에 이산화탄소가 쌓이면 숙면을 이룰 수 없고, 자고 일어나도 피로가 회복되지 못한다. 이것을 도와주는 기계 장치가 인공호흡기인데 설정한 값에 따라 강제로 호흡을 시켜 주는 장치이다.

체내 이산화탄소량은 동맥혈을 뽑아 측정하는데 동맥에 주사바늘을 꼽는 과정이 보통 아픈 게 아니다. 우선 동맥은 정맥처럼 피부로 드러나지 않기 때문에 손으로 맥이 뛰는 곳을 찾은 다음 감으로 주사바늘을 수

직으로 꽂아 채혈한다. 이 일은 보통 인턴이 하는데 초짜들은 한 번에 못 하고 여러 차례 바늘을 찌르기 일쑤다. 또 일단 찔렀는데 여기가 아닌가 하면 안에서 동맥을 찾아 바늘을 돌리는데 그때는 신음과 욕이 절로 나온다.

서울대병원에서 앳된 인턴이 내 왼 손목을 몇 차례 찌르더니 고개를 갸웃거렸다. 내가 아! 하고 원망 섞인 소리를 내자 안절부절한 모습이 그대로 드러냈다.

이걸 확 성질을 보일까~ 하다 "누가 네 오른쪽 뺨을 치거든, 왼쪽 뺨마저 돌려 대어라." 한 예수님 말씀이 갑자기 떠오를 건 뭐람. 오른 손목을 들이밀며 여기서 빼보라하니 녀석의 얼굴이 밝아졌다.

나는 속으로 "그래 처음부터 잘하는 놈 없다. 내가 양손목을 다 내놓았으니 부디 좋은 의사 돼라."고 축복(?)했다.

그런 곡절 끝에 이산화탄소 수치가 경계치라며 인공호흡기를 처방 받은 것이다.

그런데 이 신박한 놈을 적용하는데 의외의 복병이 나타났다. 코와 입 전체를 덮는 마스크의 고정 밴드가 양 옆머리를 꽉 조여 십 분만 해도 두통이 오는 것이었다. 그래 내 별명이 大頭였지. 누굴 원망하랴만 처음에는 단 30분도 마스크를 착용하는 것이 힘들었다. ㅜㅜ

그러다 한양대병원에 와서 새로운 호흡기와 밴드가 얇은 새로운 마스크로 바꿨고 점차 적응해 두세 시간을 견디고 드디어 어젯밤 내내 온전히 착용하고 잔 것이다. 현생 인류가 지금까지 존재하는 이유 중 하나가 극심한 환경 변화에 적응하는 능력이라고 하더니 나는 호흡기를 통해 호

모 사피엔스의 후손임을 증명한 것이다.

라디컷은 보통 1시간 내에 비타민제는 2시간 정도 주사를 맞는다. 그런데 선배 환우들이 입원했을 때 좋은 영양제 한두 번 맞고 가라고 귀뜸을 해주길래 회진 시간에 얘기했더니 주치의가 처방을 내리겠다고 하고 갔다. 오전에 라디컷과 비타민을 맞고 점심을 먹고 났더니 간호사가 커다란 비닐팩에 흰 우유 같이 생긴 것을 가져와 영양제라고 연결한다. 비닐팩 표면에는 무려 654ml라는 글씨가 크게 박혀 있다. 헐~

이거 몇 시간 걸리냐고 물으니 무려 6시간이라고 한다. 오늘 총 9시간 동안 주사를 맞게 생긴 것이다. 오래 주사를 맞으니 혈관이 부어오르고 주사액이 들어가지 않아 10시 30분 경 그냥 빼버렸다.

과유불급이 이 경우에 해당되는지 모르겠으나 과욕이 부른 화임에는 분명하다.

슬기로운 환자생활 3_ 6일차

호수공원 산책을 거의 마치고 호수 끝자락에서 활짝 핀 연꽃을 발견하고 셔터를 누르던 순간 이어폰에서 호소력 짙은 음색의 Jaden Rhodes가 커버한 'Home'이 흘러 나왔다. 그 순간 어떤 소리도 들리지 않았고 생각도 멈춘 것 같았다. 아주 잠시였지만 세상에는 호수, 바람, 셔터 소리, 그리고 사랑이와 나만 존재했다. 그 뒤로는 한 번도 경험하지 못한 완벽한 평화의 순간이었다.

일산에 이사 와서 가장 좋은 것은 호수공원이 가까운 곳에 있다는 것이다. 아니 집 가까이에 호수공원이 있다는 점이 결정적으로 이사를 결심하게 만들었다고 볼 수도 있다. 이사 당시만 해도 나무도 어리고 주변 조경도 어리숙했는데 시간이 지나자 나무도 자라고 여러 종류의 꽃들도 자리 잡아 사계별로 다양한 풍경을 선사해주었다.

퇴직 후 작년 봄까지 날이 궂지 않으면 매일 호수공원에 나갔다. 무지개 조형물을 지나 내가 좋아하는 그네에 앉아 음악을 들으며 독서를 하거나 사계의 다양한 변화를 즐겼다. 그 그네는 커다란 버드나무 아래에 있어 작은 빗방울과 따가운 햇살을 막아 줄 뿐만 아니라 바로 앞이 호수라 지나다니는 사람이 없어서 혼자만의 시간을 갖기 좋았다. 호수 초입에는 갈대가 자라는데 봄에는 청보리만한 연한 잎이었다가 초여름부터는 어른 키보다 더 자라 갈대 벽을 만들어 준다. 바람이라도 불면 갈대 사이로 공명된 바람이 쏴~하고 소리를 냈다.

그네 주변에는 송충이며 갖가지 벌레가 많아 참새며 까치가 내 발밑까지 겁도 없이 다가와 먹이 사냥에 나섰다. 음악과 햇볕, 갈대와 물 그리고 새소리 안에서 무엇을 하든 좋지 않은 것이 있으랴마는 그곳에서 여러 책도 읽고, 호수공원을 마지막으로 사진기에 담기도 했다.

작년 4월, 벚꽃이 한창일 무렵 사랑이를 포함한 온가족이 호수공원에 간 뒤, 가을 즈음 휠체어를 타고 집사람과 가본 것이 마지막이었다.

유독 추운 날이 많았던 지난겨울, 병원에 두 차례 입원하느라 집을 벗어난 것과 오랜만에 영상의 기온을 회복한 날 두 번 집 앞 벤치에 앉아 볕을 잠시 쬔 것 말고는 집안에만 머물렀다. 이를 딱히 여긴 집사람이 전동 휠체어를 사자고 했다. 생각보다 훨씬 다양한 가격대와 모델로 결정하지 못한 채 입원을 했는데 곽재규 환우의 추천을 받아 삼백여만 원 짜리를 구입했다. 적지 않은 가격이나 전동휠체어 중에는 中下 정도의 제품이다. 가장 비싼 제품은 거의 중형차 풀옵션에 가까운 4천만 원에 육박한다. 빈부의 격차가 이런 것에도 있을 줄이야.

여하튼 무엇보다 무게가 가벼운 걸 선택하고자 했건만 그래도 25kg 가까이 된다. 아직 운전이 서툴지만 그건 시간이 해결해 줄 것이고 25kg 가까운 이것을 매달 병원에 싣고 내려야 할 집사람 걱정이 앞선다.

나는 다시 사랑이와 호수공원에 갈 생각에 들떠있다. 신나서 꼬리를 흔들며 앞장 설 사랑이를 그려본다. 사랑아 우리랑 열 번쯤 같이 봄을 맞자꾸나.

슬기로운 환자생활 3_ 7일차

11시쯤 자서 새벽 4시까지 두세 번은 잠깐씩 깨다 더 이상 자지 못하고 일어나는 게 일상이 됐다. 몸이 성하면 우유 배달하면 좋은 기상 리듬이다.

한 시간쯤 핸드폰을 들여다보다 정신이 맑아지면 누운 채로 일기를 쓴다. 몇 문장 되지 않은 글을 누워서 한 손가락으로 쓰다 보면 온몸이 땀으로 자작해진다. 새벽 6시, 뻐근한 몸을 뒤척거리면 집사람이 일어난다. 이제부터 하루 일과가 시작된다. 화장실 갔다가 목욕하고 면도하고 코털까지 정리하면 7시 30분, 조금 있으면 밥이 나온다. 집사람이 떠주는 밥을 부지런히 먹고 양치질까지 하고나면 8시 30분이 훌쩍 넘는다.

재활치료 시간이 9시부터라 휠체어를 수배해 출발한다. 본관에는 환자용 엘리베이터가 2대인데 한 대가 응급사용 중일 때가 종종 있어 기다리는데 시간을 많이 까먹는다. 오늘은 병동 자동문을 나서는데 아싸~ 엘베 문이 열려있다. 왠지 오늘 하루가 잘 풀릴 것 같은 이 기분 좋은 느낌은 뭐지.^^ 8층 병동을 가로질러 동관으로 넘어가는 복도를 지나가려니 창문 넘어 들어오는 햇살이 포근하다. 봄이 완연해지고 있다.

10분 전 도착. 일빠다. 아직 문은 잠겨있고 치료 준비 중이라는 종이 팻말이 붙어있다. 오가는 치료사들 중 낯익은 친구들과 눈인사를 나누다 보니 문이 열린다. 1차는 작업치료, 주로 손에 대한 치료인데 일반적으로는 탑쌓기류의 팔힘 기르기, 동전 뒤집기 같은 손가락 신경 증진 운동 등을 한다. 그 기능마저 힘든 나는 치료사가 어깨와 팔 그리고 손가락의 관절을 풀어주는 것으로 대신한다.

25분 정도 작업치료가 끝나면 옆 운동치료실로 자리를 옮긴다. 여기는 주로 다리운동을 하는데 저절로 움직이는 자전거 페달에 발을 묶어 놓으면 나는 그냥 그놈 하자는 대로 가만히 있으면 된다. 운동효과도 의심스럽고 무척 지루한 시간인데 장애 심사용 기록을 위해 당분간 계속해야 한다. 이것 역시 소요 시간은 25분. 이어 마지막으로 가는 곳은 전기치료실이다. 정형외과 물리치료실 같은 곳이다. 첫 날 만난 여자 치료사의 눈매가 정말 서구적으로 예뻐서 왜 탤런트나 영화배우하지 이 직업을 선택했냐고 물었더니 나를 보면 친절한 웃음과 정성 어린 치료를 해준다. 치료사가 원래 그런 사람인지 내 속 보이는 찬사에 그런 것인지는 알 수 없으나 나는 후자라 생각하고 모든 치료실의 여성 치료사들에게 칭찬을 아끼지 않는다. 목소리가 좀 더 잘 나오면 보다 현란한 기술을 넣을텐데 아쉽다.

모든 치료를 마치고 병실로 돌아오면 10시 40분쯤 되는데 간호사가 링거를 들고 대기 중이다. 링거를 꼽고 침상에 누우면 11시. 치료 받느라 고단하다는 생각 꼬다리에 그때까지 집사람이 아침을 먹지 못했다는 것을 깨닫는다. 먼 치료실까지 휠체어 밀고 다니느라 힘들고 배고팠을텐데 미안함 70, 고마움 30이다.

슬기로운 환자생활 3_ 8일차

8층 재활치료실로 가는 본관과 동관 연결 복도에 쏟아지는 햇살이 따사롭고 열어놓은 작은 창문으로 들어오는 바람도 시원하다. 가다가 잠시 멈추고 햇살과 바람 냄새를 맡는다. 아~ 봄이 잊지 않고 또 찾아주었구나.

며칠 따뜻한 날씨가 계속되더니 카톡으로 여기저기서 꽃소식을 알려온다. 병실 커다란 창문 너머 학교 운동장 끝자리에 하얀 목련 꽃송이가 뚜렷이 보이고 왕십리역 가는 길 건물 앞에 노랗게 올라온 녀석은 개나리가 틀림없다.

점심을 먹은 후 주사도 다 맞고 자유 시간을 맞은 환우들은 다른 병실을 여기저기 다니다 몰려있지 말라는 간호사들의 경고와 애원 끝에 밖으로 나가기로 했다. 그래봐야 본관 옆 건물 파리바게트 앞 데크지만 여러 명이 봄을 느끼기에는 충분한 곳이다.

다른 병실에서 같이 수다를 떨고 있던 나도 그들의 대열에 합류하기로 했다. 전동휠체어를 타고 밖으로는 처음 운전해 나가는 것이어서 서툰 운전이 걱정됐지만 한 번은 겪을 일이라 외출에 동행키로 했다. 일단 안 보이면 걱정할 집사람에게 나의 행방을 카톡으로 날리고 초보운전의 외출이 시작됐다.

복도를 지나 병동 문이 열리면 환자용 승강기가 나오는데 승강기는 휠체어 4~5대는 충분히 탈 수 있을 정도로 크다. 그러나 내가 서툰 운전으로 어정쩡한 위치에 서는 바람에 3대 밖에 타지 못했다. 뒷사람에게 미안하게 됐는데 초보운전이라도 붙이고 다녀야 하나.^^

동관 1층은 본관 3층과 연결되어 있다. 사람들이 쏟아져 들어오는 복도로 5대의 휠체어가 아이들 기차놀이 마냥 일렬종대로 줄 맞춰 나간다. 곽재규 환우가 앞장을 서고 나는 후미에서 조심스레 따라간다. 좌우로 휘청거리는 내 휠체어를 보고 겁먹은 사람들이 먼저 피한다. 내가 83년에 면허를 땄으니 40여 년 만에 느껴보는 초보운전의 스릴이다.

본관 입구에 다다르고 문을 나서니 신선한 바깥바람에 가슴이 시원해진다. 여러 대의 구급차와 환자를 싣고 온 차량들이 서있는 2차선 길을 조심스레 건너자 너른 데크가 펼쳐졌다. 일단 안전지대까지 온 것이다. 그새 사이가 벌어진 일행에 재빨리 따라 붙었다.

우리 봄맞이 원정대가 멈춘 곳은 파리바게트 건물 벽면 햇살이 가장 잘 드는 곳이다. 쏟아지는 햇살은 봄기운을 가득 머금고 있었다. 바람에는 차가운 기운이 전혀 느껴지지 않았다. 조금 지나면 더위를 느낄지도 모르겠다. 햇살을 받으며 나란히 앉아 수다 떠는 모양이 영락없이 봄 햇살 아래 삐약 거리는 병아리 떼의 모습이다. 서로 좋아 보인다며 덕담을 건네고 크게 웃기지 않은 농담에도 깔깔 거리며 웃는다.

어쩌면 오늘은 라디컷. 비타민 수액 한 병보다 이 봄볕과 바람, 웃음이 더 큰 치료제가 됐을지 모른다.

슬기로운 환자생활 3_ 9일차

루 씨들

73세 이상곤 환우 통영에서 올라오셨고 이번에 위루술을 받으셨습니다. 두 달여 간이나 입원하셨는데 동갑내기 할머니가 병간호를 하시다 "내가 먼저 죽을 것 같다."라고 통영으로 내려가시고 지금은 전문 간병인이 돌보십니다. 와상에 말씀도 못하시는데 인사를 드리면 환한 미소와 함께 왼손을 들어 받아 줍니다. 병원에서는 이제 요양원으로 모시라하고 본인은 싫다고 하셔서 가족들의 걱정이 큽니다.

구정훈 환우는 발병한지 14년이나 됐고 라디컷도 30여 회 맞았다고 합니다. 팔과 다리에 힘이 빠져 전동휠체어를 타고 있지만 목소리도 좋고 경력자답게 이 병과 관련된 지식이 풍부합니다. 부인도 간호의 오랜 경력자라 눈치 빠르게 환자를 살펴 주고 다른 환우도 짬짬이 도와주어 인기가 많습니다. 서울에서 살다가 몇 년 전에 다 정리하고 청주로 내려 갔다고 합니다.

곽재규 환우, 루 씨들에게 비타민 같은 존재이고 최고 인기남입니다. 아침부터 밤늦게까지 병실마다 다니며 현란한 말솜씨로 웃음을 나눠줍니다. 반복적인 주사와 각종 측정에 힘든 환자들에게는 그의 위트와 유머가 활력소이자 청량제가 됩니다. 라디컷 41회차인 그는 병과 관련 치료 외에는 의사들이 알 수 없는 유용한 갖가지 정보의 소유자입니다. 이번에 내 전동휠체어도 그를 통해 구입했고 다른 보장구 처방도 그 덕분에 수월하게 받았습니다.

늘 유쾌하기만 한 그가 어젯밤 3층 로비에서 자기는 앞으로 5년이 남았다고 생각한다는 그의 얼굴에서 언뜻 깊은 그림자를 봤습니다. 본 얼굴 위에 가면을 쓰고 있는 건지 얼굴 아래 그림자를 감추고 있는 건지 모르겠지만 환우들에게는 그런 것이 하나씩은 있습니다.

정연경 환우는 1월에 입원했을 당시 같은 병실에 입원했던 사람입니다. 전직이 무엇인지는 모르겠으나 매우 예의 바르고 배려심 깊고 논리적인 사람입니다. 지난번 입원했을 때는 두 팔 근육이 빠져 홀로 병상 생활에 어려움을 겪었는데 이번에는 활동보조 선생님을 쓸 수 있게 되어 다행입니다. 그러나 지난번보다 팔 상태가 더 나빠진 것 같아 가슴이 아픕니다. 그런 팔 때문에 전동휠체어 조정이 불가능해 구입하지 않는다고 합니다. 또 배우자가 직장에 나가 홀로 집에 있어야 해서 평일 외출은 사실상 불가능하다고 합니다.

이상길 환우는 남들의 병세와는 달리 호흡근이 가장 먼저 약해져서 가만히 앉아 있어도 가쁜 숨을 쉽니다. 수년 전 췌장암을 이겨냈다는 군 출신인 그는 지난번 입원 때보다 조금 더 마르고 호흡도 나빠진 듯 보였습니다. 최근 중증 장애 판정을 받았다는 소리에 축하한다고 잘 됐다고 인사하고, 족발을 그 턱으로 내는 아이러니. 그 웃픈 패러독스를 다른 이들은 이해하기 어려울 것입니다.

이민희 환우는 저보다 두 살 어린 친구입니다. 무려 17년 전 루게릭 판정을 받았다고 합니다. 루게릭 질환에도 몇 가지 유형이 있다고 하는데 저와는 다른 유형이라고 합니다. 어쨌든 밝고 씩씩합니다. 매일 아침 저녁으로 커피를 내려서 많은 환우들과 나눕니다. 놀라운 건 실비보험이 있기 전 발병해서 비싼 라디컷은 못 맞고 EPO만 맞는다고 합니다. 다른 여자 환우들에 비해 목소리 변성은 덜 된 편입니다.

서종원 환우는 15층에 입원했습니다. 서산에서 올라온 그는 오른팔만 못 쓸 뿐 잘 걷고, 말도 잘하는 편이라 상태가 매우 양호합니다. 발병 연도가 2018년도라고 하니 저와 비슷한데 진행이 늦는 것 같아 다행입니다. 예전 사진을 보니 단단한 통뼈 몸매라 쌀 한 가마니를 들고 뛰었다고 합니다. 곽재규, 구정훈 환우와 범띠 동갑인 그는 곽환우와 가끔 배달시킨 이슬이를 먹는, 말수는 적지만 따뜻한 사람입니다.

강미순 환우는 포천에 산다고 합니다. 평일에는 활동보조가 주말에는 남편이 병간호를 해줍니다. 이번에도 환우들에게 손수 뜬 수세미를 선물했습니다. 편치 않은 손을 수시로 주물러 가며 뜨개질을 했다니 정말 소중한 선물이 아닐 수 없습니다.

그 밖에도 미국에서 온 제니퍼조. 더 이상 팔에서 혈관을 못 찾아 쇄골 부근에 튜브를 삽입한 김민선, 정선미. 확진 판정을 받고 만나던 여친과 헤어진 양군호 환우 등 지난번 보다 많은 환우들을 만났습니다.

서로 수시로 다른 병실을 방문하며 안부를 묻고 웃음을 나누고 저녁에는 치킨이며 전이며 족발 등의 간식도 배달시켜 나누고 3층 로비에서 사만코 아이스크림도 먹으며 웃음을 나눴습니다.

이민희 환우는 EPO 주사제를 하루만 맞지만 열흘에서 보름동안 입원해 있는다고 했습니다. 왜냐고 묻자, 이곳에서 환우들을 만나는 것이 집에 머무는 것보다 더 편하고 즐겁다는 것이 그 이유였습니다.

내일 퇴원을 앞두고 그 의미를 알 것 같습니다. 어느 병원도 입원시켜 주지 않은 루 씨 환자들을 받아 주는 이 병원에서 만나 서로 위로가 되고 14년, 17년 된 환우를 보고 희망을 얻으며 우리만의 언어로 소통을 할 수 있는 루 씨들이기 때문입니다.

슬기로운 환자생활 3_ 퇴원

퇴원 날이다. 오늘도 새벽 4시에 눈이 떠졌는데 호흡기를 떼려면 집사람을 깨워야 해서 한소끔 더 잠을 청하니 5시 30분이 됐다. 호흡기를 떼고 화장실에 다녀와 핸드폰을 보다가 한두 줄 병상일기를 쓰기 시작했는데 몇 줄 쓰지 않아 왼쪽 어깨가 아파와 그만뒀다.

7시에 일어나 욕실에 가니 문짝이 떨어져 나가 있어 목욕을 포기하고 머리만 감았다. 아침을 먹고 라디컷을 맞기 전까지 다른 병실을 한 바퀴 돌며 퇴원 인사를 했다. 주기로 보면 대부분 다음 달에도 만날 사람들이다. 10시에 라디컷을 맞으며 병원 생활을 유쾌하게 만들어 준 3개월 새내기 간호사 정쌤과도 인사를 나눴다.

아침 식사를 마치자마자 집사람은 짐을 꾸리기 시작했다. 열흘 동안 먹은 음식과 간식 따위가 빠져 짐이 조금 줄었다. 11시 주사가 끝나고 집사람이 종종거리며 간호사실과 원무과에 정산을 하러 가자 나는 다시 인사를 하러 다른 병실을 들렀다.

"우리 지금 모습 잘 유지해서 다음 달에 만납시다."

현상 유지가 최선인 우리가 나누는 인사다.

오늘은 나의 은행 후배이자 산우며, 여사친인 영미가 차를 가져와 퇴원을 도와주기로 했다. 며칠 전 집사람과 카톡으로 얘기를 나눈 모양이다. 부담 없이 고마운 마음으로 부탁할 수 있고 기꺼이 그렇게 해 줄 친구다. 12시 조금 못 미쳐 영미에게서 도착했다는 전화가 왔다. 양수리에서 한양대까지 먼 길임에도 한달음에 와준 친구가 고맙다. 35년을 넘게 알고 지냈으니 인생의 일정 부분 공유한 소중한 친구다.

어제는 비가 오더니 바람이 불어 추위를 느낄 정도로 기온이 많이 내려갔다. 그저께 봄볕을 만끽했는데 이틀 만에 다시 겨울로 되돌아간 듯했다. 나는 바로 차에 탔고 무거운 짐을 싣는 일도 집사람과 영미의 몫이 됐다. 큰 차를 가져왔음에도 전동휠체어를 접어 트렁크에 실으니 여행용 백은 뒷좌석에 실어야 했다. 벌써 다음 달 입원이 걱정된다.

병원 내려오는 길에 막 피어나기 시작한 개나리의 어린 꽃잎이 예쁘다. 동물이건 식물이건 어린 생명은 다 예쁘다. 다리를 건너 우회전을 하니 멀리 보이는 응봉산이 노랗게 물들었다. 서강대교 앞에는 성급한 벚나무가 꽃을 만개하고 있었다. 그제 따뜻한 봄볕에 만개한 벚나무가 추워진 날씨에 깜짝 놀랐을 것 같다.

일요일이라 잠깐씩 정체는 있었지만 한 시간 만에 집에 도착했다. 문 앞에 도착하자마자 사랑이가 짖어대고 현관문을 여니 뛰쳐나온 사랑이가 허리까지 휘청이며 꼬리를 흔들어 댄다.

다시 집이다.

ps.

영미야 고맙다.

슬기로운 환자생활 4

늘어가는 병원 살림

(2021년 4월 13일 ~ 4월 22일)

슬기로운 환자생활 4_ 입원

입원 이틀 전부터 아내의 손길이 바빠졌다. 작은애를 데리고 잔뜩 장을 봐오더니 자기 먹을 잡곡밥에 메추리알 조림, 오징어채, 연근·두부 조림, 어묵 볶음, 총각무김치, 물김치 등 각종 밑반찬을 만들고 싸느라 바쁘다. 그리고 이번엔 간식이며 과일까지 챙겼다. 우리 둘이 열흘 간 먹을 전투식량만 한 보따리다.

네 번째 짐을 꾸리는 아내는 보급품 부족으로 병원에서 불편함은 겪지 않겠다는 비장한 각오를 한 것 같다. 첫 입원 때 작은 트렁크 두 개였던 짐이 한 달 유럽여행 가듯 대형 트렁크 두 개로 커졌다. 생각해 보니 퇴직 후 남들 다가는 해외여행 짐 한 번 못 싼 아내다. 대신 매달 커다란 짐 보따리를 한 번씩 싸게 하다니 그저 미안할 따름이다.

라디컷 부작용 중 하나가 코피가 나는 것인데 처음으로 며칠 동안 코피가 안 멎어 결국은 이비인후과에 가서 스펀지를 박았다. 매일 복용하는 아스피린 영향도 있는 것 같다며 안 먹는 게 좋을 것 같다고 해서 복용을 멈췄다. 콧구멍 하나 막았을 뿐인데 숨 쉬는 게 여간 불편한 게 아니다. 하긴 하나님이 괜히 구멍을 두 개 뚫어 놓으셨으랴.

입원 전에 스펀지도 빼고 머리 미용도 하고 오라고 한다. 봐 줄 사람도 없는데 미용은 해서 뭐하냐는 말에 답변 대신 레이저 눈빛을 날리는 아내에게 더 이상 저항은 의미가 없어 순종하기로 했다. 15년째 내 머리를 자르는 원장은 늘 "어떻게 잘라드려요?"라고 묻는다. 이병헌, 유지태, 다니엘 헤니 스타일을 요구했었는데 이번에는 "종합병원 젊은 간호사들이 좋아할 스타일"이라고 하자 한바탕 웃고는 다른 때와 별다를 것 없이 깔끔하게 다듬어 줬다.

이번 입원에 특별히 추가한 준비는 팔에 난 털을 짧게 미는 것이었다. 링거를 맞을수록 숨어버리는 혈관을 찾기 좋도록 간호사를 위한 배려도 있지만 혈관 못 찾는 걸 애꿎은 털 탓하는 걸 방지하기 위한 사전 방어이기도 하다. 어쨌든 사랑이 미용하는 바리캉으로 짧게 밀었다. 이렇게 환자생활은 날이 갈수록 슬기로워지고 있다.

입원 차량은 4년 선배이신 치정 형님께서 몇 주 전부터 당신이 꼭 하겠다고 반 우격다짐(?)으로 약속한 터였다. 현역 시절부터 내가 아는 한 최강 동안 & 몸매(?)의 소유자이신 선배님은 12시 정각에 도착하셨다.

노원구 댁에서 일산까지 오셔서 나와 집사람을 태우고 한양대병원까지 데려다 주셨다. 나는 내 후배에게 한 번이라도 이렇게 따뜻한 적이 있었던가? 유달리 선배님들의 사랑을 많이 받은 덕에 은행 생활을 마칠 수 있었는데 퇴직 후까지 이런 사랑을 받으니 황송할 따름이다.

어제 봄비가 넉넉히 내리더니 날이 선선해지고 맑아졌다. 흰 구름과 잿빛 구름 사이 하늘이 잉크 빛으로 파랗다. 자유로 내내 불어난 한강은 샛바람에 바람에 넘실거렸다. 행주대교 지나 개나리 언덕에는 이젠 노란 꽃이 드물고 연녹색 새잎이 가득했다. 생명력이 넘치는 모습이다.

서강대교를 지나니 여의도의 고층 건물이 자를 대고 그린 직선처럼 날카롭게 들어왔다. 내 은행 생활의 마지막을 보낸 곳. 2년이 짧아서였을까? 아니면 병의 악화로 인해 직원들에게 쏟은 마음이 부족해서일까? 여의도 직원들과의 단절은 생채기처럼 아프게 남은 마지막 정이다.

잠시 상념에 빠져있는 동안 어느새 차는 용비교를 지나 이내 한양대병원에 도착했다. 빠르게 입원 수속을 하고 선배님께 인사드리고 15층 병실에 도착했다.

슬기로운 환자생활 시즌 4가 시작됐다.

슬기로운 환자생활 4_ 2일차

어느새 한 달이 지나 다시 시작한 슬기로운 환자생활.

이전까지의 입원에서는 병원 생활의 지루함, 아내의 고단함에 대한 미안함, 하루에 서너 시간 맞는 주사와 수시로 행해지는 각종 검진의 불편함이 먼저 생각났었다. 네 번째 입원하면서 이전과 달라진 것은 환우들과의 교제와 소통이 거듭되며 그들과의 만남에 대한 기대가 생겼다는 것이다.

각자의 결핍이 주는 아픔. 그 아픔을 내 것으로 여기는 동병상련의 마음. 우리가 서로에게 주는 위로와 격려의 깊은 곳에는 각자의 결핍이 자리 잡고 있다. 그리고 그것이 서로에게 위로와 격려가 되는 것은 그 아픔에 대한 공감 때문이다.

나보다 병세가 조금 나은 사람을 보고 마음이 아픈 이유는 머지않아 그가 나의 길을 걸을 것을 알기 때문이다. 나보다 건강이 좋지 않은 환우를 보고 마음이 아픈 것은 그 길이 곧 내가 가야 할 길이기 때문이다.

우리는 덜하든 더하든 한 줄로 서있는 존재들이다. 고독하게 병과 싸우지만 앞을 보거나 뒤돌아보면 같은 싸움을 하고 있는 환우들과 그들의 보호자들이 보인다. 앞서거니 뒤서거니 간혹 순서만 바뀔 뿐 가는 길은 같다. 그것이 공감의 주된 기둥이다.

나이의 많고 적음, 병력의 길고 짧음, 병세의 경중은 다들 다르지만 같은 짐을 지고 사는 사람끼리의 연대감과 더불어, 끼리만 나눌 수 있는 위로와 희망의 메시지가 있기 때문이다. 하여 루 씨들에게 병원은 전장일 뿐 아니라 위로와 격려 그리고 희망을 발견하는 장소가 된다.

그래서 15층에 홀로 떨어진 나는 그들을 보기 위해 뻔질나게 16층에 올라가고 있다.

슬기로운 환자생활 4_ 3일차

- 빡센 하루

02시 30분 〈깨다〉

옆 병상 코 고는 소리에 깼다. 병실 모든 사람이 제대로 못 잔 듯 여기저기서 한숨과 불만의 소리가 나온다. 바로 옆 자리인 아내 역시 잠을 못 자고 몸을 엎치락뒤치락거렸다.

그 사람을 아내가 잠깐 흔들어 깨워 조용해지나 싶으면 5분도 안 돼 돌비 서라운드의 코 폭풍이 몰아친다. 빡센 하루는 이렇게 시작됐다.

05시 30경 〈밉다〉

3시간가량 뒤척이다 간신히 잠들었다 싶었는데 남자 간호사가 혈압과 혈중 산소농도를 측정하는 바람에 깼다. 잠은 결국 안드로메다로 날아가 버렸다. 그가 밉다.

08시 00분 〈아침 끼니〉

아침이 나왔다. 먹고 싶지 않다. 자는 건 아니지만 계속 눈을 감고 있다. 코 폭풍으로 내 숙면을 방해한 이웃은 일어나 자기가 코를 곯았냐고 와이프에게 묻는다.

이걸 확~

08시 40분 〈씻기〉

간신히 몸을 일으켜 샤워장으로 갔다. 정신을 차려야 밥이 넘어 갈 것 같다. 뜨거운 물이 닿으니 피로가 풀리는 듯하다. 그러나 양치를 했는데도 입안은 영 텁텁하다.

09시 10분 〈아침 끼니〉

평소보다 1시간 늦은 아침 식사다. 입이 꺼칠해서 간신히 넘겼다.

10시 30분 〈첫 번째 링거〉

비타민 링거액 주사 시작. 약 2시간 예정이다. 멍한 정신이 돌아오지 않는다.

10시 40분 〈화장실〉

루 씨들은 복근이 약해지고 먹는 양이 적어 배변에 어려움을 겪는다. 게다가 손과 발이 불편해서 뒤처리가 힘든 경우가 대부분이다. 그래서 비데가 꼭 필요한데 우라질 비데가 16층에만 설치되어 있어 매번 올라가야 한다. 왜 이런 걸 차별을 두는지. 썩을~

11시 20분 〈서류발급〉

3층 원무과에 가서 지난 달 정산 및 각종 서류를 발급 받고 뉴덱스타 처방전을 처음으로 발급 받았다. 마약성 약품으로 분류된 뉴덱스타는 구음, 연하 장애에 효과가 있다고 한다. 식약처의 승인을 거쳐 희귀의약품 센터에서 수령하는 등 복잡한 과정을 거쳐야 복용할 수 있다. 아내의 일이 더 늘어났다. ㅜㅜ

11시 40분 〈졸다〉

링거를 맞으며 20분 간 잠깐 졸았다. 밥 먹으라고 깨우니 머리만 띵하다.

12시 00분 〈점심 끼니〉

여전히 입도 까칠하고 늦은 아침이 소화도 안 돼 처음으로 밥을 남겼다.

코 폭풍은 5분도 안 돼 다 먹었는지 양치하러 간다.

사람의 뒤통수에 그릇을 던지고 충동을 실행하고 싶어졌다. 이걸 해~ 말어~ ㅋㅋ

14시 00분 〈전기치료〉

일종의 저주파 치료다. 전기 자극을 주어 근육의 긴장을 풀어준다고 하는데 효과는 글쎄?

15시 00분 〈轉室〉

다행히 15층 5인실에서 16층 2인실로 옮겼다. 코 폭풍으로부터 탈출하고 비데가 설치된 화장실을 편하게 사용하게 된 것이다. 그런데 옮긴 2인실에서 최악의 사건이 기다리고 있다는 사실을 몇 시간 지나지 않아 알게 됐다. ㅜㅜㅜ

16시 00분 〈평가〉

장애등급 판정을 위한 작업 · 인지능력 평가를 받았다. 등급을 위해 약간 과장했다. 그런 내 모습이 슬퍼졌다.

17시 00분 〈주사〉

라디컷은 입원 첫 날 밤 9시에 맞았는데 하루에 2시간씩 당겨 맞는다. 그래야 퇴원 일에는 오전에 맞을 수 있다. 37번째 맞았는데 별다른 부작용은 없는 것 같아 다행이다.

18시 00분 〈검진〉

입원 전 코피가 자주, 많이 나서 이비인후과 치료를 받았는데 상태 점검과 아스피린 재복용 판단을 위해 협진을 요청했다. 오른쪽 혈관이 안좋다며 난생 처음 지졌다. 치아를 갈 때는 뼈 타는 냄새가 났는데 코 지지는 건 고기 타는 냄새가 났다. 둘 다 경험하고 싶지 않은 냄새다.

18시 30분 〈저녁 끼니〉

매일 비슷한 차림이지만 집사람은 열심히 먹여준다. 내가 도울 수 있는 일은 열심히 먹어 주는 것. 집사람의 노력과 정성이 맛이다. 쩝쩝!

18시 40분 〈놀람〉

2인실에서 평화롭게 TV를 보며 식사하는 중에 옆 병상에 누워 있던 할아버지 환자가 갑자기 훈민정음으로도 표기할 길이 없는 비명 같은 소리를 질렀다. '으악'인지 약을 달라는 소리인지 모르겠으나 16층 전체가 다 들릴 만큼 큰 비명은 계속됐다. 15층 코골이를 피해서 왔더니 시도 때도 없는 비명의 날벼락을 맞은 것이다.

치매 환자라고 하더니 섬망증세가 있는 분인가 보다. 간호사가 뛰어오고 나서 비명은 잦아졌다. 그러나 잠시 후 다시 소리를 지르기 시작했고 서둘러 식사를 마치고 반대편 복도 끝 병실로 피신했다. 거기까지 비명이 울렸지만 아무도 그 분을 탓하지 않는다. 내가 아프듯이 그 분도 아플 뿐이니까.

20시 40분 〈1인실〉

할아버지의 섬망증세는 해가 지고 나면 심해져서 밤에 더욱 큰 소리를 낸다고 한다. 야간 간호사 대장이 할아버지를 집중치료실로 옮겨주어 병실은 내 독차지가 됐다. 뜻밖의 1인실이란 호사를 누리게 됐다. 할아버지께 고맙다고 해야 하나?

22시 00분 〈잠들다〉

하나 건너 방에서 비명은 계속 됐으나 빈틈없이 보낸 하루의 피곤함이 일찍 잠들게 했다. ZZZ

빡쎈 하루였다.

슬기로운 환자생활 4_ 4일차

루게릭 증상의 시작은 다양하다. 팔 근육부터 문제가 생기다 결국 손가락까지 까딱 못하는 경우도 있고 한 팔만 증상이 시작되거나 양 팔이 동시에 문제를 일으키기도 한다. 팔만 문제가 있는 경우 다리는 멀쩡해서 걷는 데는 문제가 없다. 어떤 이는 다리부터 시작되고 다른 이는 얼굴 근육의 떨림부터 시작된다. 내 경우는 6년여 전 목 근육의 떨림부터 시작되었다. 당시 백병원 신경과에서 검진을 받았는데 단순히 수전증 같은 증세라고 진단 받았다.

흔치 않은 병이라 임상 경험이 없는 의사가 대부분이지만 아무리 그래도 수전증 진단은 좀 아닌 것 같다. 그러나 그때 루게릭 진단을 받았더라도 결과는 같았을 것이다. 오히려 마음의 괴로움만 일찍 시작되었을 테니 다행인지도 모른다.

여성의 경우는 구음과 연하 장애가 동반되는 경우가 대부분인데 나는 어찌 여성들의 장애가 왔는지. 나는 질병적 페미니스트인가?^^ 구음 장애는 성대 근육과 혀의 운동신경 마비로 인한 것이다. 이는 연하와 관련된 근육에 문제를 일으켜 음식이나 물도 삼키기 어렵게 만든다.

목소리를 잃는다는 것은 주변과의 소통을 어렵게 만든다. 물론 문자표, 눈동자 마우스 등으로 의사 표현을 할 수 있지만 최소한의 단어 전달에 그칠 뿐이다. 의사 표현할 수가 없는 환자도, 속을 몰라 답답한 보호자에게도 이 단절은 고통스럽다.

연하곤란은 사레를 일으키기도 하고 기도로 음식물이 넘어가 폐렴을 유발시키기도 한다. 대부분의 환자에게는 폐렴이 치명적인데 루 환자의 경우도 그렇다.

연하곤란이 심해지면 위루술을 하게 된다. 위에 구멍을 내고 주입구를 복부로 노출하여 외부에서 죽 같은 영양분을 넣는 것으로 폐렴의 위험과 영양 부족을 해결할 수 있다. 위루술을 한 경우에도 입으로 음식을 먹을 수가 있다는데 시간이 흐를수록 퇴화될 것 같다. 체중 유지가 중요한 루 환자에게는 어느 순간 반드시 필요한 시술이나 이를 거부하는 이도 더러 있다고 한다. 문제의 근본적 해결이 아닌 미봉책이라는 것에 대한 좌절감이 그 이유가 아닐까 짐작해 본다.

다리 근육이 약해지면 보행보조기를 사용하다 결국 휠체어를 타게 된다. 수동은 보호자의 힘으로 움직여야 하므로 이동에 한계가 있다. 반면 손가락을 어느 정도 움직일 수 있으면 전동휠체어를 이용할 수 있는데 수동과는 비교가 안 될 정도의 편리함을 누릴 수 있다. 나도 지난 달 전동휠체어를 구입해서 아내와 사랑이와 함께 호수공원을 가겠다는 작은 소망을 실현했다.

마지막 단계는 호흡근의 약화로 인한 호흡곤란이다. 루게릭 환자의 생명을 앗아가는 무섭고 슬픈 단계다.

호흡근이 약해져 혈중 이산화탄소 농도가 높아지면 인공호흡기를 사용해서 충분한 산소 유입과 이산화탄소의 배출을 도와준다. 이 인공호흡기는 주로 잠자는 시간에 착용하는데 적응하는 시간이 필요하다. 어느 정도 적응이 되면 깊은 수면을 도와주어 피로도를 낮추는데 효과가 있다. 그러다 자발 호흡이 어려워지면 목에 구멍을 뚫고 호흡관을 삽입하게 된다. 이 정도가 되면 환자는 거의 와상 상태가 되고 폐렴의 위험에 노출되기 쉽다.

루게릭의 모든 단계와 단계마다의 장애는 슬프다. 그리고 시간을 늦출 수 있다 하더라도 예외 없이 악화의 길로 간다는 것을 잘 안다.

그런데 이 상황을 좌절하고, 억울해하고, 분노하고, 원망하며 보낼 것인지 아니면 그 과정마다 할 수 있는 일들을 찾고 주변과 소통하며 고통 중에서도 작은 즐거움을 찾을지는 각자의 선택일 수 밖에 없다. 후자가 전자보다야 낫다고 생각하지만 이 병이 주는 심리적, 육체적 고통을 알기에 전자를 나약하다 단정할 수는 없다.

다행히 나는 후자에 가까운 것 같다. 무엇보다 집사람의 헌신적 간호가 나를 강하게 지켜주고 있으며 아이들의 사랑이 버팀목이 되어주고 있기 때문이요. 친구들과 지인들의 응원과 기도가 있기 때문이다.

나는 지금 양팔의 근육이 거의 빠진 상태이나 손가락을 움직여 휠체어를 작동하거나 이렇게 글을 쓸 수 있다. 구음 장애와 연하 곤란이 있지만 농담을 주고받을 수 있으며 아내가 만들어 주는 정성스런 음식을 즐길 수 있다. 다리 근육의 문제로 홀로 보행은 어렵지만 휠체어를 타고 움직임이 가능하다. 호흡기를 사용하나 수면 시에만 보조적으로 쓰고 있다.

병원 생활이 힘들기도하고 제약도 있지만 가능한 즐거움을 찾으려 하고 있고 만나는 환우들 대부분이 긍정의 에너지를 갖고 있어 그 영향을 많이 받고 있다. 나 역시 다른 이들에게 웃음과 긍정의 메시지를 전하려 하고 그 과정에서 스스로 힘을 얻는다.

세상을 어떻게 살 것인가?

병중이든 건강하든 누구도 대신할 수 없고 오롯이 나만이 답할 수 있는 질문이 아니겠는가.

슬기로운 환자생활 4_ 5일차

어제 옮긴 1622호 5인실은 지난 달 입원했던 병실이다. 남산을 향한 커다란 창이 있어 맑은 아침에는 남산타워가 선명하게 보이고 저녁에는 붉은 노을을 바라보는 맛이 좋은 방이다. 그런데 이 방에 우연치 않게도 모두 루 환우가 들어왔다.

지난 달 내 침상 맞은편에 있었던 73세 이상곤 환우는 재활의학교로 잠시 옮겼다 다시 이곳으로 왔다.

　54세 장상연 환우는 위루술을 받았는데 오늘 아침부터 물을 조금씩 주입하더니 드디어 3일 만에 영양식 50ml를 주입했다. 농담 삼아 맛이 어떠냐고 묻자 뭐가 들어왔는지 기별도 안 온다고 한다. 다행스러운 것은 그가 현 상황을 긍정적으로 잘 받아들이고 있다는 것이다. 이 루게릭병의 특징 중 하나는 몸을 무리하게 쓰거나 감정적 상처를 입으면 상태가 나빠지고 한 번 나빠진 상태는 좀처럼 회복되지 않는다는 것이다. 그래서 루 씨들에게는 체력과 함께 감정의 관리도 중요하다.

　개성공단에서 10년 간 사업을 했다는 동갑네기 김만수 환우, 그리고 한양대병원에서 첫 인연을 맺은 정연경 환우다. 이러다 보니 우리 병실은 자연스럽게 루 씨들의 집결지가 됐다. 아침 밥숟갈 내려놓기 무섭게 오기 시작해서 수시로 모여 한바탕 수다를 떨고 커피, 국수, 족발, 치킨, 막창에 이르기까지 각종 배달음식을 나눈다. 일부 루 씨와 보호자는 이슬이에 맥주, 와인에 이르기까지 내장의 알코올 소독까지 한다.^^

　코로나 방역 수칙 상 다른 병실 방문을 금지하고 있는데 이렇게 몰려다니는 루 씨들은 간호사들에게는 골치 아픈 존재다. 그러나 짧게는 수개월부터 길게는 수년에 걸쳐 매달 열흘씩 입원을 반복하다 보니 개인적 친분이 생겨 루 씨들을 통제하는데 어려움을 겪고 있다. 간호사들의 경력보다 오랜 병력을 갖고 있는 환우들은 말을 드지게 안 듣는다.^^ 게다가 이 병의 어려움을 잘 알고 있는 간호사들의 연민이 어느 정도의 방임과 외면의 또 다른 이유이기도 하다.

그에 대한 미안함과 고마움(?)으로 커피나 음료수도 가끔 사다 주는데 대부분 완곡히 거절한다. 그러면 보호자는 주머니에 쑤셔 넣거나 데스크에 던지듯 놓고 오는데 이것까지 거절하지는 않는다.

동병상련의 환우들 그리고 이해가 깊은 의료진 덕분에 입원 생활은 또 하나의 중요한 일상이 되고 있다.

슬기로운 환자생활 4_ 6일차

어젯밤 일찍 잠자리에 들었더니 오늘도 3시 50분에 눈이 떠졌다. 다시 잠을 청하려 애를 써도 달아난 잠은 다시 오지 않는다. 매일 이 시간에 기상하게 되니 우유 돌리면 딱인데 ^^

아내를 깨워서 화장실에 다녀온 후 하릴없이 핸드폰만 만지작거리다 7시 못 미쳐 결국 일어났다. 우리 병실 환우들과 보호자들은 아직 잠자리에 머물고 복도에 나와 있는 사람은 거의 없다.

일요일 아침 간호사 데스크도 여유롭게 느껴진다. 입퇴원 환자가 적고 응급상황 말고는 주치의 처방도 바뀐 게 없어서 그런 것 같다. 24시간 3교대를 하는 간호사들에게 인수인계 시간은 무척 중요하고 신경이 날카로운 시간이다. 자신이 맡은 시간대 환자의 이상 유무, 새로 입원한 환자의 상태, 주치의 처방 변경 내용 등을 인수인계하는 시간이기 때문이다. 지난밤 병동 전체에 큰 변동 사항이 없었는지 아침 교대하는 간호사들의 표정도 여유로워 보인다.

데스크 앞 출입문을 나가면 엘리베이터 복도가 나오는데 창문이 남산을 향하고 있다. 열린 작은 창문으로 이른 아침의 신선한 공기와 함께 먼지 없는 파란 하늘이 기분 좋게 들어온다. 복도는 약간 쌀쌀하지만 폐에 채워지는 공기는 청량하다. 심호흡을 하니 머리도 맑아져서 지난 글을 정리했다.

어깨와 고관절의 통증으로 점점 새벽에 집중할 수 있는 시간이 줄어들어 토막글을 쓴 뒤 이어 붙이다 보니 내용이 연결 안 되는 경우가 다반사다. 수정하고 다시 읽고 또 수정해도 오타와 비문 투성이다. ㅜㅜ

언제까지 이 글을 계속 이어갈 수 있을까? 손가락은 마지막 순간까지 움직이면 좋겠다는 소망(小望)을 품어 본다. 오늘 가능했으므로 내일도 가능할 것이라는 근거 없는 희망을 한들 어쩌랴.

평일에는 한참 기다려야하는 엘리베이터도 휴일에는 여유가 넘친다. 1층에 할리스는 오늘도 문을 열었다. 오전과 오후에 근무하는 간호사들에게 아이스 아메리카노를 한 잔씩 돌렸다. 특별히 봐달라는 의미는 1도 없고 고마움의 표시일 뿐이다.

내가 예뻐하는 간호사에게 건네주라는 말에 아내는 고참 직원에게 줘야 분위기가 좋아진다고 한다. 조직 생활을 37년 넘게 하면 뭐하나. 아내는 늘 나보다 두 수 위다.^^

슬기로운 환자생활 4_ 7일차

새로운 한 주간이 시작되는 월요일이다. 새해, 새달, 새로운 한 주처럼 심리적으로 리셋되는 날들은 삶을 뒤돌아보고 새 출발하는 마음을 들게 한다.

아침 샤워 후 잘 세탁된 양말과 속옷, 잘 다려진 와이셔츠를 입고 적당한 긴장감을 느끼도록 넥타이를 매는 것은 새로운 하루를 시작하는 의식과 같은 일이었고 나는 그 일련의 과정을 좋아했다. 물론 이 기분이 반나절도 유지되지 못하는 게 일쑤지만 어쩌랴, 다음날 아침이면 또 새 출발할 수 있는데.

휴일에도 될 수 있는 한 늦잠을 자지 않았다. 카메라를 메고 사랑이와 호수공원을 산책하며 사계의 변화를 담는 것은 나만의 힐링 시간이었다.

모든 계절이 나름의 특색이 있고 아름다움을 주지만 봄은 다른 어떤 계절보다 희망에 찬 풍경을 선사했다. 사계 중에 유일하게 '새'자가 붙는 것은 봄뿐이다. 아무도 새 여름이나 새 가을, 새 겨울이라고 말하지 않는다. 새봄의 '새' 자는 새롭다는 의미를 넘어 희망과 생명의 의미를 포함하고 있다. 겨우내 얼은 땅을 뚫고 새싹이 올라오고 나뭇가지에는 새움이 튼다. 새들이며 들짐승들도 짝짓기를 해서 새끼를 낳는다. 각자의 모습대로 새로운 생명을 잉태시키는 계절인 것이다.

누구보다 부지런히 노란 꽃망울을 올리는 산수유와 개나리에 이어 벚꽃이 열리기 시작하면 버드나무 가지에 여린 연둣빛 새잎이 난다. 호수는 이런 풍경을 고스란히 反影 시키고 그 풍경은 그대로 한 폭의 수채화가 된다.

새들은 짝짓기를 위해 제각기 목소리를 뽐내고 빨리 부화한 새끼 오리들은 어미의 뒤를 빠른 걸음으로 뒤뚱이며 따른다. 그런 봄날에 풀밭에 철푸덕 앉아 사랑이를 자유롭게 풀어 놓고 잔잔한 호수를 바라보면 마음이 고요해지곤 했다. 새봄, 온갖 새로운 생명들이 어우러지는 희망의 에너지가 주는 안식과 평화, 도인이 수행 끝에 얻는 깨달음이 어떤 것인지 모르겠으나 내가 경험한 짧은 순간의 지극한 평안의 상태가 그런 것이 아닐까?

작년 겨울의 기세등등했던 추위만큼 봄을 기다리는 사람이 많았던지 올봄은 더 빨리, 더 풍성함으로 찾아왔다. 중부지방에 3월 말에 벚꽃이 만개한 것은 기상 관측 이래 최초라고 한다.

우리 아파트 단지에는 이맘때면 영산홍과 라일락이 한창이다. 유진이가 보내온 사진 속에 그 길을 걷는 사랑이의 엉덩이가 바람난 여인네처럼 신나보였다.

집이 그립다. 아이들과 사랑이 그리고 영산홍과 라일락이.

슬기로운 환자생활 4_ 8일차

루게릭 확진 후 어느 날부터 한동안 하지 않던 기도를 하기 시작했다. 잠자리 들기 전, 중간에 깼을 때, 다시 잠들기 전, 아침에 일어날 때마다 기도를 한다.

기도의 순서는

1. 아내의 건강
2. 아이들의 건강과 행복한 성장 그리고 작은애의 취업
3. 내게 기적을 허락해 달라는 간구

4. 수빈 양(삐루빼루)과 루 환우에게 희망을 달라는 기원

5. 사랑이의 건강

6. 우리나라 코로나의 안정과 남북 평화 그리고 문재인 정부의 성공

하다 보니 반려견의 건강부터 코로나, 남북 평화에 이르기까지 참 맥락이 없는 것 같다. 어쨌든 이 맥락 없는 기도를 한참이나 계속하던 중 어느 날 갑자기 내가 지은 잘못, 실수, 나태와 과욕, 다른 이를 미워한 일이나 때론 증오한 일들이 떠올랐다. 그때부터 내 기도는 '간구'에서 내가 저지른 잘못을 용서해 달라는 '회개'로 바뀌었다.

어린 시절 어머니께 한 거짓말부터 학창 시절의 잘못, 게으름으로 허송한 시간, 은행 재직시절 저질렀던 많은 잘못들, 특히 지점장으로서 후배들을 따듯하게 포용하고 성장시키지 못하고, 나의 부족을 직원들의 모자람으로 떠 넘겼던 일들, 장인·장모님께 따듯한 아들 노릇을 못한 것, 내성적인 처남에게 친구처럼 대하지 못 한 것 등등 특정한 사람에게 혹은 상황에 대해 용서를 구할 일이 불쑥불쑥 떠오르면 그때마다 기도를 한다.

그런 회개 중 가장 마음 아픈 기도는 아내와 아이들에 대한 것이다. 부양하는 것이 남편이나 아버지의 할 일이 다가 아님에도 나는 은행 일과 친구와의 만남, 취미생활이란 것들을 핑계로 가족들에게 결핍을 주었고 그것을 깨닫는데 오랜 시간이 걸렸다. 그 회개를 되돌릴 수 없게 된 지금에야 깨닫게 된 것이다.

나는 간절히 바라면 온 우주가 돕는다는 503이나 시크릿의 말을 믿지

않는다. 또 구하면 어떤 것이든 주실 것이라는 성경 말씀도 다른 의미라 생각한다. 그래서 내 기도가 간구에서 회개로 바뀌었는지는 모른다. 그 변화가 준 것은 평안함이다. 물론 나의 회개와 반성은 대상자에게 직접 하는 게 맞다. 그러나 시간과 사람 모두 흘러 되돌릴 수 없는 것이 태반 이라 나의 회개는 반쪽짜리에 불과하다.

나의 회복과 평안을 위한 기도는 많은 이들이 해주고 있다. 특히 서교 동지점에 같이 근무했던 여자 책임자의 작은 애가 1년여 전부터 매일 밤 잠자리에 들기 전 나를 위해 기도하고 있다고 한다. 맑고 어린 영혼이 하 는 기도라 예수님께서 특별히 부담을 많이 느끼시리라 믿는다.^^

이제 더 이상 회개할 일을 만들지 않게 해 달라는 것이 내 마지막 간구 되고 있다.

슬기로운 환자생활 4_ 9일차

아직 치료제가 없는 루게릭의 지연을 도와주는 약물은 유리텍 정과 라디컷 주사 두 가지다. 여기에 최근 3상이 진행되는 것이 줄기세포 치 료가 있는데 이것 역시 치료제는 아니라 지연 효과를 위한 것이다. 줄기 세포 치료는 1회 2세트가 기본인데 문제는 치료비가 6천만 원으로 엄청 나다.

우리 병실에는 줄기세포 치료를 받은 사람이 2명 있는데 상태가 나와 별반 다를 게 없거나 더 안 좋은 상태도 있다. 하지만 그 치료를 안 받았 다면 더 나빠질 수도 있기에 효과를 함부로 판단할 수 없는 일이다. 그래서 그런지 어떤 이는 권하고 다른 이는 할 필요가 있겠냐고 말한다.

줄기세포 치료에 대해 주치의에게 묻자 오늘 아침 열 시에 상담 예약을 잡아 줬다. 담당 의사는 우리에게 십 분짜리 관련 동영상을 보여 준 뒤 질문에 응답했다. 알고 있던 내용과 크게 다른 것은 없었고 3상 임상 실험이 150명을 대상으로 진행 중이라는 것을 알았다. 3상 실험이 성공적으로 끝난다고 해서 곧 치료제가 나오는 것은 아니라는 말에 실망감이 밀려 왔다. 치료비도 비싸고 뚜렷한 호전 효과도 없는 것 같아 생각을 해 본다 하고 상담을 마쳤다. 친구가 로또 맞으면 치료비를 준다고 했으니 그러면 모를까. ^^

오후에 햇살이 너무 좋아 운동, 전기치료를 땡땡이치고 광합성을 하러 나갔다. 본관 맞은편, 서관 1층에 파리바게트 옆으로 긴 데크가 있는데 남향이라 볕쬐기에는 최고의 장소다. 나와 정연경 환우가 있으니 잠시 후 루 씨들이 모이기 시작했다. 보호자까지 열댓 명이 햇살 좋은 데크에서 아이스 아메리카노와 다른 음료, 빵을 나눴다.

열흘 만에 쐬는 바깥 공기, 약간은 따갑게 느껴지는 햇볕, 점점 녹색을 띄는 여러 종류의 나무들과 교정에 있는 분홍빛 영산홍, 이것들을 느끼며 쭉 빨은 아이스 아메리카노는 요새 말로 존맛탱이었다. 오고 가는 작은 농담에도 모두 깔깔대며 웃는다. 목소리만 괜찮으면 남들 못지않게 웃길 수 있는데 아쉽지만 절제했다. ^^

저녁에는 입원 동기인 정연경 환우가 족발을 샀다. 앞집은 딸기를, 옆 병상에서는 잘 익은 열무김치와 오이소박이를 나눠 주었다. 그러다 갑자기 정연경 환우의 활동보조인이 귀한 약이라며 페트병에 담긴 맥주를 들

고 와서 한 잔 따라줬다. 크~ 그 시원한 맛은 낮에 마신 아이스 아메리카
노와는 또 다른 존존맛탱이었다.

모두 즐겁게 식사를 마칠 즈음 곽재규 환우가 새로 입원한 루 환우를
소개시켜 준다고 데리고 왔다. 부산에서 오늘 라디컷 1차 치료차 올라와
입원한 그 친구는 항만공사에 입사한 지 1년 만인 올 초 판정을 받고 휴
직한 만 29살의 청년이었다. 우리 큰애보다 어린 앳된 얼굴을 보니 사연
을 듣기도 전 가슴이 아파왔다. 아직은 본인이나 가족 모두 현실로 받아
들이기 힘든 시기지만 한양대병원에 입원하길 잘했다고 격려해주고, 마
침 같은 1차 치료 중인 65세 루 환우가 있어서 동기니까 사이좋게 지내
라고 소개시켜 주었다. 그 친구가 병실로 돌아가자 모두가 안타까운 마
음으로 한마디씩 했다. 처음 입원했을 때 루 선배가 말했던 루 환자의 세
가지 아픔 중 첫 번째를 실감했다.

"나보다 어린 환자를 보면 마음이 아프다."

슬기로운 환자생활 시즌4의 마지막 밤은 진한 커피 마냥 고소하고 씁
쓸하게 지나고 있다.

슬기로운 환자생활 4_ 퇴원

어젯밤 다들 잠자리에 드는 시간에 복도에서 쿵하는 소리가 들리며
진동이 느껴졌다. 이어진 간호사들의 다급한 목소리와 발걸음. 낙상 사
고가 발생한 것이다. 우리 병실 바로 맞은편에서 난 소리라 보호자들이
우르르 밖으로 나갔다. 발목 스트레칭을 해주던 아내도 나보고 꼼짝 말

라고 당부하며 대열에 합류했다. 여자 보호자들의 목소리로 복도는 더 시끄러워졌으나 다행히 큰 부상은 아니었는지 이내 모두 들어왔다. 같은 병실 정연경 환우가 자기 전 화장실에 갔다가 낙상한 것이다. 낙상은 루 환우들에게 가장 위험한 사고 중 하나다.

돌아보니 나도 5번 정도 낙상을 했다. 홋카이도 여행 중 온천탕에서, 헬스장 올라가는 에스컬레이터에서. 헬스장 운동 중 기구에 걸려 넘어졌을 때는 쇠뭉치에 머리가 깨져 119에 실려 갔다. 그 외에도 집안에서 두 번, 병세가 진행됨에 따라 다섯 번 정도 넘어졌다. 예상치 못한 낙상은 병세의 악화를 의미하고 또 낙상을 하고나면 심리적으로나 육체적으로 더욱 위축된다. 정연경 환우는 어깨와 다리에 찰과상과 머리에 혹을 하나 달았지만 다행히 큰 부상을 입지 않았다.

퇴원 날은 바쁘다. 씻고, 밥 먹고, 주사 맞다보면 11시 가까이 되고 아내는 밥도 제대로 못 먹고 어제부터 싸기 시작한 짐을 꾸리고 다음 입원까지 먹을 약을 받고, 각종 서류를 떼고, 병원비를 결제하는 등 퇴원 수속에 분주하다. 그동안 나는 병실마다 들러 루 환우들과 인사하고, 간호사들과 주치의에게도 감사를 전했다.

마지막으로 병실 환우들과 건강 잘 유지해서 다음 달에 다시 만나자고 인사를 나눴다.

엘리베이터까지 짐을 들어주며 배웅한 다른 보호자들과 인사를 나누는 것으로 슬기로운 환자생활 4를 마쳤다.

ps.

이번에도 영미가 차를 가져와 퇴원을 도와줬다.

다음 달부터는 장애인콜 차량을 탈 수 있는 자격을 받아 주변의 수고를 덜어주면 좋을텐데.

슬기로운 환자생활 5

비를 좋아하는 소년

(2021년 5월 15일 ~ 5월 24일)

슬기로운 환자생활 5_ 입원

아침부터 후텁지근하고 날이 흐리더니 집에서 떠나려고 짐을 옮기는 사이 굵은 비가 쏟아지기 시작했다. 모내기를 앞두고 내리는 비는 곡식을 위해서는 소중한 것이지만 병원 생활에 필요한 많은 짐을 여러 사람의 도움을 받아 옮겨야 하는 처지라 반가워할 수만은 없었다.

아내와 처형 그리고 손윗동서가 빗속을 뚫고 트렁크며 호흡기, 각종 짐과 휠체어까지 싣느라 비에 젖었다. 나는 아파트 입구 쪽으로 난간을 붙잡고 이제 짙어지기 시작한 영산홍 잎과 벚나무 잎에 후드득거리며 떨어지는 비를 멍하니 바라봤다. 요새 말로 비멍을 때렸다.

짐을 다 싣고 나를 부축해 차에 태우고 출발했다. 빗방울이 따다닥 소리 내며 차 천장을 때린다. 빗소리는 불규칙하나 재즈처럼 자유분방한 묘한 리듬이 있다. 잠시 눈을 감고 빗방울 소리를 들었다.

나는 어린 시절부터 세차게 내리는 비를, 정확히는 그 빗소리를 좋아했다. 내 기억에 이 정서는 고등학교 시절 생긴 것 같다. 그때는 일기예보의 정확도가 떨어졌고, 집안에 식구 수대로 우산도 없어 막내인 내 몫의 우산은 남아있지 않기 일쑤였다. 물론 아침부터 비가 오는 날이면 살 부러진 우산이나 운이 좋으면 성한 비닐우산을 들고 나가긴 했지만 하교 시간에 내리는 소나기는 피할 방법이 없었다. 새 우산을 살 용돈도 없었으려니와 설사 있다 해도 큰 지출(?)을 하느니 비를 맞고 다녔다.

처음에는 비 맞는 것을 달가워하지 않았다. 그도 그럴 것이 온몸이 축축히 젖고 책가방 속 책까지 젖어 버리면 집에 와 옷을 빨고 책은 방바닥에 펼쳐 놓고 말려야 했으니까.

그런데 고2쯤으로 기억하는 어느 여름방학 기간 중 교회에 갔다 돌아가는 길에 큰 소나기를 만났다. 처음엔 후두두둑 빗방울이 치더니 얼마 가지 않아 쏴~하고 장대비로 변했다. 사람들은 비를 피하려 이리저리 뛰어다녔지만 이미 어느 정도 맞은 나는 그냥 내리는 비를 고스란히 맞기로 작정했다. 버스정류장까지는 제법 걸어야 했고 당시 코엑스 근처는 벌판이나 다름없었으니까 쏴~하는 빗속을 뚫고 걷는 내내 내가 느낀 것은 축축히 젖은 몸의 불편함이 아니라 일종의 자유로움이었고 그로 인한 쾌감이었던 것 같다.

그 후로 비 맞는 걸 즐긴(?) 내가 흠뻑 젖어 귀가하면 어머니는 감기 걸릴까 걱정하셨지만 그로 인해 크게 아팠던 적은 없었던 것 같다.

입행한 후에야 우산도 잘 챙기고 소나기라도 만나면 하다못해 비닐우산이라도 사서 비를 피했지만 나는 여전히 비를 좋아했다. 특히 쏴~하고 내리는 장대비를.

긴 본점 생활을 마치고 일산 지점에 근무할 때 장대비가 내리치면 외근을 핑계로 차를 몰고 임진각 쪽 자유로 끝까지 갔다. 한적한 길에 차를 세우고 라디오나 mp3를 틀어 놓고 차지붕 위로 때리는 빗소리를 듣고 있노라면 땡땡이의 즐거움과 함께 이탈의 자유로움을 느꼈다. 그때 즐겨 들었던 비틀즈의 Hey Jude나 Let it be를 들으면 빗소리가 연상된다.

타닥타닥 차지붕을 때리는 빗소리는 재즈처럼 박자가 맞지 않는 듯하나 그것만의 리듬감이 있다. 규칙에서 벗어나 새로운 질서를 만드는 자유로움, 나는 그것이 좋았다.

잠시 비의 단상에 빠져 있는 사이 차는 자유로로 접어들었고 비는 조금 찾아들었다. 차가 많이 밀릴 것으로 예상했으나 다행히 비 예보로 인해 행락 차량이 드문지 정체가 심하지는 않았다. 군데군데 정체 구간이 있었으나 한 시간 조금 넘겨 병원에 도착했다.

16층 16호 2인실.

슬기로운 환자생활 5번째 첫 날이 시작되었다.

슬기로운 환자생활 5_ 2일차

어제에 이어 종일 비가 내린다. 어제는 습도가 높아 몸이 끈적일 정도 더니 오늘은 한결 선선해졌다.

옆 병상 코골이 보호자 때문에 자다 깨다를 반복하다가 6시에 일어났다. 집사람은 밤을 샜는지 일어나서 우이씨 소리부터 한다. 환자는 병과 싸우고 보호자는 고됨과 싸우며 입원 생활을 하고 있는 것이다.

일어나자마자 휠체어를 끌고 엘리베이터 타는 복도로 나왔다. 텅 빈 복도는 새벽의 맑은 기운으로 가득 차 있다.

이어폰으로 최근 자주 듣는 찬송을 들었다.

'약한 나로 강하게~ 가난한 날 부하게~'로 시작하는 찬송인데 다른 어느 소절보다 첫 소절이 마음에 닿아 듣게 되는 찬송이다. 두 번째 소절인 '가난한 날 부하게'는 기복이 담긴 구절 같아 마음에 들지 않지만. ㅎㅎ

루 환우 중 목사가 한 분 있고 개신교 신자도 다수다. 그들은 단톡에 여러 가지 기도문과 성경 글귀를 올린다.

대부분의 내용은 마음의 평화와 안식, 그리고 오늘 하루 행복하라는 격려문이다. 아무도 이 병을 낫게 해 달라는 간구는 하지 않는다. 성경에는 구하고, 찾고, 두드리면 구할 것이고, 찾을 것이고, 열릴 것이라 쓰여 있지만 목사도 신자도 아무리 기도를 한들 이 병이 치유되지 않는다는 것을 알기 때문이다.

헛된 희망을 갖고 사는 것은 복권이 맞으면 행복하게 살겠다고 마음먹는 것처럼 삶을 낭비하는 일인지 모른다. 그런 면에서 우리의 기도는 현실의 인정에서 출발하므로 오히려 희망적이다. 두발로 걸을 수 있음에 감사하고, 말할 수 있음에 감사하고, 손가락을 움직일 수 있음에 감사한다. 이 감사는 하느님이나 부처님을 향한 것이 아니라 고된 간병을 담당하는 가족, 무엇이든 도와주겠다는 선배님, 자주 전화로 안부를 묻는 친구들, 그리고 나를 위해 기도해 주는 많은 이들을 향한 것이다. 내 경우에는^^

토요일에 이어 오늘도 3층은 루 환우들의 회합장이 됐다. 3층은 평일에는 환자접수, 입퇴원 수납과 각종 증명서의 발급으로 병원 내에서 가장 복잡한 곳이나 업무 종료 후나 휴일에는 한적한 광장으로 변한다. 게다가 3층에는 동관과 서관이 연결되어 있어 휴게실이 폐쇄되고 다른 병실로 이동이 금지되어 있는 요즘에 회합 장소로 각광 받는 곳이다.

어제 점심 먹고 오후 들어 병실이 덥고 습도가 높아지자 환우들이 하나 둘 3층에 모여들었다.

외부와 연결 통로가 있는 3층은 한결 시원하고 공기가 맑았다. 아는 환우들과는 반가운 재회의 인사를, 처음 만나는 환우와는 서로 소개하는 인사를 나눈다. 처음 만나는 환우에게는 언제 발병했냐? 라디컷은 몇 회

차냐? 등이 단골 질문이다. 또 없는 환우들에 대한 안부를 공유하는 시간도 갖는다. 커피도 마시고 간식도 나누며 두어 시간쯤 머물다 헤어졌다. 저녁 식사 후 소화도 시킬 겸 8시경에 다시 모여 한 시간쯤 수다를 떨고 있는데 16층에서 가장 쎈(원칙을 지키는) 간호사가 쫓아 내려와 해산 명령을 하달하는 바람에 모두 흩어졌다. 아마 누가 제보한 모양이다.

어제에 이어 오늘도 3층 모임은 이어졌다. 그곳에서 나누는 웃음과 서로에 대한 격려가 어쩌면 링거액 한 병보다 더 도움이 될지 모른다. 그래서 시간만 나면 이렇게 모임을 갖는 게 아닐까?

내게는 주사만큼이나 중요한 일과다.

슬기로운 환자생활 5_ 3일차

어제는 수면유도제를 먹고 잤는데도 4시 30분에 깼다. 억지로 잠을 더 청하느라 눈을 감고 엎치락뒤치락 거리다 5시 30분에 일어났다. 6시간 가까이 잤으니 나쁘지 않다. 부족한 잠은 낮에 보충하면 될 일이라 일어나서 바깥 공기를 쐬러 3층으로 내려갔다. 홀로 넓은 로비를 즐길 심산이었는데 벌써 많은 사람들로 북적여서 얼른 16층으로 돌아왔다.

월요일은 병동이 가장 부산한 날이다. 오늘 퇴원이 9명이라니 입원도 9명이 될 거라 간호사들은 아침부터 뛰어다닌다. 25살 5개월 차 막내쌤의 굳은 얼굴에 땀방울이 송글하니 맺혀있다. 안쓰럽기도 대견하기도 하여 오가며 마주칠 때마다 주먹을 쥐며 작은 목소리로 화이팅을 외쳐 주었다.

아줌마는 여성이 아닌 제3의 성이란 말이 있다. 아가씨가 아줌마가 되면 완전히 다른 기질적 특성을 갖는다고 그런 말이 생긴 것 같다.

오래 전 대전 현충원에 성묘 가는 길에 천안 휴게소에 들른 적이 있다. 때는 단풍철이라 주차장은 관광버스로 가득했고, 버스에서 쏟아져 내린 단풍보다 더 울긋불긋한 옷차림의 사람들로 휴게소는 북새통을 이뤘다. 인파가 가장 몰린 곳은 화장실이었는데 여자 화장실은 줄이 100여 미터가 넘을 정도로 장사진을 이뤘다. 어느 순간 급박한 위기감을 느낀 한 아줌마가 남자 화장실로 뛰어 들었고 금녀의 장벽이 무너지는 것은 순식간이었다. 장벽이 무너지자 수많은 아줌마들이 봇물처럼 밀려와 순식간에 남자 화장실 절반을 점령했다. 그중에는 젊은 여성들도 있었는데 이 생경한 상황에 당황한 쪽은 남자들, 특히 젊은 친구들이었다. 아가씨였다면 이렇게 남자 화장실로 뛰어 들 수 있었을까? 아줌마였기에 가능한 일이었다.

활동보조인의 도움을 받는 많은 환자가 있다. 간병인은 병원 생활에 도움을 주는 사람을 일컫는 호칭이다. 그에 비해 활동보조인은 일상생활까지도 도움을 주는 분이다. 일정한 교육 과정과 실습을 거쳐야 자격을 인정받는데 환자들은 이들을 활보 선생님이라 호칭한다. 활보는 정부 지원으로 급여를 주기 때문에 자격과 조건이 엄격하다. 지원 자격은 중증 장애인이어야 하며, 조건은 가족이 일상 혹은 입원 시 환자를 돌볼 수 없는 경우에 한한다. 그리고 환자의 중증도에 따라 한 달에 활보를 쓸 수 있는 시간이 정해진다. 한양대병원 환우 중 적게는 수십 시간부터 최고 520시간까지 허가를 받은 사람이 있다. 활보는 반려인이라 할 수 있다. 군이 반려인이란 표현을 쓴 것은 반려자의 역할 중 일부를 대신하기 때문이다. 활보는 환자와 일상을 공유하며 그의 결핍을 채워주는 역할을 한다.

간병인은 남자도 적지 않으나 활보는 여성들이 많은 것 같다. 그것은 다양한 일상생활에 여성의 능력이 더 도움이 될 경우가 많을 뿐 아니라 공감 능력이 남성에 비해 뛰어나기 때문이 아닌가 싶다.

여성 환우의 경우는 특성상 여성 활보를 쓰지만 남자들의 경우도 여성 활보를 쓰기도 한다. 대부분 제3의 성인 아줌마가 대부분인 활보쌤들의 행보는 환자를 위해서라면 거침이 없다.

남자 환자를 화장실에 데려가 용변에 도움을 주며, 일어나지 못하는 환자는 들어가서 일으켜 준다.

머리는 매일, 심지어 목욕도 이틀에 한 번 시켜준다.

활보쌤들에게 환자는 더 이상 남성이나 여성이 아니고, 그분들에게 몸을 온전히 의탁해야 하는 환자들은 그런 의미에서 스스로를 제4의 性으로 變態시킨 것인지 모른다.

병원은 이렇게 제3의 성과 제4의 성이 의지가 되어주고 의지하며 병과 싸우는 전장이다.

슬기로운 환자생활 5_ 4일차

입원한 날부터 계속 비가 오더니 오랜만에 맑은 하늘이 열렸다. 서둘러 점심을 먹고 재활치료 시간까지 잠깐 짬을 내어 파바 옆 데크에 나갔다. 얼굴에 부딪히는 볕은 따뜻하고 바람은 시원하다. 먼저 온 환우와 활보 선생님이 아이스 아메리카노를 사서 손에 들려 줬다. 첫 모금에 입안은 커피 향으로 행복해진다.

인디언은 먼 길 떠나는 친구에게 '당신의 얼굴에는 햇볕이 등뒤에는 바람이 불기를 …'이라고 기원하는 인사를 했다고 한다. 오늘 먼 길 떠나는 친구가 있다면 이런 인사를 나누기 제격인 날씨다.

짧은 외출을 마치고 재활치료를 받았다. 재활치료는 작업, 전기(호흡), 운동, 언어 등 네 가지 치료가 있는데 이번엔 작업과 전기치료만 받는다. 작업치료는 주로 상체 특히 팔과 어깨 근육의 재활을 위한 스트레칭과 운동을 시킨다. 전기치료는 저주파와 적외선, 기침유발기 등 전기 기구를 이용한 치료다. 나머지 두 치료는 크게 도움이 안 될 것 같아 이번 달은 건너 뛰기로 했다.

구음 장애가 심한 여성 민선 환우와 선미 환우는 손도 쓸 수 없어 더이상 의사소통이 힘들어지자 안구 마우스를 이용하기 시작했다. 안구 마우스는 길이 15센티, 높이 2센티 정도의 직사각형 모양으로 패드 크기의 pc와 연결한다. 가격은 30만 원 정도, 이용 프로그램은 프리웨어다. 프로그램을 가동하면 안구 마우스가 눈을 인식해서 사용자에 맞게 세팅된다. 그러면 화면에 뜬 자판을 일정 시간 주시하면 타이핑이 되고 음성으로도 전환된다. 카톡으로 보낼 수도 있다. 쉽진 않지만 스스로 가능한 소통의 수단이 생긴 것이다.

내 생각으로는 노트북이나 탭, 핸드폰에 쉽게 담을 수 있는 기능인데 극히 소수의 장애인을 위해 이런 기능을 개발하지 않는 것 같다. 한마디로 돈이 안 되는 일이니까 정부에서 복지 정책의 일환으로 개발하면 좋을 것 같다.

이밖에도 보호자가 글자판을 하나하나 가리키면서 환자의 눈을 깜박이는 것을 보며 단어를 완성하는 원시적인 방법이 있다. 한 단어나 한 문장을 만들기 위해서는 쌍방의 노력과 인내심이 필요하다.

이렇듯 루 씨들에게 소통은 절대적이고 최후까지 놓치지 않고 싶은 기능이다.

나 역시 언젠가는 안구 마우스나 글자판을 써야 할 날이 올 것이다. 그때까지 열심히 떠들고 슬기로운 환자생활도 쓸 작정이다.

그날이 아주 먼 날이기를…

슬기로운 환자생활 5_ 5일차

부처님 오신 날. 생각 못한 휴일이다. 허긴 매일이 휴일이니 요일을 모르고 넘어갈 때가 많다.

휴일에는 재활치료가 없어서 주사만 맞으면 일과가 끝난다. 링거 주사를 맞기 위해서는 혈관을 잡아야 하는데, 주사를 오래 맞을수록 이 놈들이 숨어 간호사와 환자 모두 애를 먹는다. 한 번에 찾지 못해 두세 번 찌르기 일쑤고 심지어는 열 번 이상 찔러 겨우 혈관을 잡기도 한다. 한 번 잡은 혈관은 72시간 동안 유지할 수 있다. 최대 나흘 동안 주사를 맞을 수 있는데 도중에 혈관이 붇거나 막히면 애써 잡은 링거바늘을 뽑아야 한다.

장기 입원 환자들에게는 혈관을 잡는 일은 무척 괴로운 일이다. 그리고 병실 담당 간호사쌤이 대부분 경력이 짧은 사람이 많다보니 숨어 있는 혈관을 잘 찾지 못하는 경우가 많다. 물론 고참이라고 해서 신묘한 방법이 있는 것도 아니다. 그래서 더 이상 혈관을 찾기 어려운 경우에는 케모포트 시술을 한다. 위치는 쇄골 아래쪽 심장 방향 혈관과 연결하는 작은 관을 심어 외부에 돌출시키고 이를 통해 주사를 한다. 우리는 이 걸 훈장 단다고 한다. 병력이 오래된 환우들 대부분은 가슴에 훈장 하나씩 달고 있다.

입원 날 잡은 혈관이 이틀 만에 터져버렸다. ㅜㅜ

오른쪽 손목 위에 새로 혈관을 잡았는데 링거 맞을 때 뻐근해서 걱정했는데 나흘은 잘 버텨주었다. 링거를 맞고 바늘을 빼니 주변이 붉게 부어올랐다. 이제 이놈도 숨어 다음엔 찾기 어려워질 것 같다.

저녁을 먹은 후 낮에 갔던 파바 옆 데크에 많은 환우들이 모였다. 오늘의 야식은 옛날 통닭과 생맥이다. 응급실 앞으로 배민, 요기요 등등 각종 라이더들이 계속 들어온다. 치킨, 피자, 막창, 육회, 국수, 짜장면, 족발 등 일상에서 배달시킬 수 있는 음식은 뭐든 배달시킬 수 있다. 대부분은 환자와 보호자 정도가 주문하나 오늘은 십 수 명의 루 환우들이 대량 주문을 하는 큰 고객이다.

핸드폰 라이트를 비추니 몇 분이 달려들어 먹기 좋게 잘라 작은 그릇에 나눠줬다. 예전 통닭의 바삭함에 이은 한 모금의 맥주, 그리고 깔깔거리는 농담…

시원한 5월의 밤바람과 함께 최고의 간식이었다.

슬기로운 환자생활 5_ 6일차

권 대리 이야기

권 대리는 내가 서교동지점에 발령 받고 1주일 후 발령 받아 온 직원이다. 부천 쪽 지점에서 왔는데 전날 인사하러 온다고 하기에 그럴 필요 없다고 했다. 이틀 후면 얼굴을 볼 텐데 무슨 인사를… 그리고 나는 늘 그래 왔듯이 그쪽 지점에서 그녀가 어땠는지 평판 따위를 물어보지 않았다. 그것은 함께 일할 직원에게 그 어떤 선입관도 갖고 싶지 않았기 때문이었다. 권 대리는 발령받고 이틀 뒤 우리 지점으로 출근했다.

권 대리는 넉넉한 체형에 눈웃음을 잘 짓고 수줍음을 많이 타는 친구여서 묻는 말에 대답보다는 부끄러운 웃음으로 대신하곤 했다. 그녀는 결혼해서 아들 둘이 있고, 남편은 순천향병원에서 근무하고 시부모님을 모시고 산다고 했다.

그녀가 책임자를 바라볼 나이여서 관련 연수는 다 받았는지 물어 봤는데 '책임자 승진에는 관심없다.'는 의외의 날벼락 같은 답변이 돌아왔다. 세상에 중2만큼이나 무서운 것이 승진을 포기한 부하 직원이라고 하는데 그녀가 나에게 방금 그 선전포고를 시전한 것이기 때문이었다. 그 말로 인해 우리의 첫 만남은 유쾌한 인상을 남기지 못했다.

권 대리는 나이와 경력 모두 우리 지점의 최고참 여직원이었다. 인원 구조가 입행 1~2년 차인 직원이 다수였던 탓에 수신 책임자는 권 대리를 VIP실을 담당시키자고 했고 나는 걱정스러웠지만 일단 그 의견을 수용했다. 그러나 내 생각은 기우였다. 권 대리는 업무를 꼼꼼히 잘 처리했고, 손님과의 관계도 잘 맺었다. 그런 그를 직원들 모두 좋아했다. 특히 여직원들에게 맏언니 역할을 잘해 주었다.

그 후 나는 권 대리에게 지금부터라도 책임자 준비를 해보자고 권했고 그때마다 그녀는 웃음으로 답을 대신했다. 그렇게 우린 3년 6개월가량 같이 근무했고 나는 마지막 점포인 여의도로 발령받았다. 그 후에도 권 대리는 가끔씩 문자를 보내 안부를 물었고 2016년 말 명퇴 신청을 했다는 소식을 전해왔다. 그 후에도 그녀는 가끔씩 문자로 안부를 물어왔고 생일이라고 커피 쿠폰 선물도 보내줬다. 아주 가끔씩 이기는 해도 그녀는 늘 먼저 안부를 물어왔고 새로 파트타이머가 돼서 첫 월급을 받았다고 커피 쿠폰을 보내주었다.

며칠 전 어버이날 소포가 와서 뜯어보니 나무로 만든 카네이션과 함께 짧은 글이 있었다. 발송인을 보니 권 대리였다. 아~ 하는 깊은 탄식과도 같은 감동이 밀려왔다. 특별히 잘해 준 것도 없는 내게 늘 고마웠다고 문자를 보내온 그녀가 이번엔 '힘내라.'는 카드와 함께 어버이날 선물을 보내 준 것이었다. 그 선물을 내 퇴직 기념품들이 놓인 탁자 한켠에 두었다. 그것을 바라 볼 때마다 어떤 말에도 그저 배시시 웃던 권 대리가 생각난다. 넉넉한 품으로 후배들을 잘 토닥여 주던 권 대리가 생각난다. 퇴직 후에도 서교동지점 할머니 고객에게 인사가던 그 맑은 품성이 생각난다.

"권 대리! 내가 힘내서 잘 싸울게. 고마워."

슬기로운 환자생활 5_ 7일차

뉴덱스타

루 환우의 절반은 구음과 연하 장애를 동반한다. 혀를 비롯한 성대와 식도 근육의 약화로 비롯된 것인데 목소리를 잃는다는 것은 세상과의 소통 수단 중 가장 중요한 것을 잃는 것이다.

뉴덱스타는 루게릭병의 치료약은 아니다. 원래 갑자기 계속 웃거나, 울음을 그치지 못하는 감정실금에 쓰이는 약인데 치매환자들에게 주로 쓰인다. 그런데 이 약의 부수적 효과가 구음과 연하 장애에 효과가 있다고 밝혀져 이제 많은 환우들이 복용하고 있다. 이 약의 처방은 병원에서 받으나 복용을 위해서는 식약처의 승인을 받고 이후 희귀 약품센터라는 곳에 가서 직접 수령해야 한다. 지난달 입원 시 이 약에 대한 정보를 듣고 처방전을 받았으나 퇴원한 후에 식약처에 신청하는 바람에 처방전 발행일이 8일을 경과해 무효가 됐고 이번 달 다시 재처방을 받았다. 식약처의 승인을 받고 희귀 약품센터에서 수령하는 이유는 이 약이 마약성으로 분류돼서이나 먹으면 기분이 좋아질지는 아직 모르겠다. 처방은 2달 사용량 120정을 내려 주는데 약값이 무려 4백2십만 원이 넘는다. 캡슐 당 단가가 3만 5천원을 넘고 하루에 약 7만원의 약을 먹게 되는 것이다.

심한 구음 장애로 고생하는 민선 씨의 경우 이 약을 무려 2년 6개월이나 먹고 있다고 한다. 처음 먹었을 때는 목소리가 잘 나와 스스로 깜짝 놀랐다고 하니 기대가 커진다. 그러나 민선 씨를 봐도 계속 좋아진 상태가 유지되는 것은 아니다. 그 기간이 얼마가 될지 모르나 다만 며칠만이라도 말을 편히 하고 음식을 마음껏 먹을 수 있다면 바랄 나위가 없겠다.

슬기로운 환자생활 5_ 8일차

〈5월에 안기다〉

따사로운 햇살,

선선한 그늘,

산들거리는 바람,

피가로의 결혼 중

이중창 '저녁 산들바람은 불어오고'

눈을 감자 이 모든 것이

원래 하나인 것처럼

나를 에워싼다.

자유롭다.

완벽한 5월이다.

슬기로운 환자생활 5_ 9일차

새로운 루 환우

임낙길 환우는 67세 중국 동포이다. 마른 체구지만 성큼성큼 걷고 팔도 자유롭게 움직여 처음에는 다른 질환으로 입원한 줄 알았다. 그런데 사지가 멀쩡한데 오직 구마비만 온 처음 보는 사례의 환우다. 혀가 굳어 말을 못하고 음식도 먹지 못해 위루술을 했다. 말은 하지 못하나 필담이 가능해서 다행히 의사소통에는 지장이 없다. 간병은 40대 중반의 아빠의 선한 얼굴을 빼닮은 딸이 했는데 집에 남겨진 8살짜리 아들이 혼자 밥을 차려 먹고 학교를 다닌다는 말을 듣고는 가슴이 찡했다.

라디컷은 처음인데 차상위계층으로 인정되어 병원비는 정부지원이 되나 라디컷 비용은 본인이 부담해야 한다고 한다. 어머니도 류마티스와 치매로 3급 장애 판정을 받았다고 한다. 이제 집안에서 돈을 벌 수 있는 사람은 딸뿐인데 이렇게 병간호를 하고 있으니 그 집 경제사정이 너무 뻔했다. 그를 아는 아버지는 작은 추가 치료도 계속 거부했다. 자식을 둔 아비로서 그 심정이 충분히 이해가 갔다. 계속 라디컷 치료는 어려울 것 같아 무상으로 받을 수 있는 EPO 치료에 대해 말해 주었고 집사람이 도움이 될 만한 얘기들을 해줬다.

박혁 환우

이제 막 50이 된 환우다. 파주에 있는 출판회사에 다니다가 올 1월 판정을 받아 첫 번째 라디컷을 맞기 위해 입원했다고 한다. 안경 너머 슬픈 눈을 가진 그는 건강했을 때는 키도 크고 잘 생겼다는 소리를 들었을 외모를 가졌다. 그런데 지금은 목소리 내기도 힘겨워 하고 팔다리 힘도 많이 빠져 중국 동포 할머니가 밀어주는 휠체어를 타고 다닌다. 15층 병실에 있는 그는 며칠 전 볕이 좋아 바깥으로 나오라는 내 전화에 아파서 나갈 수 없다고 했는데 나중에 알고 보니 물을 마시다 심하게 사레가 걸려 고생했다고 한다. 마흔에 결혼해서 아이가 아직 어려 걱정이라는 그는 아직 자신의 병을 인정하지 못한 것 같다. 그래서 좌절과 분노가 그의 눈을 그렇게 슬퍼 보이게 만들었는지 모른다.

우리가 가진 이 병은 현재까지는 치료법도 개선될 방법도 없다. 그리고 시간이 지날수록 상태는 더 안 좋아진다. 이걸 인정하지 않으면 매일매일이 좌절이고, 매 순간 분노할 수밖에 없다. 그런 심리 상태는 이 병을 악화시키는 연료가 될 뿐이다. 현재를 인정하고 현재 상태에서 할 수 있는 일을 찾고, 하고 싶은 일을 미루지 않고 당장 해보는 것이 이 병을 조금이라도 더디게 만들 수 있는 현재까지는 유일한 방법이라고 생각한다. 혼자 있으면 외롭고 고민만 자라게 마련이다. 입원의 장점은 같은 병의 환우들을 만남으로써 서로에게 위로가 되고 힘을 얻기도 한다는 것이다. 다음 달에 만날 때는 조금 밝아졌으면 좋겠다.

남강수 환우

62세 자그마한 키에 깡마른 체형 -깡 마르지 않은 사람은 별로 없지만- 을 가진 환우다. 대구 출신으로 모 회사의 휴스턴 주재원으로 근무하다가 퇴사하고 자기 사업하다 올 초 이 병을 얻어 병원에 오게 됐다고 한다. 이 환우는 체중이 급격히 감소하고 자꾸 사레가 걸려 위루술을 받기 위해 입원했는데 호흡근이 약해져 늘 가쁜 숨을 몰아쉰다. 위루술은 30분도 채 걸리지 않는 수술인데 이제 그의 위는 가느다란 관으로 외부와 연결되어 있다. 처음 하루 동안은 아무 것도 먹지 못하고 1,450ml의 단백질 수액과 항생제, 진통제 등 각종 이름 모를 수액을 여러 병 맞는다. 내가 지금까지 맞은 수액 중 가장 큰 것이 640ml였는데 거의 7~8시간 맞았던 것 같다. 2배가 넘는 수액은 거의 24시간 맞아야 하는데 다른 수액에 비해 걸쭉한 수액이라 혈관이 붓고 아프다. 참을성이 많은지 그는 다른 환우에 비해 잘 견디는 것 같았다. 아니 어쩌면 그에게는 호흡이 더 큰 고통이라 다른 고통이 상대적으로 작게 느껴지는지 모른다.

이틀째 돼서야 겨우 물 50cc를 위루관을 통해서 넣게 된다. 그 다음엔 물 100cc, 다음 끼니는 종합 영양액 100cc, 200cc까지 문제없으면 최종적으로 500cc까지 늘어나게 된다. 처음엔 위루관에 그냥 콸콸 주입하는 것인 줄 알았는데 링거처럼 영양액을 매달아 1시간 30분간 주입한다고 한다. 하루 세끼 4시간 30분이 소요되는 작업이다. 그리고 안정되면 연한 음식은 입으로도 먹을 수 있기 때문에 약간의 불편함과 심리적 위축만 극복하면 받는 걸 권하는 시술이다.

지난 달 위루술을 받은 장상연 환우의 경우 살도 붙고 얼굴도 밝아져 들어 온 걸 보니 본인만 마음먹으면 위루술은 조금이라도 건강할 때 하는 것이 정답인 것 같다. 드디어 영양액 100cc를 먹던 날 저녁 그가 먹고 싶다는 빙수를 배달시켜 한 입 먹임으로써 그의 회복을 축하해 줬다.

그런데 남강수 환우는 올 초 발병했는데 대상포진이 걸린 후 급격히 악화돼 심리적인 타격도 컸던지 정신과에 협진을 받아 진료를 다녀왔다. 자신이 병을 받아들이기 전에 급격히 진행되는 경우 심리적인 불안감이 커지기 마련이다. 게다가 호흡이 어려운 환우들은 그 불안감이 더 커지는 것을 봐왔다. 일반적인 경우 호흡근이 마지막 단계인데 그 마지막 단계를 처음부터 겪으니 말이다.

박종언 환우

지난 달 처음 들어왔던 만 29살의 부산 청년이다. 오자마자 나를 끌어안고 잘 지냈냐고 어찌나 반가워하던지. 수염 북실하고 덩치가 큰 남자가 달려드니 좀 당황스러웠지만 나 역시 그 친구가 반가웠다. 그 친구는 이번에 라디컷을 맞고 다음 달에 줄기세포 치료를 받기로 한 모양이다. 모두들 희망적인 인사를 건넸지만 줄기세포 치료에 거는 기대가 많은 그를 걱정스럽게 생각하는 사람도 있었다. 줄기세포 역시 치료보다는 지연에 목적이 있고, 그 효과 역시 사람마다 다른지라 시술 후 바라던 결과가 나오지 않으면 상심이 클 것이기 때문이다. 어찌됐던 우리 병실은 목소리 큰 부산 모자로 인해 시끌벅적하니 내내 생기가 돌았다.

집사람은 이들과 보호자들에게 장애등급 받는 법, 보장구 받는 법 등 그동안 겪었던 시행착오들을 전해 주느라 애썼다. 어쩌다 보니 우리 병실 간병인 중에 제일 맏언니가 돼 버린 집사람은 내 병간호에 더하여 언니 노릇하느라 입원 기간 내내 애썼다.

슬기로운 환자생활 5_ 퇴원

선배님께

저는 5월 입원생활을 마치고 퇴원했습니다. 이번 퇴원은 40년 지기 친구가 도와주었습니다. 왕십리에 유명한 대도식당에 들러 점심을 먹고,

오는 길에 서울대병원에 들러 지난 의료기록을 떼고 왔더니 지쳤는지 집에 오자마자 쓰러져 잠들었습니다. 지난 시간이라 참 빠르게 열흘이 지난 것 같은데 집사람의 고됨이 병으로 올까 걱정입니다.

병원생활은 환우들 덕분에 지루하지 않았고 오히려 즐거운 시간이 많았습니다. 입원하면 저 같은 환자 투성이라 제가 특별히 불행하거나 아프다는 생각이 들지는 않곤 합니다. 환우들을 볼 때마다 우리가 삶에서 겪는 대부분의 불행이 다른 이들, 그들이 가진 것들과 비교함으로써 시작된다는 것을 새삼 깨닫게 됩니다.

거의 매일 저녁 루 환우들은 불 꺼진 3층 너른 로비에 나가 야식도 시켜 먹고 새로운 환우들도 소개하고 정보도 나누고 농담을 주고 받았습니다. 새로운 환우들을 만나 그들의 불행이 그들만 겪는 것이 아님을 보여주고 단계마다 해야 할 일들을 공유했습니다. 그 모임은 형식도 없고 기도도 안 하지만 희망과 격려를 주고받는 점에서는 어떤 종교의식보다 의미가 있다고 생각합니다.

비 오고 흐린 날도 있었지만 맑은 날도 며칠 있어서 그런 날이면 환우들과 밖으로 나갔습니다. 5월의 햇살은 따사로웠고 그늘은 선선했으며 바람은 시원했습니다. 시원한 아이스 아메리카노를 마시며 이어폰으로 즐겨 듣던 음악을 들으니 저절로 눈이 감겼습니다. 그 5분도 안 되는 짧은 순간 저는 환자가 아닌 자유인으로서의 자신을 만끽하기도 했습니다. 완벽한 5월의 한 순간이었죠.

병원생활이 오래될수록 할 수 있는 일이나 기능은 하나씩 줄어드는 반면 먹어야 할 약은 하나씩 늘고 있습니다. 매일 새벽에 조금씩 쓰던 글도 이젠 조금씩 손의 힘이 빠져 어려움을 겪습니다. 그래서 생각이 떠오르는 대로 조각 글을 써놓고 퇴원 후 정리를 하겠다 마음먹었습니다. 돌아가면 할 일이 생긴 것도 나쁘지 않은 것 같습니다.^^

여행 중이시라니 걸음마다 행복하시길 바랍니다.

슬기로운 환자생활 6

식판을 달아드립니다

(2021년 6월 12일 ~ 6월 21일)

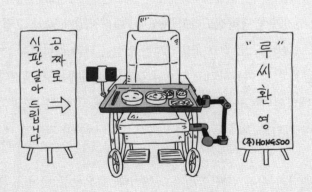

슬기로운 환자생활 6_ 입원

〈별은 어두울수록 밝게 빛난다.〉

김치정, 김현수, 이승복 선배님은 고등학교와 직장 4년 선배님들이시다. 학창시절에는 만날 기회가 없었고 직장 생활 중에는 목동에서 근무할 때 같은 지역본부 소속이라 비로소 자주 뵐 수 있었다. 4년 선배는 갓 전입한 이등병에게 말년 병장 같은 존재라고 할까? 그런 선배님들이 세 분이나 있었고 미숙한 내게 든든한 기둥이 되어 주셨다. 나보다 4년 먼저 퇴직을 하셨음에도 세 분의 단톡에 나를 끼워 주셔서 교류가 이어졌고 가끔씩 식사를 함으로써 유대의 결을 두텁게 했다. 누구보다 나를 늘 응원해 주시고 격려해 주셨던 분들이라 내 병 소식을 듣고 많이 안타까워하셨고 몇 번이나 먼길을 찾아와 위로와 격려를 해주신 선배님들이다.

그중 김치정 선배님은 입퇴원 시 차량이 필요한 걸 아시고는 향후 모든 입퇴원을 자기가 담당하겠노라고 하셨다. 대기자(?)가 많아 그럴 수 없다고 말씀드렸더니 그럼 펑크나면 언제든 연락을 달라고 하셨다. 이번 입원은 손윗동서 차를 이용하려고 했으나 갑자기 회사에 일이 생겼다고 연락이 와 선배님께 부탁을 드렸다. 흔쾌히 들어주신 선배님은 고맙다는 인사에 오히려 기회를 줘서 고맙다는 말씀으로 내 마음을 가볍게 해 주셨다.

이번이 선배님과는 두 번째 입원길 동행이다. 자유로를 벗어나 강변도로에 이르자 정체가 시작됐지만 다행히 아주 심하지는 않았다. 차가 밀린 덕분에 선배님과 많은 얘기를 나눌 수 있었는데 선배님의 연애사와 결혼 비사를 들을 수 있었던 값진(?) 시간이 됐다. 이번 달쯤 장애등급이 상향되면 장애인 콜택시를 이용할 수 있다고 말씀드렸더니 그럼 병간호를 해주겠다고 하셨다. 나는 솔직히 이런 선배님의 마음을 온전히 이해하지 못한다. 형제지간도 쉽지 않은 일들을 어떻게 주저함 없이 하시겠다고 말씀하시는지 종재기만한 심성을 가진 내가 이해할 범주가 아닌 것이다.

이번 입원은 아내가 동행하지 않았다. 대신 서울대병원 입원 시 4박 5일 병간호를 해준 산악회 홍수 형이 열흘간 간병인 역할을 해주시기로 했다. 지난 7, 8개월 동안 꼬박 내 옆을 지켜 준 집사람에게도 휴식이 필요하다며 고맙게도 먼저 나서 주신 것이다. 고단한 간병 후 집에 돌아오면 며칠씩 힘들어하는 집사람에게 휴식은 필요했다. 사실 환자야 주사 맞고, 밥 먹고, 재활치료받는 게 다이지만 아침 일어나서 잠자리에 들 때까지, 아니 잠자리에 들어서도 환자에게 신경써야 하는 보호자는 24시간 중노동을 하는 셈이다. 형 덕분에 그런 집사람에게 휴식의 시간을 줄 수 있어서 다행이다. 그래도 집안 살림은 온전히 집사람의 몫일 것이고, 병원에 있는 내 걱정에 심사가 편치 않겠지만 오랫만에 휴식을 가졌으면 좋겠다.

홍수 형은 일찌감치 와서 입원 수속을 마치고 자리까지 잡아 놓았다. 치정 선배님을 배웅하고 16층 2인실에 가서 환복을 하고 짐을 정리함으로써 6번째 입원 생활이 시작됐다. 퇴원은 나의 페르소나 영미가 도와주기로 했으니 오가는 길과 병원 생활 모두 오랜 인연들 덕분에 편히 하게 된 것이다.

나의 삶은 어두움 속을 지나고 있고 시간이 지날수록 그 어둠은 더 짙어 질 것이다. 내 삶에 뜻밖에 찾아온 깊은 어둠, 이 암흑 속에 더욱 밝은 빛으로 다가와 주는 별과 같은 이들 덕분에 오늘도 슬기로운 환자생활을 이어 간다. 자! 또 시작해 보자.

슬기로운 환자생활 6_ 2일차

같은 병실에 있던 드레곤 환우가 열흘간의 입원을 마치고 퇴원하는 날이다. 그의 아내는 짐을 꾸리고 퇴원 수속을 밟으러 갔다. 건강 잘 유지하고 감정도 잘 다스려 다음 달에 다시 만나자는 나에게 그가 고맙다는 인사를 해왔다.

어제 입원하니 2인실에 젊은 환자와 그의 아내로 보이는 여성이 있었다. 밝은 얼굴과 목소리를 가진 그들과 간단히 인사를 나눴는데 체격도 목소리도 좋아 간단한 병으로 입원했을 것으로 짐작했다. 그런데 저녁을 먹은 후 얘기를 나누며 자세히 보니 한쪽 손이 마르고 힘이 없어 보였다. 잠시 후 화장실에 가는 걸음걸이가 불안한 것이 아무래도 이상해 조심스레 물어보니 루 씨였다.

이제 40대 중반인 그는 올 1월 확진을 받고 4, 5월에 줄기세포 치료를 받았다고 한다. 라디컷은 이번이 1차라고 하며 평생 이렇게 긴 입원 생활은 처음이라고 했다. 인천에서 부친과 사업을 하고 있는 그는 가족과 일에 대한 걱정에 사로잡혀 있었고, 자신이 이 힘겨운 병과 함께 살아야 한다는 사실을 인정하지 못하는 것 같았다. 어느 누가 이 끔직한 병을 쉽게 받아들일 수 있겠는가. 나와 다른 환우 역시 마찬가지였다.

그러나 세상의 모든 문제의 해결은 그것을 인식하고 인정하는데서 출발한다. 병도 그와 다르지 않다고 그에게 얘기했다. 현대 의학으로는 불치의 영역에 속한 병을 부정하고 싶은 마음이야 백 번 공감하지만 그건 마음만 어지럽히고 몸을 더 악화시키는 길이라는 말도 덧붙였다.

짧은 시간동안 그 부부와 적지 않은 얘기를 나누고 환우들과 교류의 중요성도 알려주었다. 얘기를 하던 중 내 입원 소식을 듣고 인사 온 환우들이 있어 그들을 소개해 주고 나보다 긴 역사를 가진 분들이라 도움이 많이 될 것이라고 말해 주었다.

저녁 식사 후에 환우들로부터 3층으로 내려오라고 연락이 와서 그 부부와 함께 파리바게트 야외 데크로 갔다. 병실의 공기는 낮의 더위로 덥고 무거웠으나 외부와 연결된 3층은 복도만 내려가도 신선한 공기로 시원했다. 응급실 입구를 지나 파리바게트 뒤편 어두운 데크로 돌아갔더니 넓은 데크가 40명 가까운 루 환우와 보호자들로 가득찼다. 시끌벅쩍하니 정신이 없는 와중에 피자와 통닭 그리고 보리음료가 속속 배달되고 과일과 과자, 떡 등 다양한 먹거리가 펼쳐졌다.

사실 이렇게 많은 사람들이 모인 모습은 나도 처음이어서 놀랐는데 모임에 처음 나온 부부는 인원의 많음에 놀라고 그들의 밝은 모습에 또 한 번 놀란 모양이다. 그들을 환우 몇에게 소개하자 모두 반갑게 맞아주고 친숙한 분위기를 만들어 줬다. 벌려 놓은 음식도 먹고 그의 아내는 보호자들과 맥주도 한모금 마셨다. 분위기는 어느 시골의 잔치와 같이 왁자지껄했고 웃음이 넘쳤다.

그 자리에 40대 초중반으로 보이는 또 다른 부부가 참석했는데 아내가 올초 확진을 받았다 한다. 아직 아이들도 어릴텐데 어찌 이렇게 젊은 사람들이 이 어려운 병을 얻게 됐는지 ㅜㅜ

그들도 이런 모임에 적잖이 당황하더니 이내 무리에 섞여 선배들에게 이것 저것 묻고 조언을 들었다.

대부분의 환우들이 처음에는 병을 얻은 것을 인정하지 못하고 분노하고 슬퍼하다 좌절하곤 한다. 그러다 오늘처럼 루 씨들을 만나면 위로와 격려를 받고 마음의 안정을 찾기도 한다. 특별한 희망이 보이지 않고 오히려 내가 가는 길이 어떤 것인지 눈으로 보게 되지만 지금 모습 그대로의 자신과 인생을 사랑하는 사람들을 보면서 저절로 깨닫게 되는 것이 있다.

〈지금 이순간에 충실하라. 네 운명을 사랑하라〉

슬기로운 환자생활 6_ 3일차

우리 몸을 구성하는 원소는 모두 우주로부터 왔다고 한다. 도올 선생은 우리가 죽는 것은 다시 그 원소로 돌아가는 것이라 한다. 생명을 다한 우리 몸은 미생물의 먹이가 되어 분해되고 나무와 풀의 자양분으로 혹은 작은 동물들의 영양분으로 섭취되어 결국 자연의 순환고리를 이루게 된다. 이처럼 존재의 형태가 바뀌었으니 새로운 생명으로 윤회를 하는 것이요. 그것을 끝없이 반복하니 우주의 질서 안에서 영생을 하는 것이라 할 수 있지 않을까? 고로 죽어서 영생을 얻을 것이라는 기독교나 윤회를 주장하는 불교의 교리가 상통한다고 할 수 있다.

나는 예수를 믿으나 천국과 지옥의 존재를 믿지 않는다. 불교의 교리는 훌륭하다 생각하나 그 복잡한 사후세계의 존재를 믿지 않는다. 나의 믿음의 대상은 정확히 말하면 예수가 생전에 한 말씀이요 그가 실행한 이타적인 삶이다. 그러므로 죽음에 대한 내 믿음은 종교적이지 못하다. 도올 선생의 말대로 나의 기원인 우주의 원소로 돌아가는 것이라 생각하고 앞서 언급한 바와 같이 그것이 영생이고 윤회라 생각한다.

내가 이 우주의 어떤 존재로 다시 생성된다면 생로병사와 희노애락에 얽메이지 않는 바람으로 나고 싶다.

아내를 처음 만났던 오세암을 지나 마등령, 공룡능선을 감고 내려오는 바람.

180cm나 눈이 내린 후 별이 쏟아져 내린 양폭산장의 밤하늘에 지나던 바람.

북한산 인수봉 암벽을 오르다 잠시 멈춘 곳에서 느끼던 시원한 바람.

먼저 세상을 뜬 정수 형. 범일이와 함께 했던 많은 산행에서 맞았던 바람.

그리고 우리의 꿈이었던 알프스 몽블랑, 마테호른, 아이거북벽을 거침없이 오르고 싶다.

겨울을 재촉하는 쌀쌀한 바람보다는 생명을 머금은 봄바람이고 싶고, 겨울에는 따뜻한 기운을 실은 남동풍, 여름엔 시원한 북서풍이고 싶다. 땀 흘리는 사람들의 땀을 식혀주고 먼길 가는 사람들의 등을 밀어주는 그런 바람으로 나고 싶다. 또 그리운 사람들을 찾아가 내가 왔음을 알려

주는 그런 바람이고 싶다.

〈풍경 달다〉

– 정호승 –

운주사 와불님을 뵙고

돌아오는 길에

그대 가슴의 처마 끝에

풍경을 달고 돌아왔다

먼데서 바람 불어와

풍경 소리 들리면

보고 싶은 내 마음이

찾아간 줄 알아라

슬기로운 환자생활 6_ 4일차

현재까지 루게릭을 치료하는 가장 발전한 방법은 줄기세포 시술이다. 이것도 정확히는 치료가 아니라 지연에 목적을 둔 임상 3상 단계의 치료일 뿐이다. 줄기세포는 보통은 중증으로 발전되기 전에 시술하기를 권하는데 중증으로 가면 효과가 떨어지거나 없기 때문인 것 같다.

줄기세포 치료를 위해서는 시술 40일전 입원하여 골수액을 체취한다. 골수 체취는 국소 마취를 해서 큰 통증은 없으나 마취가 풀린 뒤 통증이 심하다고 한다. 게다가 체취 후에는 8시간을 똑바로 누워서 움직이지 말아야 하는데 이 과정이 여간 고통스러운 일이 아니다. 그래서 골수 체취는 밤 10시 이후, 그러니까 환자가 잠자리 들기 직전에 체취한다. 체취한 골수로 줄기세포를 배양하는데 과거에는 1개월 정도 보관이 가능하나 요새는 기술의 발전으로 그 기간이 더 늘어 났다고 한다. 한 번 채취한 골수로 여러 번 치료를 받을 수 있게 된 것이다.

환자는 40일 후 다시 입원해서 이번엔 뇌척수액을 체취한다. 뇌척수액은 꼬리뼈 부근에서 국소 마취를 한 뒤 채취하고 이후 배양된 줄기세포와 섞어 척수에 주입하는 것이 일련의 과정이다. 뇌척수액 채취 시에도 6시간 동안 꼼짝 못하고 누워 있어야 한다.

줄기세포 주입은 5분 남짓 걸리는데 이후 6시간 동안 허리에 삼각 받침을 대고 머리를 아래로 향한 자세로 움직이지 말고 누워 있어야 한다. 이때 보호자는 주입된 줄기세포가 뇌 방향으로 잘 가도록 마사지 건으로 양쪽 허리 부근을 마사지해 준다. 첨단 치료치고는 참으로 원시적인 방법이 사용된다.

올초 발병한 박종민 환우가 오늘 줄기세포 시술을 받았다. 6시간 동안 꼼짝 못하고 누워있다 일어나 이제 좀 살 것 같다고 하더니 마취가 풀리자 심한 전신 통증과 함께 두통이 몰려왔다고 한다. 진통제를 맞고 간신히 진정됐으나 일주일은 계속 몸살기와 두통이 반복될 수 있을 거라고 한다. 새로운 줄기세포가 면역반응을 일으키는 것이라고 생각하면 긍정적인 신호라 당사자도 그리 믿고 주변 사람 모두 그럴 거라 응원과 격려를 보냈다.

줄기세포 치료는 1세트가 2회에 걸쳐 진행된다. 비용은 1회 시술비가

3천만 원이라 1세트에 총 6천만 원 이상의 비용이 드는 초 고가 치료다. 다행히 실손보험에 가입되어 있으면 보상이 가능한데 보통 한도가 5천만 원이어서 라디컷 맞느라 연간 2천여만 원을 쓰면 3천만 원은 본인이 부담해야 한다.

엄청난 비용이지만 라디컷 주사와 마찬가지로 치료가 아닌 지연이 목적이다 보니 지연의 효과라는 것이 사실상 측정이 불가능한 것이라 그 효용에 의문을 갖는 사람도 있다. 실제로 과거에 시술한 환우들 중에는 그다지 상태가 좋지 않은 경우도 있어서 그 의문을 뒷받침한다. 그러나 현재로써는 가장 첨단의 치료법이라 벼랑 끝에 서 있는 루 환우들과 가족들의 입장에서는 가능만 하다면 한 번이라도 받고 싶어 한다. 가능의 의미는 병의 진행 정도와 경제적 부담을 감당할 수 있는 능력이 될 것이다. 모든 루 씨들과 그 가족들의 목표는 '현재 상태를 최대한 유지하자.' 이다. 언제일지 모르는 치료제의 개발을 기다리며…

슬기로운 환자생활 6_ 5일차

병원에 온 이후 가장 파란 하늘이 열렸다. 드문드문 떠있는 흰구름은 마치 하늘이 더 파랗게 보이도록 원래 배치한 소품 같이 하늘빛과 잘 어울린다. 엘리베이터 복도에 나오니 신선한 아침 공기가 좋다. 조그만 환기창으로 들어오는 옅은 바람이 얼굴에 닿을 때마다 찬물로 세수한 것처럼 정신이 맑아진다. 기분 좋은 하루가 열릴 것 같다.

아침 식사 후 영양제를 맞다가 11시부터 이십여 분간 전기와 호흡치료를 받았다. 병실로 돌아가려니 생각했는데 홍수 형이 날씨가 좋으니 바깥 공기를 쐬고 가자고 한다. 맑은 하늘에 볕이 강했다. 바람이 강하게 불었으나 추운 겨울 언 손에 부는 입김처럼 포근했다. 삼십분 남짓 햇살과 바람의 마사지를 받으니 상쾌함이 온 몸에 퍼졌다.

삼십여 분의 외출을 마치고 병실로 돌아가려는데 마침 모임에서 보낸 체리가 도착했다는 문자가 왔다. 택배 찾는 장소는 본관 외부에 있는데 그곳에는 크고 작은 각종 상자가 많이도 쌓여 있었다. 내 앞으로 온 상자는 스티로폼 위에 커다랗게 내 이름이 써있어 쉽게 찾았다. 우리나라 카페에서 사람들이 노트북이나 핸드폰 등을 놓아두고 자리를 뜨는 것을 보고 외국인들이 놀란다고 한다. 그들이 여기에 쌓여 있는 많은 택배 상자가 분실되지 않고 잘 배달된다는 사실을 본다면 더욱 놀랄 것이다.

상자 안에는 씨알 좋은 체리가 5키로나 들어 있었다. 환우들과 나눠 먹으라고 넉넉히 보냈다하니 그 마음씀이 더욱 고맙다. 점심 식사 후 15, 16, 17층 각 병실에 있는 환우들에게 소분해서 나눠주고 우리 병실 담당 간호사에게도 넉넉히 담아 줬다. 체리는 과즙이 많고 달아 인기가 좋았다. 아침에 기분 좋은 하루를 기대했는데 체리 선물이 그 기대를 채워 주었다.

저녁 8시가 되면 다들 자동으로 3층으로 모인다. 날씨가 좋아 데크로 갔더니 바람이 서늘하다. 집사람이 챙겨준 얇은 바람막이를 걸치니 찬기는 가시고 선선한 느낌이 좋은 정도가 됐다.

어떤 환우가 옛날 통닭을 시켜 또 야식 파티가 벌어졌다. 매일되는 야식은 식사가 부실하기 마련인 보호자들을 위한 것이다. 그리고 서로 친교를 나누는데 빠질 수 없는 게 음식이니 연일 계속되는 이 행사에 갖가지 음식은 그런 의미에서 더 소중하다.

　오늘 밤에는 39살의 젊은 여 환우를 새로이 만났다. 15층 병실에서 1차 라디컷을 맞고 있는 그녀는 혼자 바람 쐬러 왔다가 우리 무리와 만나게 된 것이다. 작년 말쯤 확진 받은 그녀는 한 쪽 팔과 다리에 힘이 빠졌는데 아직 잘 걷고 여 환우 대부분이 고생하는 구음 장애도 다행히 오지 않았다. 혼자 앉아 생각이 복잡했을텐데 갑자기 왁자한 먹거리 잔치가 벌어져 놀랐을 것이다. 그것도 대부분 휠체어를 타고 얼핏 보기에도 상태가 심각해 보이는 환자들도 많은지라 더욱 놀랐을 것이다.

　어느 보호자가 다가가 몇 살이냐? 아이가 몇이냐? 물으니 6살과 4살배기 둘이라며 흑~하고 허리가 꺾어지며 눈물을 보였다. 그 물음을 했던 사람 입에서 아이고~ 소리가 절로 나왔다. 주변에 있던 환우들은 말은 안 하지만 그녀의 육신과 마음의 고통이 어떠한 지는 넉넉히 알고 있다. 특히 어린 자녀를 둔 환우들은 마치 매일 독배를 마시는 것처럼 속이 타 들어 가고 있을 것이다.

　환우들이 한둘씩 다가가 인사를 하고 위로와 격려를 보냈다. 그녀 역시 처음 온 다른 환우들처럼 자기 혼자 이 병을 얻은 것이 아니라는 것에서 위안을 받고, 놀랍도록 밝고 유쾌한 환우과 가족들을 보며 새로운 시각을 갖게 되리라 믿는다. 잠시 후 그녀의 어머니도 병실에서 내려와 환우 보호자들과 음식과 얘기를 나눴다.

　오늘이 바닥이었으면 하지만 내일, 일주일, 한 달 후에 어떤 상태가 될지 모른다. 분명한 건 개선되지 않는다는 것이고, 더 나빠질 가능성이 높다는 것이 슬픈 현실이다. 고로 오늘이, 지금 이 순간이 우리에게는 가장 젊고 건강한 날이다. 그래서 오늘을 어떻게 보내느냐는 매우 중요하다. 할 수 없는 일들에 좌절하지 말고 할 수 있는 것들을 당장 행동에 옮기는 것이 현명한 일이다. 그런 일들을 머릿속에만 담아 두지 말고 목록을 작성하면 실행 가능성이 더 높아진다. 거창할 것도 없다. 일상에서 소소하게 할 수 있는 일들이 더 좋을 것이다. 버킷리스트가 별 것이겠나.

파란 하늘로 시작한 하루, 39살의 환우를 만나 가슴이 짠했던 그런 하루가 지났다.

슬기로운 환자생활 6_ 6일차

오늘은 제일 친하게 지내는 곽재규, 정연경 환우가 퇴원한다. 왠만하면 같은 날 입원해서 같이 퇴원하려고 했는데 곽재규 환우의 여행 일정으로 그러지 못해 나보다 먼저 입원해서 퇴원도 앞선 것이다.

보통의 경우 퇴원은 병이 다 낫거나 더 이상 입원이 필요 없을 정도로 호전된 경우에 한다. 그래서 다른 환자의 퇴원 시에는 '축하해요. 더 건강해지세요.'라는 인사를 하고 그 사람도 '어서 건강해지세요.'라는 덕담을 건네게 마련이다.

그러나 루 환우들은 그런 인사를 하지 않는다. 우리가 가장 많이 나누는 인사는 '건강 잘 유지해서 다음 달에 또 봅시다.'이다. 건강을 잘 유지하자는 말에는 더 이상 나빠지지 않았으면 하는 기원이 있다. 개선되지는 않을 것이니 그 안에서 최선의 인사는 이것일 수밖에 없다. 다음 달에 또 보자는 말도 매달 열흘 남짓 입원하는 루 환우들만의 인사다. 힘든 병원 생활을 다음 달에 또 하자는 말… 그것만이라도 오래 반복되기를 바라는 슬픈 기원이다.

환우들 중에는 기독교인도 있고 불자도 종교가 없는 이도 있다. 그들 모두 이 병을 낫게 해 달라는 기도는 하지 않는다. 단지 마음의 평화, 감사하는 생활을 간구한다. 나는 그것이 어쩌면 자신의 종교에 대한 자기 부정이 아닐까 생각한다. 전지전능하고, 구하면 무엇이든 준다고 한 약속이 거짓이거나 아니면 스스로 불신하는 것 아닐까?하는 생각 말이다.

그럼에도 그들도 기도하고 나도 기도한다. 뭔가 이루어지길 바라는 마음이 없지 않으나 그건 내 기도가 간절하다고, 또 많은 횟수를 하고 오랜 시간 한다고 해서 될 수 있는 일이 아니라는 걸 안다. 그럼에도 나는 기도한다. 아내의 건강을, 아이들의 건강과 성장을, 사랑이의 건강을, 기적을, 나라의 평화, 다른 환우들의 평안 등등을 위해 기도한다. 실현이 불확실한 이 기도를 계속하는 이유는 맞지 않는 로또를 계속 사는 것보다는 훨씬 마음의 평안을 주기 때문이다. 그 기도를 하는 순간만큼은 다른 잡념없이 마음을 집중하기 때문이다.

입퇴원할 때 나누는 우리의 인사가 비록 현실의 한계를 담고 있다하더라도 그것만이라도 이루어졌으면 좋겠다는 강한 소망이 담겨져 있다. 매달 어딘지 모르게 조금 나빠진 환우들을 만나도 '얼굴 좋아졌다.', '팔다리에 힘이 있어 보인다.' 등등의 너스레를 떠는 것도 하나의 기원이자 소망이다. 오늘 퇴원한 환우들 모두 오늘의 모습만큼 다시 만나기를 기대한다.

슬기로운 환자생활 6_ 7일차

6시 30분에 기상했는데 하늘이 잔뜩 흐리고 비구름이 낮게 깔렸다. 스트레칭을하고 샤워를 마치니 7시 30분. 홍수 형이 먼저 식사를 하고 나는 그동안 책을 몇 장 읽었다. 8시가 넘어 식사를 하고 재활치료를 받기 전 장상연 환우와 이런저런 얘기를 나눴다. 대구에서 매달 오는 그는 양팔이 중증이나 보행은 양호한 편이다. 그런데 연하장애가 심해서 지난 달 위루술을 받고 라디컷 주사를 위해 다시 입원했다. 위루관을 통해 영양소를 충분히 섭취해서 전보다 얼굴이 좋아보였다. 그의 아내는 조용한 성품이나 환우들 모임에선 궂은일을 마다하지 않는 적극적인 사람이다. 애교스럽지는 않지만 남편에게 늘 밝게 웃고 격려의 말을 해준다. 한마디로 좋은 보호자인 것이다.

환자의 상태는 여러 요소에 의해 좌우된다. 이 병의 특성상 개선은 어렵고 현상 유지가 최선인데 줄기세포 치료 외에 유리텍과 라디컷이 현재까지 지연 효과가 증명된 약이다. 그리고 약 못지 않게 중요한 것이 환자의 심상 관리다. 이 잔인한 병을 얻으면 분노와 공포 그리고 좌절감이 찾아 온다. 현실을 부정하고 사람들을 기피하게 된다. 스스로 더욱 고립시키다 우울증과 공황장애를 겪기도 하는데 이러면 상태가 더 악화되곤 한다. 심상 관리에 가장 큰 고삐는 본인이 잡아야 한다. 그리고 가족과 친구, 지인들의 도움이 다음으로 중요하다. 배우자를 비롯한 가족의 따뜻한 위로와 격려, 친구들과 지인들의 만남을 통한 고립감의 해소가 많은 도움을 주곤 한다.

본인과 가족 모두 강건한 경우, 본인이 크게 좌절하는 경우, 본인은 잘 버티는데 가족이 무너지는 경우 그리고 모두 포기하는 경우가 있다.

첫 번째 경우를 빼고 모두 환자의 마음을 크게 손상시키고 상태를 악화시킨다. 그런데 확진 직후에는 대부분 현실을 부정하다 깊은 슬픔에 잠기기 마련이다. 그것을 얼마나 빨리 극복하느냐가 관건인데 내가 경험한 바로는 루 환우들과의 교제와 소통이 매우 긍정적인 영향을 미친다.

나와 같은 병실을 썼던 송광용 부부, 저녁 모임에서 우연히 만난 임은경 부부와 배은아 환우도 깊은 좌절에 빠져 있다가 환우들을 만나 마음의 큰 위로를 받은 사람들이다. 하나도 웃을 일이 없을 것 같은 사람들이 웃고, 떠든다. 말을 알아 듣기도 힘들어진 사람은 보호자가 통역(?)을 해준다. 그마저 안 되는 이들은 안구 마우스로 글을 써서 의사를 전달한다. 카톡에 누가 어떤 문제를 알리면 서로 나서서 도움이 되어주곤 한다. 이런 것들이 모여 작은 희망이 만들어진다.

"희망이란 것은 있다고도 할 수 없고, 없다고도 할 수 없다. 그것은 마치 땅 위의 길이나 마찬가지다. 원래 땅 위에는 길이란 게 없었다. 걸어 가는 사람들이 많아지면서 그게 곧 길이 된다" ―루쉰

슬기로운 환자생활 6_ 8일차

"이웃을 잘 만나야 한다."는 동서고금을 막론하고 진리다.

맞은편 창가 쪽에는 뇌경색으로 10여 일간 중환자실에 있다 올라온 90세 노인이 딸의 간병을 받으며 누워 있다. 코에는 산소 공급기가 팔에

는 커다랗고 작은 각기 다른 색의 여러 개의 수액이, 소변줄과 각종 바이탈 사인을 측정하는 전선들이 온몸에 연결되어 있다. 할아버지는 가끔씩 의식을 찾긴 했지만 뜻 모를 고통의 신음을 할 뿐 다시 깊은 잠에 빠지곤 했다.

그런 힘겨운 상황을 50대 초반인 딸이 간병을 하고 있는데 어찌나 이야기를 걸쭉한 전라도 사투리로 재미나게 하는지 판소리 한마당을 보는 듯 했다.

그녀는 정신을 못차리는 할아버지 귀에 대고 수시로 말을 걸었다.

"아부지 어쩌자고 깨어 나셨소. 여기서 한 3일만 앓다가 하늘로 가뿌리쇼 잉!"

어쩌다 할아버지가 깨어나셔서 알아 듣기 힘든 몇 마디를 하시면

"아이고 우리 아부지 살아나실란 갑네. 옳지 옳지 잘헌다!" 한다.

가래가 끓어 자주 썩션을 하는데 정신 없는 와중에도 할아버지는 무척 고통스러우신지 '아이고 나 죽네.' 비슷한 말을 하신다. 그때도 그녀는 어김없이 "살릴려고 이라제 죽일라고 이럴갑소. 아부지 아~해 봇씨요. 옳지 옳지 아이구 우리 아부지 잘허네."라며 할아버지를 격려한다.

침대를 올릴 때도 '아부지 올라갑니다.', 내릴 때는 '아부지 내려갑니다.', '아이고 우리 아부지 비행기 엄청나게 타네.' 라며 너스레를 떠는데 그 모습이 보기 좋았다.

그녀는 대단한 입담으로 병실의 환자와 보호자들에게 큰 웃음을 주었는데 자신 남편이 바람난 얘기부터 자신의 남자 친구 얘기, 호빠에 가서 논 얘기들을 아주 구체적으로 하는 통에 모두 배꼽을 잡으며 웃었다. 평

탄하지 않은 그녀의 삶, 열심히 일해 경제적으로는 부족함은 없지만 중요한 무언가를 상실한 허전함을 그녀의 얘기를 판소리 12마당처럼 구성지게 전했다. 어쨌든 5인실로 와서는 그녀 덕분에 아침에 일어나서 잠자리에 들 때까지 웃음이 끊이질 않았다.

장상연 환우가 퇴원하고 5인실에 두 자리가 비어 있더니 점심 전에 장상연 환우 자리에 88세 할아버지 환자가 들어왔다. 보호자도 80을 넘으신 할머니였는데 이 분이 빌런이었다. 뇌경색 집중치료실에서 이사한 할머니는 거기가 좋은데 이런 시커먼 곳으로 옮겼느니, 거기는 시원한데 여기는 덥다느니, 무슨 검사를 이렇게 많이 하는지 모르겠다느니 등등 온갖 불평을 듣기도 힘든 억센 경상도 사투리로 간호사들이 들어올 때마다 하고 병실 환자와 보호자들 들으라고 해댔다. 연세 많으신 분이 어찌나 목소리가 쩌렁쩌렁한지. 병실에 있는 사람들 모두가 눈살을 찌푸렸지만 할머니는 상관 않고 계속 떠들었다. 26살 먹은 간호사쌤이 '할머니 이렇게 시끄럽게 하시면 다른 환자들에게 방해되니 조용하세요.'라고 똑 부러지게 말했음에도 할머니는 아랑곳하지 않았다.

저녁 식사 후 그 소리를 피해 3층 복도에 내려 갔다. 시원한 바람을 쐬고 있으니 박종민 환우도 내려왔다. 9시 넘어 그 할아버지와 할머니는 줄기세포 치료실로 독방수감(?) 되셨다고 한다. 다른 환자들과 보호자의 수면을 위해 간호사가 조치한 것이다.

지난 달 5인실 모두 루 환우들이었을 때는 낮엔 웃음이 끊이지 않았고, 다른 환우들도 마음 편히 병실에 놀러와 얘기도 하고 식사도 하고 갔다. 매일 저녁 간식이 끊이지 않았고 보호자들도 서로에게 격려를 하고 하소연을 들어주며 지냈다.

세상을 사는데 있어서도 친구, 동료 같은 이웃들이 중요한데 짧은 입원생활에도 이웃의 중요성은 그에 못지 않다. 그 할아버지와 할머니의 독방행으로 조용한 밤을 보낼 수 있었지만 한편으로는 그 아무도 없는 공간에서 두 분이 얼마나 고립감을 느낄까 생각하니 마음이 편치만은 않은 밤이다.

슬기로운 환자생활 6_ 9일차

6시 기상. 30분간 스트레칭하고 씻었다. 나와 형이 우리 병실에서 제일 먼저 움직인다. 씻고 오니 어제 추방됐던 빌런 할머니 부부가 돌아왔다. 할머니는 역시 오자마자 불평을 늘어놓기 시작했다. 모두 할머니와 눈이 마주치지 않으려 외면하자 조금 말수가 줄어드는 것 같다.

느리기만 하던 시간이 빨리 가 어느새 아흐레. 두 번째 맞는 일요일이다. 오늘 퇴원하는 최정한 환우를 배웅하고 데크로 나갔다. 볕은 벌써 여름의 따가움을 품었다. 신발을 벗고 눈을 감으니 잠시 시원해졌다. 한낮의 고요함, 얼굴에 쬐는 햇살의 따가움과 가끔씩 들리는 새소리가 있어 지금이 한낮임을 깨닫는다. '한낮'과 '고요함', 어울리지 않을 것 같은 이 두 상황이 평화롭다. 이십여 분 나가 있으니 뜨겁다. 어느새 등에서 땀이 나 병실로 돌아왔다.

한산한 일요일이라 점심 식사 후 3층 로비에 혼자 앉아 한참을 있었다. 갑갑한 병실에서 내려와 바람을 쐬거나 운동을 하는 환자가 있었지만 붐비지는 않았다. 휠체어에 앉은 채 환자 대기석에 발을 올려 놓고 찬송가 한 곡을 들었다. 서관을 연결하는 통로에서 신선한 바람이 계속 들어오는 조용한 로비에서 찬송을 듣자니 마음이 편해졌다. 이후에는 그저 눈을 감고 바람의 살랑거림에 온몸과 마음을 맡겨 두었다.

　어느 보호자가 루 환우들은 모두 착한데 왜 이런 병에 걸렸는지 모르겠다고 했다. 나는 우리가 원래 착한 것이 아니라 이 병에 걸리고 나니 욕심도 없어지고, 다른 이 앞에 겸손해지고, 각자 방식대로 삶에 대해 깊은 깨달음을 얻어 착하게 된 것이라고 말했다. 석가모니의 깨달음이 나는 이것과 다를 바가 없다고 생각한다. 물론 환우마다 그 정도가 다르고 아직 부질없는 욕심이 있는 경우도 있지만 많은 환우들은 자신의 처지에 대해 비관하지 않고 다른 이의 아픔을 공감하고 있다. 물질에 대한 욕심도 없고, 육신에 대한 탐함도 없다. 다른 이의 아픔을 같이 아파하고 나의 아픔뿐 아니라 다른 이의 아픔을 위해 기도한다. 이 정도면 거의 성인의 반열에 든 것 아닌가?^^

　루를 통해 비로소 세상에 영원히 값진 것이 없음을 깨닫는다.

슬기로운 환자생활 6_ 퇴원

　9번의 목욕, 90여 회의 양치질, 26끼의 식사, 매 끼니마다 약 40여 회의 숟가락질, 도합 1천여 회의 숟가락질과 그 3배는 넘을 젓가락질, 과일 깎아 먹기, 간종 간식의 소분, 수시로 가야하는 화장실, 19번의 링거와 5번의 재활치료 시 동반, 옷가지며 수건 등의 빨래, 새벽에 깨어 화장실에 간 회수가 3~4번, 그리고 수시로 외출 등 이번 입원 기간동안 나를 간병했던 홍수 형이 수고한 일상이다.

물론 사소한 마음씀은 그보다 훨씬 많았다. 침상이 땀 찰지 모른다며 얇은 매시 천을 깔아주었고, 휠체어 식탁에 실리콘 패드를 붙여서 미끄러움을 막았다. 5시 무렵에 일어나 본인부터 씻고 내가 일어나길 기다려 30분여 분 스트레칭을 시키고 자신은 십 분 내외로 식사를 마치고 내 식사 보조는 삼십 분을 넘게 했다. 행여 나 혼자 돌아다니다 넘어질까 걱정해서 눈에 안 띄면 카톡으로 행방을 물었다.

내가 아프다는 소식을 듣고 '도와 줄 일 있으면 언제든 연락해라.', '미안해 하거나 주저하지 말아라.'라고 먼저 말을 꺼낸 형이었다. 집이 밝아야 한다며 벽에 오래 걸려 있었던 스크린도 치워주고, 거실 바닥에 놓여 있었던 각종 액자도 공구를 가져와 벽에 다 걸어 주었다. 누렇게 변한 각종 스위치와 콘센트도 갈았는데 그 작은 것을 바꾼 것만으로도 새로 인테리어 한 것 같았다. 샤워기 수전도 편리한 것으로 바꿔 주었고, 침대 옆에는 미끄럼 방지 패드도 깔아 주었다. 숫돌을 가져와 집안의 모든 칼을 갈아주고 느슨한 곳은 조여주고 닦아주었다.

내가 지난 12월에 이어 이번 입원 기간 동안 간병을 부탁할 수 있었던 것은 전적으로 홍수 형의 너른 마음 덕분이었다. 형은 병원의 어떤 간병인보다 나의 상황을 잘 파악했고, 불편함이 없도록 조치했다. 그런 형을 보고 환우들은 놀랐고 부러워(?)했다. 어느새 형은 다른 환우들, 보호자들과도 친해졌고 그들에게도 작은 도움을 주어 인기가 높았다. 식사 후 커피콩을 갈아 커피를 내려 한 잔씩 돌리자 다음 번에도 아내는 집에 두

고 형과 같이 입원하라고 한다. ^^

나는 이런 홍수 형에 대해 미안해 하지 않고 다만 고마운 마음만 갖기로 했다. 갚을 길 없어 모두 마음의 빚이 되겠지만 그렇게 뻔뻔해 지기로 했다.

입원을 도와주신 치정 형, 오늘도 퇴원을 도와주러 온 영미. 미리 입퇴원 날짜를 챙기는 그분들 역시 내가 고마움만 간직할 사람들이다. 나의 여섯 번째 슬기로운 환자생활도 이 고마운 분들 덕분에 시작하고 마칠 수 있었다.

으아! 집에 오니 아내도 있고, 아이들도 있고, 사랑이도 있어서 좋다.

슬기로운 환자생활 7

장애인 콜택시

(2021년 7월 11일 ~ 7월 20일)

슬기로운 환자생활 7_ 입원

나도 이제 장애인 콜택시를 이용할 자격이 생겼다. 重症 장애등급을 받아야 가능한 복지다. 어떤 여 환우는 장콜을 처음 타는 날 울었다고 한다. 자격이 주는 의미를 알기에 그녀가 왜 눈물을 흘렸는지 이해한다. 그런데 나와 아내는 이주일 전 주민센터로부터 장콜 이용이 가능하다는 소식을 듣고 잘 됐다며 좋아했다.^^ 세상 모든 일에는 이처럼 동전의 양면이 존재하곤 한다. 어느 쪽을 볼 것인가는 결국 스스로의 선택이 아닐까? 나와 아내는 가능하면 밝은 쪽을 바라보려 한다.

현재는 일산에서 한양대병원까지는 이용할 수 있는데 그 반대는 서울시의 등록 요건에 안 맞아 퇴원은 여전히 지인들의 도움이 필요하다.

전화로 예약한 차는 30분도 되지 않아 집 앞으로 와주었다. 장콜은 카니발의 뒷부분을 휠체어가 오르내릴 수 있게 개조되어 승용차를 이용할 때처럼 휠체어를 접어 싣고 내리는 수고를 하지 않아도 된다. 그리고 기사 분이 도와주셔서 짐을 싣는 아내의 수고를 조금이나마 덜어 주었다.

나는 차 후미에 휠체어를 고정하고 타고 간다. 휠체어는 전후좌우가 잘 고정되어 있어 흔들리지 않았다. 게다가 앞에 잡을 수 있는 기다란 바가 있어 안심하고 갈 수 있었다. 그러나 무게 중심이 높아져 차가 흔들릴 때마다 2층 버스를 탄 것 같이 약간 멀미가 났고 핸드폰을 보면 더 어지러워 그냥 지나치는 풍경만 바라보았다. 앞자리에 앉은 아내 역시 아무 말 없이 창밖만 바라보며 갔다. 지인들의 차량을 이용할 때는 이런저런 얘기를 나누는 소소한 재미가 있었는데 편함과 그것을 바꾼 셈이 됐다.

날은 흐렸으나 어제 내린 소나기로 거리는 바닥청소를 막 끝낸 객장처럼 깨끗했다. 자유로에 들어서니 불어난 한강 물살이 눈에 들어왔다. 십여 년 동안 출퇴근할 때마다 본 풍광이지만 오늘은 수십 년 만에 다시 만난 친구처럼 낯설어 보였다. 얼마 전부터 멀쩡한 몸으로 출근해서 직원들과 일하는 꿈을 연속 꾸었다. 예전 느낌 그대로 아침 인사를 하고 웃으며 일을 시작하고, 맛있는 점심을 먹고, 회의를 가고, 저녁 회식을 했었다. 그러나 잠에서 깨면 모든 것이 사라지고 현실의 나로 돌아와 있었다. 그 허탈함과 그리움이 오늘 한강을 낯설게 만든 것 같다.

코로나 확산 때문인지 거의 정체가 없어 한양대병원까지 한 시간도 걸리지 않았다. 요금은 1,900원이 나왔다. 택시를 이용하면 3만 원은 훌쩍 넘었을텐데, 결제하려니 왠지 쑥스럽고 뿌듯했다.

입원 수속을 밟으러 간 아내를 복도에서 기다리고 있는데 바람을 쐬고 들어온 루 환우들과 보호자들이 반가운 인사를 한다. 어떤 이는 다가와 힘겹게 손을 내미는 것으로, 다른 이는 안 나오는 목소리로 그간의 안부를 묻고, 그마저도 안 되는 사람은 발을 흔들어 반가움을 표시한다. 제각기 다른 인사지만 그 안에는 안도와 반가움 그리고 안부와 격려가 들어있다.

그들과 시작하는 일곱 번째 슬기로운 환자생활이다.

슬기로운 환자생활 7_ 2일차

16층 신경과 병동에 빈자리가 없어 15층 2인실을 배정 받았다. 15층은 정형외과 병동으로 수술환자들이 많고 복도에 휠체어가 많아 복잡해서 불편하다. 무엇보다 가장 불편한 것은 화장실에 비데가 없는 것인데 매번 비데가 설치되어 있는 16층 화장실을 이용해야 한다. 그러나 병실이 없다니 16층 자리가 나는대로 옮겨 달라는 요청을 하고 병실로 향했다.

병실에 가보니 뇌졸중으로 입원한 42살의 환우가 누워 있다. 짧게 깎은 머리에 눈을 꼭 감고 있는 그의 몸에는 커다란 링거 백이며 콧줄, 소변줄 등이 연결되어 있어 한눈에도 상태가 가볍지 않음을 알 수 있었다. 병간호를 하는 분은 중국동포인데 벌써 1년째 그를 간호하고 있다고 한다. 그런데 그가 뇌졸중으로 쓰러진 건 그보다 2년 전이라고 하니 3년째 눈도 뜨지 못하고 누워 있는 것이다. 그런 그가 유일하게 손발을 심하게 떨며 움직일 때는 목에 가래가 차 기침을 할 때와 썩션을 할 때뿐이다.

숨골 부근에서 뇌출혈이 생겨 수술을 할 수 없어 약물 치료만 받았는데 의사가 이제 더는 해줄 게 없다고 퇴원을 종용했다고 한다. 그 절망적 소식을 접한 부모는 그래도 자식이 눈뜨는 것을 보는 게 소원이라 20여일 마다 이 병원 저 병원을 순례하며 기적이 찾아오길 기다린다. 더 이상 해줄 게 없는 환자, 이 말은 병원 경영의 측면에서 수익률이 현저히 낮은 환자라는 것의 다른 표현이기도 하다. 3차 진료기관은 어디나 이런 환자의 긴 기간 입원을 꺼린다. 이런 경우 재활병원이나 요양원으로 옮기는 것이 일반적이나 부모의 마음은 어떡하든 큰 병원에 머무르고 싶을 것이다. 바라는 것이 기적일지라도 포기할 수 없는 게 부모의 마음 이리라.

의식적으로는 손가락하나 움직이지 못하고 눈도 뜨지 못한 채 3년을 누워 있는 본인은 어떨까? 살았다고 할 수도 없고 죽었다고는 더욱 할 수 없는 그는 무의식 저 깊은 곳에서 누구를 그리워하고 무엇을 생각할까?

예전에 읽은 해외 사례에 의하면 오랜 세월 코마 상태에 있다 깨어난 환자가 그동안 어떤 의사와 간호사가 치료했는지, 가족들과 지인들이 찾아와 어떤 말을 했는지 기억했다고 한다.

인간의 무의식이란 의식의 세계와 다르지 않을 수도 있다는 연구자의 얘기다. 그래서 의식이 없는 환자라도 자꾸 말을 건네면 무의식 중에도 뇌가 인지하고, 거듭되면 반응할 수 있으니 보호자들에게는 환자에게 수시로 말하기를 권한다고 한다. 기적 같은 극히 소수의 이야기지만 내 자식에게 꼭 그 기적이 일어나서 회복하기를 바라고 그럴 수 있다고 믿으며 기도하는게 부모의 마음일 것이다.

3년이란 깊디깊은 심연은 환자나 가족 모두 희망을 접기에 충분한 시간이라는 생각이다. 그러나 부모이기에 포기할 수 없을 것이다. 자신의 목숨과 바꿔서라도 눈을 뜨게 하고 싶을 것이다.

루 씨에게 시간의 흐름은 병세의 악화를 의미한다. 미래에 대한 기대가 없는 삶은 코마 환자의 그것과 크게 다르지 않다. 차이가 있다면 '오늘'이 있다는 것이다. 오늘 누군가를 볼 수 있고, 얘기를 나눌 수 있고, 음식을 먹을 수 있고, 사랑한다 표현할 수 있고 화를 낼 수도 있다.

이 모든 것이 그의 부모가 간절히 바라는 기적인 것이다. 슬프기도 하지만 루 씨의 삶은 누군가에겐 기적이다.

슬기로운 환자생활 7_ 3일차

새벽 5시도 채 안되었는데 옆 병상은 부산했다. 부스럭 부스럭 거리는 소리를 자세히 들어보니 간병인이 물수건으로 환자를 씻기고 있는 것 같았다. 의식 없이 늘어진 남자 환자의 몸을 나이 먹은 여성이 다루기는 쉽지 않을 텐데 간병인은 갓난 아이를 씻기는 엄마처럼 한 시간여에 걸쳐 양치질에 면도, 환복까지 말끔하게 마쳤다.

오늘 다른 병원으로 옮겨야 해서 부지런을 떨었다고, 잠을 설치게 해서 미안하다고 간병인이 우리에게 얘기했다. 간병인은 어제부터 이삿짐을 꾸리기 시작했는데 웬만한 자취생 살림 정도는 돼보였다. 열흘 입원하는 우리 짐도 크고 작은 짐이 서너 보따리인데 3년 병원살이 짐이니 오죽하겠나 싶었다. 호흡기 등을 낀 채 3년 가까이 눈조차 뜨지 못하고 있는 환우는 그렇게 떠났다. 병실을 나서는 그의 어머니와 간병인에게 인사하고 그에게도 꼭 두 눈을 뜨라고 마음속으로 기원했다.

34도에 이르는 낮 최고기온, 몇 년 만에 만나는 무더위다. 병실은 에어컨을 최대치로 켜놓으니 그나마 더운 줄 모르는데 복도나 화장실은 조금만 나가 있어도 등에 땀이 찬다. 지난달까지만 해도 아침에 목욕할 때면 서늘한 기운이 느껴져 온수를 많이 틀었는데 이제는 샤워장 공기도 훈훈할 정도다.

현재 입원 환우는 이십여 명 정도고 오늘 4명이 더 들어온다. 내일도 다른 환우 3명이 들어온다니 15층에서 17층까지 루 씨들 천지다. 오후에 평소 친하게 지내는 곽재규 환우와 정연경 환우가 입원했는데 정연경 환우가 내 병실로 배정 받았다. 그래서 16층이나 다인실로 옮겨 달라는 요청을 취소했다. 비록 16층으로 화장실을 다녀야 하는 불편함이 있지만 맘이 맞는 친구와 만나 생활하는 것으로 불편함을 상쇄하고 남음이 있다. 2인실에 열흘간 입원이라 이번 달 병원비는 역대급이 될 것이지만 처음으로 호사 아닌 호사를 누려 보기로 했다.

2인실은 인구 밀도가 적어 에어컨에 선풍기 한 대만 켜놓으면 낮에도 시원하다. 그러나 5인실은 창 측 두 자리에서 에어컨 바람이 나오는데 동일 공간에 열 명이 있는데다 병상마다 커튼을 치고 있기 때문에 공기 순환이 되지 않아 공기는 더욱 탁하고 덥다. 게다가 창 측 환자는 바로 바람을 맞아 추위를 느낄 수 있어 에어컨을 낮추는 경우 끝자리 환자들은 더위에 시달리곤 한다.

신영복 선생님의 저서 '감옥으로부터의 사색'에서 여름 징역에 관한 얘기가 나오는데 '여름 징역은 자기의 바로 옆 사람을 증오하게 한다. 모로 누워 칼잠을 자야하는 좁은 잠자리는 옆 사람을 단지 37도의 열 덩어리로만 느끼게 한다.'는 글이 나온다. 여름 다인실이 그에 비할 바는 아니지만 병과 맞서는 환자와 고된 간병에 지친 보호자에게는 올해처럼 무더운 여름이 여름 징역 같을지 모르겠다.

군복은 사계절용이다. 봄에는 속옷 위에 입다가 여름에는 팔을 걷는다. 가을에는 다시 팔을 내리고 겨울에는 내복, 깔깔이에 야상을 입는다. 주된 군복은 사실상 사시사철 같은 것이다. 그런데 간호사복도 그와 같다. 겨울철에는 가디건 같은 겉옷을 한 벌 더 걸치기도 하지만 대부분 겨울에도 반팔을 입고 근무한다, 천의 재질은 면 같은데 여름철에는 조금 더워 보인다. 3교대 근무에 여러 환경도 힘들어 보이고 식사도 거르며 종종 거리는 어린 간호사들을 보면 안쓰럽기도 하다. 여름 더위는 환자나 보호자 그리고 간호사들에게도 힘든 계절이다.

슬기로운 환자생활 7_ 4일차

031로 시작하는 모르는 번호로부터 전화가 왔다. 그냥 통화 거절 버튼을 누를까 고민하다 받았더니 고양시청에서 걸려 온 전화였다. 나 대신 통화를 한 아내는 입원 전 실사 나온 장애 판정에 대한 결과를 알려 줬다고 한다.

'뇌병변 장애 중증장애' 이 묵직한 단어가 내가 받은 최종 결과다.

거슬러 올라가면 지난 5월 아내가 장애 판정에 대한 어려움을 건강보험공단 담당자와 얘기하던 중 지체장애는 중증으로 판정받기 어려우니 '뇌병변'으로 신청하면 좀 더 쉽게 등급 조정을 받을 수 있을 것이라는 조언을 듣고 재활학과 교수에게 상의해 진단서를 받아 신청한 것이다. 진단서를 받기 위해서는 작업평가, 운동평가, 언어평가 세 가지를 했어야 했는데 평가 내내 팔다리 움직이기 어렵고 일상생활에 도움을 전적으로 받아야 한다는 아내의 말에 평가사는 후하게(?) 점수를 준 것 같다. 아내가 다소 엄살을 떨었으나 거짓말을 한 건 아니었다. 언어평가 역시 마찬가지였다. 재활학과 교수의 진단서 상에는 '항상 호흡기를 착용해야 하고 모든 일상생활에 도움이 필요하며 와상인 상태'로 기록되어 있어서 이것만 보면 심한 장애를 받지 않는 것이 이상할 정도였다.

그래서 그런지 언어에 관해서는 입원 두 주 전 심한 장애 판정이 나왔는데 지체에 관해서는 지난 2월에 이어 이번에도 실사가 나왔다. 아무래도 고양시가 타 지역에 비해 엄격한 것 같다. 실사는 건강보험공단 실무자가 집에 방문하여 판정 의사와 화상 통화로 연결해 내 상황을 보고 몇 가지 테스트를 하는 것으로 진행됐다. 진단서와 별다른 점이 없는 것을 확인한 의사는 십여 분만에 실사를 종료했다. 그 결과가 병원에 입원해 있는 동안 미리 통보를 해 준 것이다.

원하는 등급이 나왔지만 뇌병변 장애이라는 단어가 주는 묵직한 충격이 잠시 머리를 띵하게 만들었다. 아직 내 머리만큼은 정상인의 그것과 다름이 없는데 논리적인 사고도, 계산도 충분히 하고 다른 사람의 감정도 공감할 수 있는데 그럼에도 뇌병변 장애라니 인정하고 싶지 않은 마음이 잠시 솟구쳤다.

뇌병변은 뇌의 이상에 따른 지적장애, 뇌졸중으로 인한 장애, 파킨슨병과 루게릭병이 이에 속하는데 그동안 누구도 이 항목으로 장애 진단을 신청한 경우가 없어서 사실상 내가 '1호'가 된 셈이다. 이미 아내는 이 사실을 아직 장애 판정을 받지 않았거나, 경증으로 받은 많은 환우들의 보호자에게 공유하고 있었다.

3층 원무과에는 정부 행정망과 연결되어 각종 민원서류를 발급 받을 수 있는 기기가 설치되어 있는데 그곳에서 장애인증명을 떼어보니 '뇌병변 중증장애'로 등급이 표시되어 있었다. 이걸 근거로 서울 장애인 콜택시를 신청할 수 있었고 이제 퇴원도 장애인콜을 이용할 수 있게 됐다.

아내는 뉴덱스타의 처방을 받아 관련 서류와 함께 식약처에 팩스를 보냈는데 팩스가 잘 작동되지 않아 몇 차례나 3층을 오갔다. 식약처 승인을 확인하고 희귀약품센터에 다시 확인하는 등 여러 차례 전화를 한 끝에 이 역시 마무리가 됐다.

아내는 다른 환우 보호자들이 어려워하는 장애등급과 뉴덱스타 신청에 있어 노하우가 많은 사람으로 소문이 나서 여러 환우들이 도움을 청했다. 그때마다 아내는 정성껏 절차를 알려 주었고 그동안 정리한 내용을 카톡으로 보내 주었다. 어느새 아내는 환우들 사이에 인싸가 됐다. 어떤 환우는 고맙다며 커피를 사주기도 했고 다른 이는 롤케익를 사다주기도 했다. 내가 겪은 시행착오가 하나의 기준이 되어 다른 루 씨들에게 도움이 될 수 있다는 것은 감사한 일이다. 힘겨운 투병과 간병을 해야 하는 환우와 그 가족들의 수고와 걱정을 덜어 주는 일이니 이것은 물론 내가 다른 환우들로부터 받은 많은 도움의 연장이고 앞으로 당연히 내가 해야 하는 일이다. 대부분 아내가 그 역할을 하고 있지만.^^

슬기로운 환자생활 7_ 5일차

아침에 일어나니 창으로 맑고 파란 하늘에 흰 등대 같은 남산타워가 눈에 들어온다. 오늘도 서울은 최고 기온이 35도를 넘나드는 폭염이라고 하니 홀로 계신 장모님께서 에어컨은 켜고 지내시려나 걱정이다. 돌이켜보니 우리가 결혼했을 때는 50대 초반이셨으니 참 젊으셨고 처외삼촌들과 밤새 고스톱을 치셔도 끄덕 없으셨던 분인데 이젠 체중이 40키로도 채 나가지 않는 자그마한 팔순의 노인이 되셨다.

몇 해 전만 하더라도 매년 서너 번은 옥수동에서 일산까지 전철을 타고 오셨고 오실 때마다 내가 좋아하는 물김치며 오이선, 닭볶음 등 갖가지 반찬들을 바리바리 싸들고 오셨었다. 무거운 거 들고 오지 말라고 해도 '하나도 무겁지 않다.'고 고집을 부리셨는데 거동이 불편해지시고 기억도 선명하지 못하게 되신 이후로는 혼자 오시기 어려워지셨다. 그래도 동네 노인 분들과 고스톱도 치고 노인정에 나가 시간을 보내시곤 했는데 코로나 이후론 그마저 못하게 되셔서 거의 집에만 계신다.

아내는 종일 나를 돌보느라 못찾아 뵙고, 처형이 일주일에 한 번 들러 반찬이며 먹거리를 챙겨드리고 있는데 거의 드시지 않는다고 한다. 그래도 아내가 보내드린 뉴케어를 하루에 서너 개씩 챙겨 드신 후 기운이 나신다고 하니 다행이다.

부모보다 먼저 세상을 뜨는 것이 제일 불효라고 한다면 나는 이미 버금 불효쯤 되는 상태다. 그래도 장모님은 '집에만 있어도 용돈은 필요하다'며 가끔씩 내게 돈을 부치신다. 당신 몸도 성치 않으신데 어찌 그런 생각까지 하시는지 그저 감사하고 또 죄송할 뿐이다.

오후에 소나기가 온다는 예보가 있더니 전기치료 받으러 동관 통로를 지나는 동안 천둥 번개와 함께 쏴~하고 마치 동남아 스콜 같은 비가 내렸다. 한껏 뜨거워졌던 대지는 소나기로 인해 바로 식었고 이내 선선한 바람이 불었다.

전기치료는 오후 3시 30분부터 약 20여분 실시한다. 뭉친 어깨와 목 부위에 초음파 자극을 주면서 호흡치료를 병행하는데 담당하는 여자 물리치료사는 키가 크고 이국적인 눈매를 가졌다. 이달로써 7개월째 나를 담당하고 있는데 짧은 치료 시간이지만 가족, 직업에 대한 생각, 연애와 결혼 등 이런저런 얘기를 나눈다. 휠체어에 오래 앉아 있어 발이 붓는다며 침상 위에 베개를 받치고 내 두 발을 들어 올려 주고 발바닥과 발목 마사지를 해준다. 깨끗이 씻고 오긴 하지만 전기치료 과정에 발마사지는 없고, 다른 이의 발을 만진다는 것은 유쾌한 일은 아닐 텐데 그녀는 정성스럽게 굳은 근육을 풀어준다. 또 그녀는 아버지뻘인 내게 복식 호흡을 잘한다고 늘 칭찬해준다. 어쩌면 전기 자극보다 그녀에게 듣는 칭찬과 대화가 치료에 더 효과가 있는 것인지 모를 일이다.

한바탕 비가 쏟아지고 해질 무렵 서편에는 불타오르듯 붉은 노을이, 동편 하늘에는 무지개가 떴다. 우리 병실은 서편을 향하고 있어 노을을 보다가 얼른 반대편 병실로 가서 무지개를 보았다. 오랜만에 보는 커다란 무지개다. 왠지 소원을 빌어야 할 것 같은데 그만 십여 초 만에 사라져 버려 아무 소원도 빌지 못했다.

8시가 넘어 또 루 씨들 저녁 모임이 벌어졌다. 낮에 내린 소나기로 대지의 열기는 식었고 시원한 바람이 불었다. 오늘 간식은 30대 환우들이 치킨과 막창 그리고 보리음료와 이슬을 쐈다. 무슨 축하할 일이 생긴 건 아니지만 어떤 환우는 전동휠체어를 새로 장만했다고 쏘고, 어떤 이는 장애등급을 잘 받았다고 쏘고, 다른 이는 도움을 준 환우들이 고맙다며 쏜다. 환우들은 서로 돌아가며 이 시간을 즐거운 모임으로 만들어 나가고 있는 것이다. 환우들은 환우들끼리 모여 수다를 떨고, 보호자는 보호자들만의 심경을 나누며 밤 10시가 넘도록 모임은 이어진다. 그래서 퇴원하면 무엇보다 이 저녁 모임이 생각난다.

모임을 마치고 병실로 돌아왔는데 잠시 후 같은 병실을 쓰는 정연경 환우가 머리를 감싸며 들어왔다. 들어오다 3층 로비에 잠시 들렀는데 로비 의자에 발을 올려놓다가 휠체어째 뒤로 넘어졌다고 한다. 머리에서 피가 나고 골이 흔들리듯 띵하고 목과 턱이 아프다고 한다. 간호사들이 뛰어 들어와 문진을 하고 약을 바르고 커다란 지혈 테이프를 붙였다. 다행히 큰 이상은 없는 것 같지만 두통이 심해져서 새벽 두 시에 ct를 찍고 왔다.

넘어지는 것은 루 씨들에게는 최악의 사고 중 하나다. 별일 없어야 할 텐데. 이런 밤은 잠자리가 사납다.

슬기로운 환자생활 7_ 6일차

Kyunghee Kang, 미네소타에 사는 그녀를 처음 만난 건 페북에서였다. 그녀는 전남 벌교 출신으로 한국에서 미국인 남편을 만나 결혼. 현재 미국에서 거주하고 있는데 12살짜리 Jack이라는 아들이 있다. 페북에서 인싸이자 인플루언서인 그녀를 우연히 알게 돼 페친이 됐다. 나와 여러 성향이 비슷했고 그녀의 포스팅은 유쾌한 일상부터 민감한 정치적 견해까지 매우 직설적으로 -때로는 시원한 욕도 거침없이- 올려서 나는 잠들기 전에 매일 그녀의 포스팅을 보고 좋아요, 멋져요를 누르거나 댓글을 달았다.

특별한 교류는 없이 그저 서로의 포스팅에 댓글을 달면 답글을 다는 수준이었는데 올 4, 5월쯤 내가 매일 올리고 있는 '김어준 생각'에 대해 관심을 보이길래 2016년부터 다 옮겨두었다고 말했더니 무척 놀라는 눈치였다. 그녀에게 내가 정리한 4년 치 분량의 '김어준 생각'을 읽어 보라며 보내주면서 내가 루게릭병을 갖고 있고 매달 병원에 입원한다고 하자 더욱 놀란 그녀는 대뜸 6월에 한국에 가는데 7월 입원 기간 동안 병원에 찾아오겠다고 했다.

"오랜만에 한국 방문이라 할 일도 많을텐데 괜찮다."고 완곡하게 사양했지만 내심 그녀와 그녀의 아들인 Jack의 실물을 보고 싶었다. 입원 기간을 빼고는 거의 매일 집에만 있다 보니 일상의 무료함에 빠져 있는 내게 약 10,000km 떨어진 곳에 사는 사람이 나를 찾아온다는 이벤트를 거절하고 싶지만은 않았던 것이다. 그런 마음을 눈치챘는지 그녀는 한국에 오면 연락하겠다고 했고 드디어 오늘 병원에 오겠다는 연락을 받았다.

폭염에도 불구하고 그녀는 Jack과 함께 오후 3시가 조금 안 된 시간에 도착했다고 문자를 보내왔다. 3시 30분에 재활치료가 잡혀있었지만 멀리서 온 손님을 맞기 위해 제꼈다. 아내와 함께 1층 로비로 내려갔더니 익숙한 모습의 모자가 앉아있었다. 서로 반갑게 인사를 하고 음료를 마시며 1시간 30여분 동안 많은 얘기를 나눴는데 우리는 마치 오랜 친구처럼 많은 주제의 이야기를 했다.

그녀의 열정과 텐션은 high C 정도는 됐다. 1시간 30분 내내 이야기의 주도권은 그녀에게 있었고 나와 아내는 그저 약간의 리액션 정도만 했다. 더 오래 얘기를 하고 싶었으나 Jack이 진작부터 몸을 꼬기 시작했다. 아이에겐 이 1시간 30분이 10시간처럼 지겨웠을 것이라 그만 보내주기로 했다. 어제 준비해 놓은 Jack을 위한 용돈을 주고 -녀석이 그 자리에서 봉투를 열고 액수를 확인했는데 다행히 만족스러운 것 같았다.^^- 작별을 했다. 그녀는 내년 2월에 다시 방문할 예정인데 그때 또 오겠다는 약속을 했다. 그녀의 성격을 감안하면 틀림없이 다시 올 것을 믿어 의심치 않는다. 그때는 코로나로부터 자유로워져서 병원이 아니라 외부에서 식사라도 같이 나눴으면 좋겠다.

슬기로운 환자생활 7_ 7일차

어느새 입원 기간 후반부가 됐다. '어느새'라는 표현이 나오니 입원 생활이 고되고 지겹지만은 않은 것 같다. 5시 40분 경 간호사가 체온과 혈압을 재러 왔을 때 이미 깨어 있었다. 새벽에 들어오는 간호사마다 환자를 깨우는 방식이 제각기인데 어떤 간호사는 불을 다 켜고, 이름을 크게 부르며 깨워 온 병실의 사람들의 잠을 설치게 만든다. 또 다른 간호사는 조용히 들어오기는 하나 잠자고 있는 환자의 이름을 부르자마자 귀에 체온계를 찔러 놀라게 만드는데 이 방법 역시 앞에 간호사와 마찬가지로 불쾌하게 느껴진다. 마지막으로 보호자가 깰까 조심스럽게 이름을 부르며 어깨를 흔들어 깨우고 체온과 혈압을 재는 간호사가 있다. 측정이 끝나면 좀 더 자라며 어깨를 두드려 주고 조용히 떠난다. 명품과 가품이 한 끗 차이에서 차이가 나듯, 좋은 간호사와 그렇지 못한 간호사 역시 큰 차이가 나는 것은 아니다.

이번 15층에 우리 병실 간호사 중 강서현 간호사는 예쁜 눈매를 가졌고 그 눈에 늘 웃음을 달고 다닌다. 20대 중반으로 보이는 그녀는 때론 반말로 이야기하지만 기분 나쁘지 않고 오히려 친숙함을 느끼게 한다. 링거를 가져왔다가 환자가 나중에 맞겠다고 하면 두말 안 하고 '예 알았어요. 나중에 말씀하세요.'라며 쿨하게 간다. 새벽에 혈압을 재고 나면 손을 잡고 좀 더 자라고 하고 조용히 나간다. 많은 환우들이 그런 그녀를 좋아했고 우리는 칭찬 카드 열 장을 몰아주는 것으로 감사한 마음을 전했다. 그 정도면 이달의 친절한 간호사로 선정되어 상과 부상을 받기에 충분할 것이다.

며칠 전 맞은 편 병실에 배은아 환우가 입원했다. 지난달 처음 만난 그녀는 39살이고 6살과 4살 배기 두 아이의 엄마다. 확진을 받은 지 8개월이 채 안 된 그녀는 두 팔의 힘을 거의 상실하고 손가락으로 핸드폰을 겨우 조작할 수 있는 상태다. 보행은 가능하나 자꾸 발이 끌린다고 한다. 다행히 대다수 여 환우들이 겪는 구음장애는 오지 않았다. 어린 두 아이가 있다는 얘기를 듣고는 마음이 몹시 짠해서 다른 환우와 그녀에 대한 얘기를 많이 했었는데 이번 입원 기간 중 다시 만나게 된 것이다.

그녀는 170cm가 넘는 큰 키에 밝은 성격을 가졌다. 보호자로는 친정어머니가 왔는데 그녀와는 달리 자그마한 체구에 마르셨다. 그녀는 5인실에 입원했는데 늘 커튼이 쳐져있어 얼굴이 보이지 않았다. 내 병실 바로 앞이라 오가며 '잘 잤어요?', '식사했어요?' 등의 인사를 했더니 같이 인사를 하기 시작했고 시간이 지나자 우리 병실에 건너오거나 다른 병실에 가서 다른 환우들과 교류하기 시작했다.

두 팔의 힘이 없는 그녀라 씻기고, 옷 입히고, 음식 먹이는 것까지 어머니가 도와주셔야 한다. 그리고 퇴원하면 아마도 옆 동에 살고 있는 그녀의 아이들을 돌보고 살림까지 도맡아 할 것이다. 그런데 그녀의 어머니도 류마티스 관절염을 앓고 있어 건강하지 못해 얼마나 자신이 그 일을 감당할 수 있을지 걱정하고 있었다. 그런 그녀의 어머니도 병실에만 있다가 우리 병실로 건너와 아내와 이런저런 얘기를 하기 시작했다.

우리 루 씨와 가족 중 많은 이들은 확진을 받고 나면 마음의 장벽을 쌓아 놓고 그 안에 들어가는 경우가 있다. 충격과 두려움이 스스로를 세상과 단절하는 길로 몰아넣는 것이다. 믿기지 않고 고통스러운 만큼 그 장벽은 더 높아지고 고립감은 더 강해진다. 불안감에 잠도 안 오고 대상 없는 분노는 모두에게 향한다. 그 시간이 길어지면 우울증과 공황장애를 겪기도 한다. 이런 경우 심리 치료가 필요한데 그것 역시 쉬운 선택은 아니다. 그러나 모든 마음의 장벽이 그렇듯 자신 외에는 아무도 대신 깨줄 수 없다.

모든 마음의 치유의 시작은 자신의 문제를 인정하고 꺼내는 것부터 시작한다. 내 마음에 갇힌 얘기를 꺼내 다른 사람의 공감을 얻으면서 위로를 받게 되고, 자신의 처지에 대해 객관적인 시각을 갖게 해준다. 그 첫 단추를 환우는 다른 환우를 만남으로써, 보호자는 다른 보호자를 만남으로써 끼우게 된다. 나만 이렇게 고통스러운 게 아니라는 것을 확인함으로써 비로소 고립감에서 벗어나는 계기를 얻는다. 그리고 그 고통 중에도 웃고, 떠들고, 즐거움을 나눌 수 있다는 사실에 놀라움과 위로를 받게 된다.

한양대병원이 비록 시설 등에 부족한 면은 많을지 몰라도 이런 기회를 줄 수 있는 유일한 병원이라는 데는 이견이 없다. 그래서 환우들은 병원을 한양호텔 또는 한양콘도라 부른다. 이 더운 여름에 에어컨 빵빵하게 나오는 호텔이라 생각하며 즐겁게 지내자는 건데 이보다 좋은 마음의 치유가 있을까?

오늘 저녁에 어떤 간식을 먹을지 기다려진다.

슬기로운 환자생활 7_ 8일차

1516호는 남서쪽에 창이 나있어 남산타워가 한눈에 들어온다. 며칠째 오후마다 내린 소나기로 아침 하늘은 먼지 기운 하나 없이 청량하다. 새벽녘에 있던 잔구름은 어느새 걷혀 푸른바다 같은 하늘이 펼쳐졌고, 코앞으로 다가온 듯 한 남산타워는 등대처럼 늠름하게 보인다.

오늘은 점심에 홍수 형이 찾아오기로 했다. 지난 번 간병할 때 내가 필요한 것이 무엇인가를 고민하던 형은 입원하는 날 찾아와 손수 만든 침대보를 줬다. 기존 병원 침대보는 면이라서 힘이 없는 사람이 돌아누우려면 환자복과 마찰이 강해서 애를 먹었고 땀이 차서 불편했는데 가벼운 나일론 메시 재질의 침대보를 위에 깔 수 있게 만들어서 내가 잠결에 돌아눕는데 한결 편해졌고, 땀이 덜 차게 됐다. 짙은 파란색에 빨강 테두리로 마감을 하고 침대 낙상 방지대에 걸 수 있는 고리를 부착해서 밀리거나 말리는 것을 방지했다.

환우들은 다른 사람이 쓰고 있는 물품 중에 자신에게 조금이라도 도움이 될 만한 것들에 관심이 많다. 휠체어, 물병걸이, 핸드폰 거치대, 휴대용 선풍기 등 크고 작은 물품들이 쓸 만하다 싶으면 곧 많은 환우들이 비슷한 제품을 구입한다. 환자가 편해진다는 것은 보호자가 편해진다는 뜻이기도 하기에 누가 편리한 아이템을 하나 사용하는 걸 보면 많은 환우들이 같은 제품을 사용하게 된다.

그런 측면에서 홍수 형이 만들어 준 침대보는 요새 말로 잇템이 됐다. 그래서 곽재규 환우가 형에게 몇 개 제작을 부탁하려고 병원에 들러줄 것을 부탁했고 형은 기꺼이 수락했다. 형에게 한 가지 미션이 더 주어졌는데 그것은 휠체어에 탈부착이 가능한 식탁을 만드는 것이다. 그것도 휠체어에 부착해서 이동 가능하고 환자가 쉽게 탈부착을 할 수 있게끔.

진료가 있는 날에는 체온을 측정하고 QR 코드만 찍으면 병원에 들어올 수 있는데 휴일은 환자, 보호자 외에는 출입을 통제한다. 그래서 어떻게 홍수 형을 안으로 들일 수 있을까 작전 회의가 어제 저녁에 있었는데.

1. 다른 보호자의 패찰을 들고 나가서 그 패찰로 통과한다.

2. 환자복을 갖고 나가서 환복하게 한 후 통과한다.

이런 궁리를 하다가 그냥 밖에서 만나 점심을 시켜 먹고 얘기를 나누는 것으로 결론을 맺었다.

그런데 막상 외부는 너무 더웠고 근처에는 그늘을 찾기 힘들어 음식을 주문해 먹기는 불가능했다. 다행히도 동관 식당이 운영을 했는데 그곳에는 체온 측정만하면 외부인도 들어갈 수 있어서 그곳에서 식사를 하기로 했다.

식사 후 차를 마시며 부탁할 아이템을 설명하자 형은 식탁을 들고 돌아갔다. 언제나 부르면 마다하지 않고 달려와 주고, 내게 조그마한 도움이라도 주려고 하는 사람이 곁에 있다는 건 믿을 만한 의사만큼이나 든

든한 존재다. 형이 어떤 식으로 만들어 올지 벌써 기다려진다.

슬기로운 환자생활 7_ 9일차

입원 아흐레 날을 맞았다. 아침부터 하늘에 구름이 많더니 오후 세 시 쯤 소나기가 한바탕 쏟아져 폭염을 식혀주었다. 마지막 호흡재활도 마치고 마지막 비타민 링거도 다 맞았다. 이제 하루만 더 맞으면 되는데 왼손목에 잡은 혈관이 부어서 통증이 시작됐다. 그래도 이번 혈관은 4일이나 버텨 주었다. 미련 없이 주사 바늘을 빼버리고 내일은 오른 손등에 맞기로 작정했다. 지난달에 이어 이번 달에도 주사 맞는데 어려움을 많이 겪었다. 혈관을 잡는 간호사도 고생이고 통증도 점점 심해져 다음 달 입원 시 케모포트를 하기로 했다.

케모포트는 주로 항암치료제를 주사하는 환자의 경우 움직임에 제약을 받기 때문에 가슴 중심정맥에 포트를 연결하여 그것을 통해 주사를 놓는 기구이다. 루 씨들처럼 매달 정기적으로 열흘씩 정맥주사를 맞으면 혈관이 딱딱해져 주사바늘이 들어가기 힘들어지는데 이를 혈관이 숨는다고 표현한다. 서울대병원에는 정맥 혈관을 잡아주는 간호사가 따로 있어 병실마다 다니며 혈관을 잡아주는데 보통 경력이 많은 간호사가 그 일을 담당한다. 서울대병원 입원했을 때는 아직 정맥이 생생할 때여서 그랬는지 그 간호사의 스킬 때문이었는지 어두운 병실에서도 쉽게 정맥을 찾았다. 그런데 날이 갈수록 정맥 잡기도 힘들어지고 또 어렵게 잡은 혈관이 부어버려 하루도 견디지 못하는 경우가 늘어났다. 이번에 나도 3일

만에 7~8회의 주사 바늘을 찔렀고 이중 3~4번을 실패했다. 왼편 손등에 잡은 정맥은 한나절 만에 퉁퉁 부어 도중에 빼야 했고 다른 혈관들도 하루만 견디면 막혀버렸다.

주치의와 담당 교수가 케모포트 시술하는 것을 권했는데 루 씨들은 이것을 훈장 단다고 표현한다. 케모포트는 쇄골 아래쪽 심장으로 연결된 중심정맥에 관을 연결하고 동전만한 포트를 한쪽 가슴에 삽입한다. 그러면 더 이상 정맥 주사를 놓기 위해 팔과 다리의 혈관을 찾지 않아도 되고 포트에만 바늘을 삽입하면 돼서 열흘 내내 주사를 편하게 맞을 수 있다. 게다가 중심정맥은 매우 굵어서 막힐 염려도 거의 없다. 여러모로 편리한 장치지만 위루술, 호흡삽관처럼 피할 수 있으면 피하고 싶은 것이 환자의 마음이라 나도 고민을 거듭했다.

그러나 이제는 정맥을 찾아 이리저리 바늘을 찌르는 고통에서 벗어나고 싶어졌다. 어차피 가야 할 길이라면 조금이라도 불편함이 덜한 선택을 하는 것이 바람직하다고 생각했다. 그래서 다음 달 입원 시 시술을 바로하고 퇴원할 때까지 포트를 통해 링거를 맞고 실밥을 빼고 퇴원하기로 했다.

지난달 같은 병실에서 하룻밤을 지냈던 송광용 환우와 배우자가 외래 진료를 왔다가 찾아왔다. 며칠 전 그의 아내가 언니가 여러 정보가 많으시다고 들었다며 같이 만날 수 있냐고 톡을 보내왔다. 나도 반가운 마음에 만나자고 했고 본관 8층 엘리베이터 앞에서 만나 한참 얘기를 나눴다.

송광용 환우는 체중을 잘 유지한 듯 보였는데 휠체어에 앉아 땀을 연신 흘렸다. 그의 아내는 얼굴 살이 조금 빠져 보였다. 나는 남편과, 그의 아내는 내 아내와 건강 유지, 스트레칭, 일상생활, 장애등급 등 다양한 얘기를 나눴다.

그의 아내는 낮에는 바쁘게 지내다가 아이와 잠든 남편을 바라보고 있으면 현실의 무거움이 갑자기 밀려온다고 했다. 살림에 아이들 뒷바라지에 정신없는 낮에는 생각할 틈조차 없다가 모두 잠든 밤에는 믿기 어렵고, 믿고 싶지 않은 사실이 현실로 뼈아프게 다가오기 때문이리라. 그녀는 불면증을 겪고 있고 공황장애 약도 복용하고 있다고 했다.

이런 그들에게 무슨 말이 도움이 되겠냐마는 같이 공감하고 아파함으로써 자신만이 이런 고통을 받는 게 아니라는 연대의식을 갖게 하는 수밖에. 우리가 한양대병원에서 매일 저녁 모임을 갖는 것도 그런 연대의식을 두텁게 하기 위한 것이다. 환자는 환자대로 보호자는 보호자대로 만나 서로를 확인하고, 의지하고, 손길을 잡음으로써 외면하고 싶은 이 고통을 인정하고 그 바탕에서 어떤 것이 최선인지 생각할 수 있는 힘을 기르게 된다.

젊은 나이일수록 현실을 받아들이기 힘들어 한다. 그래서 그들 부부에게도 어느 정도 시간이 더 필요할 것이다. 앞선 자로서 명쾌한 답을 줄 수도 없었지만 최선을 다해 그들과 얘기를 나눴다.

병실로 돌아와 곽재규, 정연경 환우와 저녁 간식에 대해 얘기하다 내가 갑자기 홍어삼합을 제안하니 그것으로 메뉴를 정했다. 배달해 온 홍어삼합의 뚜껑을 여는 순간 우리 병실은 물론 건너편 병실까지 홍어 냄새가 순식간에 퍼졌다. 아~ 홍어의 삭힌 향이 입에 침을 고이게 한다. 그러나 집사람은 속이 뒤집어진다고 밖으로 도망가버려 정연경 환우의 활동보조인이 나와 다른 환우까지 세 명을 돌아가며 먹이는 수고를 감당해야 했다.

묵은지에 수육을 올리고 거기에 고추장 묻힌 홍어까지 올린 삼합을 받아먹었는데 신기하게도 사레 한 번 걸리지 않았다. 한참 판을 벌이고 먹고 있는데 간호사가 저녁 약을 전달하러 들어왔다. 순식간에 상황을 파악한 간호사는 한마디 말도 하지 않았지만 그녀는 흔들리는 눈빛으로 많은 말을 전하고 나갔다. 옆 병실에도 나누고 해서 고작 3, 4점 밖에 먹지 못했지만 오랜만에 맛 본 홍어삼합은 충분한 만족감을 선사했다.

홍어 냄새로 고통 받은 사람들을 위해 피자와 닭다리 튀김을 주문해서 2차 식사를 진행했다. 그날따라 입맛이 돌았는지 따뜻한 피자도, 치킨도 맛있게 먹었다.

밤늦도록 포만감과 함께 병실에서 홍어삼합을 먹었다는 만족감이 가시지 않았다. 흐흐흐 다음에는 병원 밖에서 먹어야겠다.

슬기로운 환자생활 7_ 퇴원

서울 장애인콜을 타고 집으로 왔다. 일산에서 한양대병원에 갈 때는 요금이 1,900원이었는데 돌아올 때 요금은 4,900원 가까이 됐다. 서울 물가가 비싸긴 비싼가 보다. 그래도 이 폭염에 다른 이들 수고를 빌지 않아도 되니 이게 어딘가 싶다.

집에 도착하니 우편함에 주민센터에서 발송한 우편물이 꽂혀 있었다.

직감적으로 장애 판정심사 결과가 온 것임을 알 수 있었다. 집에 들어와 내가 사랑이의 격렬한 환영을 받고 있는 사이 아내는 그 우편물부터 확인했다.

'뇌병변 장애', '신바델지수 32 이하의 심한 장애'가 내가 받은 등급이다. 일상생활에 타인의 도움이 전적으로 필요한 경우, 장애 1등급이다. 지난 5월 운동 평가 시 일상의 어려움도 많이 강조했고, 담당 교수도 뇌병변으로 진단서를 써준 결과지만 이제 장애등급 관련해서 더 이상 받을 게 없다. 마지막 단계의 평가를 받은 것이다.

심한 장애의 경우 장애연금 금액이 상승되고, 1등급인 경우는 각종 사적 보험 납입이 면책되거나 할인되기도 하고, 종신보험의 경우 사망보험금을 수령할 수도 있다. 보험회사에서 준 사망자로 처리해 주는 것이다. 그밖에 여러 혜택이 있지만 무엇보다 활용도가 높은 것은 장애인콜을 이용할 수 있다는 것이다. 휠체어를 탄 채 저렴한 비용으로 이용할 수 있는 장애인콜은 매우 유용한 혜택이다. 그리고 형편에 따라 활동보조인을 쓸 수 있는 시간이 주어지기도 한다. 그래서 환우들은 보다 높은 장애등급을 받길 원한다. 한양대병원 루 씨들 중에 처음으로 뇌병변 장애를 신청해 우수한(^^) 등급을 받은 나를 보고 너도 나도 같은 진단서를 받으려고 하고 있고, 노하우를 나나 아내에게 묻기도 해서 입원기간 내내 아내는 많은 보호자들의 상담을 해줘야 했다.

장애 1등급, 불과 2년 전만해도 내가 이 상태가 될 줄은 꿈에도 몰랐다. 몸이 조금 불편하긴 했어도 일상생활에 전혀 지장이 없었고 헬스도 열심히 했었다. 그러나 겨울 두 번을 지나면서 급격히 증세가 악화됐고 작년 5월 헬스장에서 넘어져 119 구급대에 의해 응급실에 실려 간 후 모든 활동이 위축됐다. 그리고 12월 서울대병원에 입원하기 직전 모든 운동을 접어야 했고, 일산 내에서 하던 운전도 그만 두었다.

지금도 병은 진행되고 있다. 근육이 튀거나 경직되고 힘이 빠진 팔다리는 수시로 쥐가 난다. 다행히 뉴덱스타를 먹은 후에 사레가 덜 걸려 식사가 조금 편해졌고 거의 매끼마다 뉴케어를 먹으니 체중이 조금 불었다. 나와 아내의 목표는 최대한 현 수준을 유지하거나 진도를 최대한 늦추는 것이다.

내 상태의 평가가 이렇게까지 나온 것이 좋은 일은 아니지만 이제 신경 쓸 일이 한 가지 줄었다는 것에 나와 아내는 마음이 홀가분해졌다. 아무 일을 안 해도 신경 쓸 일은 별로 줄지 않는데 한 가지라도 줄은 게 어딘가.

사랑이의 격렬한 환영에 퇴원을 실감한다.

슬기로운 환자생활 8

루씨 올림픽

(2021년 8월 8일 ~ 8월 17일)

슬기로운 환자생활 8_ 입원

어제가 입추였다. 폭염과 함께 열대야가 3주 가까이 계속되더니 신기하게도 밤에는 선풍기만 켜도 될 정도로 선선해졌다.

아내는 어제 오후 내내 입원 중 우리가 먹을 찬 몇 가지와 집에서 아이들이 먹을 반찬을 만들고 자정 넘는 시간까지 짐을 꾸렸다. 옷가지며 세면도구, 갖가지 생필품, 호흡기 관련 물품에 각자 먹을 십여 가지 약까지 빠진 것이 없는지 확인하고 또 확인했다. 그런데 이렇게 해도 병원에 가면 한두 가지 물건을 빠뜨리곤 한다. 물론 주변에서 구할 수 있는 물건들이 대부분이긴 하지만.

자정이 넘자 먼저 들어가 자라는 아내의 성화에 못 이겨 호흡기를 끼고 한참이나 말똥거리다 옅게 잠들었는데 아내가 들어왔다. 두 시 가까이 된 시간이었던 것 같다.

요새는 군대도 다시 가고, 입행도 했다가 호수마을과 화정으로, 목동 방송센터와 서교동으로 그리고 여의도로 출근하는 꿈을 꾸곤 한다. 그리운 이들의 얼굴을 봐서 반갑기도 하지만 가끔 불편한 얼굴을 만나 꿈을 망치곤 한다. 이제는 그 불편함에서도 벗어날 만한데 아직도 불편한 것은 과거의 잘못된 선택에 대한 미련이 남아 그런가 보다. 이젠 옅어지고 잊힐 만한데 아직 미련이 남아있다니 아직 철이 덜 들었나?

여섯 시 조금 안 돼 눈이 떠졌다. 며칠 동안 오른편 햄스트링에 오는 심한 통증으로 고생했다. '올 것이 왔나?'하는 걱정을 했었는데 오늘 아침에는 통증이 많이 줄었다. 다행이다.

입원할 때는 매번 오후 2시쯤 출발했는데 아내가 오늘은 서둘러 오전에 출발하자고 한다. 환우들의 입원이 몰리는 시간이라 서두르면 16층 병실을 배정 받을 수도 있겠다는 생각 때문이다.

아침 6시 30분. 활짝 열어 놓은 거실 창으로 제법 선선해진 공기가 좋다. 입추 하루 만에 이렇게 달라지다니. 다른 식구들은 달디 단 아침잠에 빠져 있고, 난 이른 가을맞이에 빠져 있다.

가을 문턱에서 시작하는 슬기로운 환자생활 8차다.

〈가을 서다〉

- 立秋 -

새벽 볕이 한 발씩 물러나고
하늘은 매일 한 뼘씩 높아진다
아직 짝을 못 찾은 매미는 목 놓아 울어대고
야속한 끝더위가
한 평 남짓 경비실 지붕을 빠알갛게 달궈도
저녁거리 장보고 돌아오는
아내의 원피스 자락에
살랑살랑 가을이 묻어온다

슬기로운 환자생활 8_ 2일차

"하나, 둘, 셋, 넷"

복도 천정 네모난 큰 LED 등이 네 개, 동그랗고 작은 등 3개가 일정한 간격으로 침대에 누운 내 얼굴 위로 지나간다. 쉭~쉭~ 소리 내는 호흡기의 소음과 간헐적으로 삐빅 거리는 기계음이 마치 우주유영을 하는 듯 착각을 불러일으킨다. 오래전에 봤던 SF 영화의 한 장면처럼 내 몸은 무중력 상태로 떠있는 느낌이다. 수백 번도 넘게 지나다닌 복도인데도 누워서 바라보는 복도의 천정은 처음 온 곳처럼 낯설다.

케모포트 시술을 받기 위해 오후 3시 침대에 누운 채 기능원의 도움을 받아 3층 영상의학과 수술실로 내려갔다. 16병동 복도를 지나 의료진 스테이션을 거쳐 엘리베이터를 탈 때까지 내가 본 사물들은 휠체어를 타고 지나가면서 보던 것들과는 전혀 달랐다. 3층 영상의학과로 내려가는 엘리베이터 안에서 다들 침묵했고 엘리베이터의 기계 소음마저 호흡기 소리에 묻혀 버렸다. 사방이 막혀 옅은 폐쇄공포와 함께 두 팩이나 꽂은 수액은 마치 큰 수술을 받으러 가는 것 같은 긴장감을 불러 일으켰다.

영상의학과로 가는 좁은 복도로 사람들이 비켜서는 모습이 보이고 그들의 목소리는 뜻을 알 수 없는 음파처럼 느껴졌다. 영상의학과에 도착해서 내 시술 차례는 한 시간이나 지나서 돌아왔다. 이윽고 수술실인지 아닌지 분간이 안 가는 방으로 들어가니 사람들이 침대보의 네 귀를 들어 올려 시술대 위로 옮기고 있었다. 내부 공기는 무척 서늘해서 덮고 있던 이불을 치우자 순간 오싹함이 느껴졌다.

도구 챙기는 소리, 의료진들이 얘기하는 소리가 들리더니 "시작합니다."라는 말과 함께 눈에 천을 덮었다. 의사가 알코올과 소독약을 잔뜩 머금은 거즈로 오른쪽 목 아래와 가슴을 차례로 문질렀다. 서늘한 액체가 가슴에서 등으로 몸의 굴곡을 따라 흘렀다. 순간 오한이 나고 긴장감에 숨이 가빠졌으나 호흡을 크게 하니 조금 안정이 됐다. 소독을 마친 후 목 아래와 쇄골 아래에 부분 마취를 했다. 목에 한 방, 가슴 부위는 여러 차례 마취 주사를 놓았다. 따끔 거리는 바늘의 통증 뒤에 주입되는 마취약의 느낌은 묵직하고 뻐근했다.

잠시 후 영상을 보면서 정맥 위치를 잡은 의사는 두 곳을 절개했다. 통증은 없었지만 메스가 내 피부를 가르고 있다는 느낌은 칼로 천을 자르는 것처럼 고스란히 전달됐다. 메스는 몇 번 같은 자리를 절개했고 이어 근육과 피부를 박리하고 포트를 넣는 느낌이 들었다. 그런데 절개 때와는 달리 포트를 넣는 손은 서툴고 급했다. 아마 레지던트가 시술을 이어받은 것 같다. 세심하지 못한 손길은 우격다짐으로 포트를 밀어 넣는 것 같았다. 포트가 자리 잡았는지 확인하더니 봉합이 시작됐다.

첫 바늘을 찌르는 순간 누가 큰 목소리로 "바늘을 수직으로 넣어야지. 그렇게 밖에 못해!"라고 소리 쳤다. 뭐가 잘못 됐나? 걱정하는 순간에 손이 바뀌었음을 알았다. 바뀐 손은 능숙하고 빠르게 그리고 약간은 심드렁하게 봉합을 했다. 봉합은 5, 6 바늘 남짓한 것 같았다. "이렇게 하란 말야!"라고 하자 주눅 든 목소리는 "예 알겠습니다."하고 공손히 답했다. 병원에서 군기가 가장 센 곳이 수술장이라고 하더니 ㅎㅎㅎ

돌아가는 길은 내려온 길의 역순이었다. 3층에서 다시 탄 엘리베이터 천정의 크고 네모난 등이 마치 덮기 직전의 관 뚜껑처럼 나를 내려다보고 있다는 생각이 들었다. 순간 눈을 감았다. 아! 실제 이런 기분일까? 다시금 호흡기에 맞춰 큰 숨을 마시고 내쉬며 마음을 달랬다.

16층 병실에 도착하니 간호사가 쫓아와 수액을 빼주고, 마침 회진을 돌던 담당 교수가 시술이 잘됐다고 하고 3, 4일 후부터 포트로 주사를 맞을 것이라고 했다. 마취가 풀린 후에도 꿰맨 부위에 약간의 뻐근함만 있을 뿐 별다른 통증은 없었다. 환우들 중에는 하루 종일 통증이 계속돼 진통제를 맞은 사람도 많다고 하는데 나는 의외로 통증이 없었다.

작년 5월 헬스장에서 넘어져 쇳덩어리에 머리를 부딪혀 119에 실려 갔을 때도 이상하다 싶을 정도로 통증이 없었는데 이번에도 마찬가지다. 통증 신경이 마비된 건가? 같이 시술하기로 했다가 내일로 미뤄진 연경 씨에게 걱정할 것 없다고 얘기해 줬다.

일상의 관성은 시각과 사고를 획일적으로 만들곤 한다. 자기가 아는 것, 본 것, 느낀 것이 세상에 전부인 양 착각하곤 한다. 젊은 세대가 기성 세대를 꼰대로 여기는 이유 중 하나가 여기에 있는 것이리라.

루게릭을 얻기 전 내가 감히 루게릭 환자의 심정에 대해 상상이나 할 수 있었겠는가. 휠체어를 탄 후에서야 아파트 보행자 길이 휠체어를 타고 가기에는 좁고 위험하다는 것을 알 수 있었다. 그리고 루 환우들을 만난 후 그들은 힘겨운 투병 중에도 웃음을 잃지 않고 희망을 놓지 않는다는 것을 알게 됐다.

수백 번 왕복했던 병원 복도와 엘리베이터였지만 병상에 누워 지나가며 본 모든 것들은 새로웠다. 경험은 새로운 시각을 갖게 해준다. 그렇게 체험을 통해 얻은 시각은 어떤 교육으로부터 얻은 지식보다 더 강하게 삶을 지배하게 된다. 나는 이제야 그것을 깨닫고 있는 중이다. 하늘의 뜻을 안다는 지천명(知天命)의 끝자락에서.

슬기로운 환자생활 8_ 3일차

16층에는 1622호와 1627호 두 개의 남자 5인실이 있다.

1627호는 북동쪽을 향해 있어서 요즘 같이 해가 일찍 뜨는 계절에는 5시부터 대낮 같이 밝아 환자들이 새벽잠을 설치게 된다. 반대 병실인 1622호는 남서향인데 남산 쪽을 향하고 있어서 오후의 볕은 따갑지만 뷰는 정말 좋다. 물론 2인실도 남산을 바라보는 병실이 있기는 하나 2인실 창에 족히 3배는 되는 창이 주는 개방감은 마치 16미리 렌즈의 화각을 보는 듯하다.

2인실 입실 하루 만에 운 좋게 1622호, 그것도 창 측 로열 병상이 비어서 아내와 기쁜 마음으로 이사했다. 창가 병상이 좋은 점은 넓은 창의 전망, 바로 옆에 붙어 있는 에어컨 그리고 창 측에 물건을 올려놓을 수 있는 공간이 있다는 것이다. 8개월 입원을 하는 동안 이번까지 두 번 그 자리를 배정 받았다.

병실에 루 환우 한두 명은 있을 줄 알았는데 나를 제외한 다른 환자는 대부분 뇌출혈 등으로 중환자실에 있다가 올라온 환자들이었고 한 달 이상 입원하고 있는 장기 입원환자였다. 세 분의 노인과 40대 중반 환자 한 명이 있었는데 노인 두 분은 의식이 거의 없는 상태이고 젊은 환자는 뇌수술을 해서 아직 정신이 맑지 않았다. 세 사람은 모두 양팔을 끈으로 침대에 고정시켜 놓은 상태였다.

거동을 못하는 환자들의 배변 처리로 인한 악취와 수시로 하는 썩션의 소음으로 식사와 잠자리에 방해를 받았지만 다인실에서 흔히 겪는 일이라 견딜만 했다.

그런데 2인실은 냉방이 잘되어 시원했었는데 5인실은 에어컨을 최고로 설정해 놓아도 한낮에는 더위가 느껴질 정도였다. 아무래도 36.5℃ 열기를 가진 사람이 10명이나 되고, 모두 커튼을 쳐놓아 환기가 잘 안 되어 그런 것 같다.

이틀 사이 혈관이 두 번이나 터져서 오늘 영양제는 2/5 가량 남았는데 그만 맞겠다고 했다. 그리고 케모포트로 맞을 때까지는 라디컷만 맞는다고 했다. 더 이상 주사바늘이 손등과 팔의 여기저기를 찌르는 고통을 받고 싶지 않았기 때문이다.

입원하기 전 목욕 후에 아내가 면봉으로 귀청소를 하다가 피가 나와 이비인후과 협진을 의뢰했는데 바로 내려오라고 해서 진료를 받았다. 매우 작은 카메라를 귓속에 넣어 보니 약간 깊숙한 곳에 딱지가 있었는데 더 이상 출혈이 없고 상처도 없다며 작은 물약을 하나 처방해 주었다. 레지던트로 보이는 젊은 의사에게 '이 정도면 가정 폭력 아니냐?'고 농담을 하자 웃으며 가서 물약이나 잘 넣으라고 하며 휠체어를 밀어 밖으로 내보냈다.

척추치료실에 가서 목과 어깨에 주사를 맞고 전기치료와 호흡치료를 받고 돌아오니 침상 옆에 케이크와 과일 상자가 놓여 있었다. 보냈을 만한 사람에게 연락해 보았지만 누가 보냈는지는 끝내 알아내지 못하고 주변 환우들과 나눠 먹었다.

환우들의 정기 모임이 8시 30분에 있어서 주차장에 내려가니 오늘은 복날이라 한 환우가 치킨을 준비했다. 간만에 다시 만난 환우들과 반가운 인사를 나누며 10시가 넘는 시간까지 수다를 떨었다.

슬기로운 환자생활 8_ 4일차

　두 달 만에 다시 보게 된 임낙길 형님의 얼굴은 양쪽 광대뼈가 고스란히 드러날 정도로 야위었다. 환자복 위로 살이 빠진 몸과 팔다리의 앙상한 골격이 드러났다. 6개월 만에 체중이 35kg 넘게 줄었고 지금은 물도 제대로 못 삼킨다고 하니 사태가 매우 심각한 것 같다. 두 달 전만 해도 어눌하지만 말을 하셨는데 혀가 굳었는지 말씀도 못하시고 수시로 호흡장애도 겪는다고 한다. 왜 지금까지 호흡기 처방을 안 해줬는지 모르겠고 저 지경이 될 때까지 왜 위루술을 안 했는지 모르겠지만 형수님은 형님께서 아무것도 안 하겠다고 고집을 부리셨다고 한다. 어려운 형편이지만 마주칠 때마다 늘 웃음을 머금었던 두 분인데 형님은 임종이 얼마 안 남은 사람처럼 눈의 초점이 흐렸고, 형수님은 웃음기라고는 찾아 볼 수 없이 슬픔과 분노에 가득 찬 얼굴이 되었다. 우리 부부가 주치의에게 매달려 빨리 호흡기 처방을 받으라 하고, 위루술도 시간을 놓치지 말고 빨리 하라고 말했지만 보호자는 환자가 거부해서 어렵다는 말만 했다. 그래도 나를 비롯한 환우들은 시시때때로 찾아가 같은 얘기를 계속 반복했다.

　최근 들어온 루 환우들 중에 몇 달 사이 병세가 급격히 안 좋아지는 케이스가 종종 보인다. 본인과 가족들이 상황을 받아들이기도 전에 손발을 못 쓰고 언어장애와 연하장애가 겹쳐 의사소통도 안 되고 식사는 물론 호흡도 어려워지는 경우가 있다. 이런 경우에는 본인과 가족 모두 우울증이나 공황장애를 겪기도 하는데 모두 심리치료가 필요한 상태다. 특히 연세가 많으신 환우들이나 이런 상식이 부족한 환우와 가족들은 정신적 치료의 필요성을 간과하기 쉬운데 한 번 닥친 정신적 데미지는 치료와 생활에 악영향을 미친다. 이미 환자나 보호자 모두 정신 상태가 유리같이 작은 충격에도 산산조각 나기 때문에 시간을 놓치면 육체의 고통과 함께 심각한 정신적 고통이 병행된다.

물에 빠졌거나 숨이 막혀 고생한 경험이 있는 사람은 알 수 있겠지만 호흡장애가 시작되는 환우들은 엄청난 공포심이 몰려온다. 호흡은 인간 생존의 최소한의 요소인데 그 기능을 상실해가는 과정에서 죽음의 공포를 느끼게 된다. 호흡장애는 호흡기를 통해 어느 정도 해결할 수 있는데 그마저 어려워지면 기관 삽입을 하게 된다.

루 환우들 상태에 따라 세 가지 시술을 받게 된다. 첫 번째가 케모포트 삽입이다. 잦은 주사로 혈관 상태가 나빠지면 받게 된다. 두 번째는 연하장애로 식사가 어려워질 경우 받는 위루술이다. 위에 삽입한 관을 통해 영양분을 공급하면 체중과 체력 손실을 방지하는데 효과가 크다. 마지막으로 호흡장애가 오면 기관 삽입을 하게 되는데 사실상 거의 최종적인 시술이 된다.

임낙길 형님이 더 늦기 전에 호흡기와 위루술을 받고 현 상황보다 나아지셔야 될 텐데, 혹 결심을 하신 게 아닌지 걱정스럽다.

슬기로운 환자생활 8_ 5일차

맞은 편 병상 할아버지의 심하게 앓는 소리에 깨어 시계를 보니 2시 30분이다. 평소 혼수상태이신 분이 어디가 아프셔서 저리도 앓는 소리를 하는지 궁금해하다가 잠을 깨버렸다. 중국동포 간병인 아주머니는 그 소리를 듣는지 못 듣는지 반응이 없다. 나라도 간호사 호출 벨을 누를까 했는데 손을 올릴 수가 없어서 포기했다. 할아버지의 신음은 밤새 계속 됐고 나는 30분 간격으로 깼다. 4시 30분 경 간호사 회진 시 썩션을 하고 이런 저런 조치를 해봤지만 아무 소용이 없는지 신음은 계속됐다.

한참 뒤척이다 6시에 일어났다. 어제 주치의가 3년 전 서울대병원에서 발견한 뇌경색 흔적으로 복용하기 시작한 아스피린 용량이 다소 과한 것 같다고 머리 CT를 찍어보고 뇌혈관에 큰 변화가 없으면 보다 가벼운 약으로 바꿔주겠다고 했다.

아침 7시 30분에 예약되어 있어서 일찍 준비하고 처방이 떨어지길 기다렸다. 7시 20분쯤 기능원이 올라와 케모포트 시술 때와 같이 침대에 누워 이동했다. 여전히 침대로 이동하는 것은 낯설었으나 한 번 해본 일이라 전보다는 편하게 이동했다.

CT촬영은 3층 영상의학과에서 진행했는데 조영제를 주사하면 몸이 뜨거워지고 야릇한 냄새가 나는 것 말고는 큰 불편함이 없어서 15분 만에 마쳤다. 병실로 돌아가는 길, 나는 엘리베이터에서 다시금 관에 들어간 듯한 일종의 폐쇄공포를 다시 느꼈다. 이런 경험이 별로 없어 당황스러웠지만 눈을 감고 호흡에 집중하니 평안을 되찾았다.

오후에 주치의를 만나 물어보니 과거에 비해 나빠지지 않았다고 하며 내일부터 아스피린 대신 다른 약을 주겠다고 했다. 무슨 차이일까 싶었지만 어차피 설명해 준다한들 알 수도 없기에 그냥 전문가의 말을 따르기로 했다.

오늘 드디어 케모포트를 개통했다. 상처의 소독과 바늘의 삽입은 인턴이 해주었는데 제법 굵은 바늘을 찔러 넣었다. 바늘 삽입 후 간호사가 식염수로 막히지 않았는지 주사를 했는데 처음에는 잘 안 들어가 잘못된 게 아닌가 걱정했는데 힘주어 주사하니 쑥하고 들어갔다. 첫 경험이라서 그런가 보다. CT촬영 시 조영제도 케모포트로 주사했고, 스머프 500ml와 라디컷도 통증 없이 맞았다. 무엇보다 팔에 주사바늘이 없으니 화장실에서 손을 씻거나 핸드폰을 만질 때 무척 자유로워졌다.

늦은 아침 은아 씨가 커피 선물을 들고 왔다. 나는 아이스아메리카노, 아내는 아이스라떼. 취향도 정확히 알아서 사 왔다. 은아 씨는 나를 삼촌이라고 부르기 시작했다. 내가 은아 어머니를 누님이라고 부르니 오빠라고 부를 방법이 없어진 탓이다. 그래도 오빠 호칭이 욕심나긴 했었는데. ^^

오후에 보험사 제출 후유장애 진단서 발급을 위해 다시 한 번 작업평가와 운동평가를 받았다. 장애진단을 받을 때와 같은 평가인데 보험사용으로 다시 평가를 받는 게 좀 짜증스러웠으나 친해진 담당자들이 불편함 없이 빨리 진행해 주었다. 이어서 전기치료까지 받으니 어느새 5시가 되었다.

5시가 되자 장대 같은 뇌우가 쏟아졌다. 낮 동안 달궈진 대지는 금방 식었고 창문으로 불어오는 바람은 시원했다. 오늘도 저녁 8시 30분 모임 전에는 비가 그쳐야 될 텐데. 이제 저녁 모임은 주사 시간만큼이나 소중한 시간이 되고 있다.

슬기로운 환자생활 8_ 6일차

주치의가 이번에는 폐 기능 검사를 해보자고 한다. 혈액 내 산소 수치가 약간 저하된 것으로 나오고 폐 기능 검사를 한지 오래됐으니 오늘 진행하자고 한다. 물론 내가 안 한다고 하면 강요할 수 없는 일이나 병원에서 주치의 권유를 거절하기는 쉽지 않다.

폐 기능 검사는 건강검진 때 받던 흔한 검사였다. 입에 마우스피스를 물고 검진자의 요구대로 길게, 짧게 호흡을 하면 되는 일이었고, 두 번 반복하는 것으로 검사를 마쳤다. 시키는 대로 잘했다는 칭찬을 받는 것으로 폐 기능 검사는 싱겁게 끝났다.

재활치료를 받고 오후에 남강수 환우가 외래로 라디컷을 맞으러 왔다고 하기에 3층 주사실로 갔다. 그는 호흡장애와 그로 인한 폐쇄공포, 공황장애가 겹쳐 병실을 갑갑해서 외래로 라디컷을 맞는다. 오랜만에 만남이라 안부를 묻고 얘기를 하는데 그의 아내는 내 아내를 보자마자 '언니!'하며 힘들었던 지난 얘기를 풀어 놓았다. 짧은 얘기 끝에 주사실에서 불러 다음에 보자고 인사하고 헤어졌다.

점심 식사 후에는 송광용 환우 부부가 주사실에 와 있다고 해서 내려갔다. 처와 여동생과 함께 온 그는 지난 4월과 5월에 받은 줄기세포 시술로 인해 꼬리뼈 부분의 심한 통증으로 인해 MRI를 찍었고 오늘 결과를 받는데 이상이 없다고 한다. 6천여만 원이나 들은 시술인데도 이런 후유증에 대책이 없다니 답답할 뿐이라고 한다. 그의 아내 역시 내 아내를 붙잡고 힘든 일들을 하소연을 하고는 우리 집에 찾아오겠다고 한다. 아내는 거절하지도 못하고 시원해지면 보자고 어정쩡한 답을 했다.

한참 얘기하던 중에 뒤를 보니 임낙길 환우의 형수님이 앉아 계셨다. 어젯밤 위루술을 받기로 했고 지금 막 수술실에 들어가서 기다리는 중이시라고 한다. 정말 잘한 일이라고 이구동성으로 말하고 이제 좋아지실 거라는 격려도 잊지 않았다.

오늘은 입원 기간 중 가장 기억에 남을 이벤트를 하기로 했다. 요즘 유행하는 발란스 게임인데, 환우 중 40대 중반의 싱글인 민선 씨에게 세상에 곽재규와 나만 있다고 하면 어떤 남자를 선택할 것인지 묻고 다른 환우들은 거기에 만 원씩 걸어 진 팀의 돈으로 간식을 먹자고 제안했다. 곽재규 환우는 루 씨 회장으로 라디컷 50회 차의 초고수, 나는 이제 8회 차의 초등부 수준이고, 민선 씨와 곽 환우는 오래 전부터 친한 사이라 이미 결론은 나 있는 상태였지만 환우들은 색다른 이벤트에 관심을 보였다.

시간은 오후 전기치료가 끝난 직후인 5시. 심판을 볼 정 환우와 우리 셋은 민선 씨 병실을 찾았다. 나는 곽 환우에게 만 원을 걸었다.^^ 병실에 막 들어서려는데 정 환우가 새로운 제안을 곽 환우가 했다고 한다. 내용인 즉슨 이긴 사람이 기분 상 5만 원을 더 쏘자는 제안을 했다며 나에게 그 제안을 받겠냐고 한 것이다. 돈이 없지 가오가 없냐. 여기서 물러날 남자는 별로 없을 것일 뿐더러 나는 곽 환우의 승리를 예상했기에 '콜!'을 외쳤다.

민선 씨는 남자를 바꿔 달라고 했지만 이미 환우들이 두 사람에게 베팅을 해서 그럴 수 없노라고 했다. 잠시의 침묵 그리고 민선 씨의 뜻 모를 미소가 지나고 침대에 누워 안구 마우스로 간택(?)한 남자의 이름을 써나갔다.

잠시의 긴장이 지나고 컴퓨터 기계음이 '이후범'이라고 소리를 냈다. 엥? 뜻밖의 결과로 나는 당황했지만 병실 밖에서 이 결과를 들은 환우들은 웃으며 환호했다. 왜냐하면 곽 환우에게 건 사람은 나를 포함해 7명, 그리고 나에게 베팅한 사람은 3명으로, 내가 이겼으니 7만원의 간식비와 나의 승리금(?) 5만원이 합해져 12만원의 큰돈이 간식비로 걷힌 것이었다. 왜 나를 선택했냐는 물음에 "곽재규는 영원한 세컨드야!"라는 그녀의 답변으로 우리는 다시 한 번 크게 웃었다.

저녁 8시 30분 어느 때보다 푸짐한 피자파티가 열렸다. 마침 목동방송센터에서 같이 근무한 영화 씨가 천안 호두과자를 보내주어 좀 더 푸짐한 간식을 먹을 수가 있었다.

〈이 사람들은 제정신이 아닐 거야〉

휠체어 새로 장만했다고 통닭을 쏘고

장애인 콜택시를 타게 됐다고 막창을 쏘는

이들은 제정신이 아닐 거야

심한 장애등급 나왔다고 족발을 쏘고

사망 보험금 미리 받았다고 육회를 쏘는

이들은 제정신이 아닐 거야

입원 전날 욕실에서 넘어져

머리에 땜통을 한 걸 무용담처럼 떠벌이고,

모기가 앵앵거리며 얼굴에 앉아 피를 빠는데도

양팔이 올라가지 않아 고스란히 헌혈했다는 얘기를 깔깔대며 하는

이들은 제정신이 아닐 거야

갑자기 나빠진 남편 상태를 얘기하며 훌쩍이다

몰래 들여온 소주 한 잔을 털어 넣으며 크! 하고 소리를 내고

자기 코가 석자인데도 더 나빠진 환우를 보고

걱정하고 위로를 전하는

이들은 제정신이 아닐 거야

부산서 여섯 시간 운전해 남편 입원시키고

언니 만나 반갑다며 커피며 빵을 사주는 부산 아지매도

여섯 살, 네 살 눈물 같은 아이들 집에 놔두고

깔깔 호호 웃는 젊은 환우도 제정신이 아닐 거야

그래야 견디지 그렇지 않으면 단 하루라도 버틸 수 있을까

남들은 정신 똑바로 차리고 살라고 하지만

제정신으로 살기 힘든 삶도 있으니

간식자리 마치며 병실로 돌아가는 길에

내일 간식 메뉴를 걱정하는

우리들은 제정신이 아닐 거야

슬기로운 환자생활 8_ 7일차

입원 후 첫 번째 맞는 토요일이다.

휴일은 간호사의 새벽 회진도, 아침 청소도, 배식도 조금 늦는다. 휴일이라 정해진 시간이 다른 것은 아닌데 모두 여유 있게 일을 처리하기 때

문인 것 같다. 어쨌든 나는 그 느림이 주는 여유가 좋다.

그럼에도 오늘은 서둘러야 했다. 원래는 오후 4시 30분에 잡혀 있는 전기치료라 토요일은 안 받기 마련인데 9시에 오라는 것이다. 주말에는 8시 넘어서 배식이 되고 식사를 마친 후 약 먹고, 양치하고 나면 9시까지 치료 받으러 가기엔 빡빡하다. 운동치료 같으면 안 된다고 하거나 알았다고 하고 안 갔을 텐데, 내가 아재 개그를 해도 귀까지 빨개지며 웃어주는 물리치료사가 오라는데 어찌 '네!'라고 답을 안 할 수 있단 말인가. 너무 이른 시간인데 왜 간다고 했냐며 아내에게 핀잔을 듣긴 했지만 나는 그녀와 갖는 유쾌한 시간을 놓치기 싫었다.

서둘러 아침을 먹고, 약도 먹고, 양치질도 후다닥 마친 뒤 "혼자 잘 다녀올 테니 당신은 천천히 아침 먹고 데리러 오라."고 아내에게 얘기하고 처음으로 혼자 재활치료를 받으러 갔다. 9시 2분 전, 아직 재활치료실은 문이 닫혀 있고 환자 몇이 휠체어를 타고 줄을 서 있었다. 세 번째로 내가 줄을 섰다. 잠시 뒤 문이 열리고 전기치료실에 들어서자 담당 물리치료사가 밝은 웃음으로 맞아 준다. 그녀는 휠체어에 오래 앉아 있으면 발이 붓는다며 치료 시간 동안 침상에 베개를 받히고 내 발을 올려 준다. 그리고 이런 저런 얘기를 나누며 발목과 발가락 관절을 풀어주고 종아리도 주물러 준다. 하루 종일 크록스를 신은 내 발에서 고린내가 난다는 사실을 아내를 통해 듣게 된 후에 발냄새 난다며 손으로 만지지 말라고 했는데도 그 치료사는 자기가 할 일이라며 마사지를 계속해 주었다. 어찌 고맙고 예뻐하지 않을 수가 있겠는가. 그런데 "오늘은 토요일이라 한 사람이 나오지 않아 여러 환자를 동시에 봐야 한다."며 전기자극기만 목에 붙여 주고 나가 버리는 통에 아무런 대화도 나눌 수 없었다. 아내의 핀잔까지 들으며 왔건만 아쉬움이 남았지만 치료를 마친 후 주말 잘 쉬라는 인사를 하고 나왔다.

9시 30분, 아침을 먹고 치료실 앞에서 기다리고 있던 아내와 바람을 쐬러 3층 데크로 갔다. 짙은 구름이 해를 가려 오히려 시원한 바람이 좋은 날이었다. 30여분 머무르다 주사를 맞기 위해 병실로 돌아왔다.

오후 3시 30분에는 낮모임이 데크에서 있었다. 몇 사람이 모이자 빵과 비비빅 아이스크림을 걸고 사다리를 탔다. 어제의 승리에 이어 오늘도 '꽝'. 즐거운 마음으로 아이스크림을 맛있게 먹었다. 지루해지기 십상인 10일간의 입원 기간을 어떻게 즐길 것인지는 스스로에게 달렸다. 나와 곽, 정 환우는 늘 새로운 일을 벌이길 좋아했고 그 일은 환우와 보호자들에게 즐거움을 주었다. 오늘 저녁에는 휠체어에 앉아 신발 던지기를 해서 하위 5명에게 1만원씩 간식비를 내게 하자고 했다. 데크에 모인 환우들이 흔쾌히 동의해서 단체 톡에 경기 공지를 했다.

저녁 8시 30분 간식을 먹은 후 모두 빙 둘러서 자기소개 시간을 가졌다. 오래된 환우들은 이미 서로 잘 알고 있었으나 최근 새로 입원한 환우들이 많아져 소개하는 시간을 갖기로 했다. 발병한지 17년이 된 환우부터 이제 6개월여 됐는데 상태가 많이 안 좋아진 환우, 멀리 부산서 올라온 환우, 어린 두 아이를 가진 환우 등 다양한 환우들이 자신을 소개했다. 내 차례가 되어 '이곳에는 금년 1월부터 왔고, 나는 환우들을 만나고 이렇게 웃고 즐기는 것이 줄기세포 치료보다 낫다고 생각합니다. 힘냅시다.'라고 인사했다.

이후 휠체어에 앉아 신발 멀리 던지기 시합이 시작됐다. 호응이 뜨거워 15명이 넘는 거의 모든 환우들이 참여했다. 첫 번째 주자가 50cm 가량 보냈는데 환호와 웃음이 터졌다. 환호는 그보다 발이 더 힘든 환우와 가족이 질렀고, 웃음은 그보다 잘할 거라 생각하는 환우와 가족이 웃은 것이다. 어떤 환우는 5미터 넘게, 어떤 이는 휠체어 바로 앞에, 다른 환우는 신발이 뒤로 가다시피 했다. 한 사람, 한 사람 혼신을 다해 신발을 던질 때마다 환우와 보호자들은 모두 큰 웃음을 지었다. 나는 간신히 하위 5위를 벗어났지만 기꺼이 간식비를 내기로 했다. 발이 불편해서 간식비를 낸 환우들이 내일은 손으로 던지는 시합을 하자고 해서 내일은 새로운 종목의 패럴림픽이 열릴 것 같다.

시원한 늦여름의 바람 속에서 보낸 유쾌한 저녁 모임이었다.

슬기로운 환자생활 8_ 8일차

오늘 아침 하늘은 쨍하는 소리가 들릴 정도로 청명하다. 가까운 아차산과 용마산의 릿지가 칼로 벤 종이의 단면처럼 선명하게 들어온다. 아침 기온이 어제보다 낮아졌는지 병실 작은 창문으로 들어오는 공기가 맑고 시원하다.

맞은편 70대 후반 환자가 밤새 고통을 호소하는 신음소리에 잠을 설쳤다. 이번 다인실 환자는 나를 제외하고는 모두 뇌졸중 등 중증 환자들이다. 대부분 의식이 없거나 온전치 않은 상태여서 손과 발이 침대에 묶인 채로 누워 있다. 손발을 묶지 않은 노인 한 분은 텅빈 눈으로 허공만 바라볼 뿐 거의 움직일 힘이 없어 놔둔 것이다. 낮밤을 가리지 않는 수차례의 썩션과 그로 인한 고통스런 신음이 하루 종일 반복된다.

맞은편 병상 할아버지는 나이 많은 중국동포 여자 분이 병간호를 했는데 얼핏 보기에도 최소한의 처치만 하고 그제 밤 고통에 겨운 신음을 했는데도 잠만 자는 등 간병에 소홀한 사람이다. 할아버지의 아내인 할머니는 2, 3일에 한 번 오셨는데 할아버지의 뺨을 쓰다듬으며 얘기를 하고 수시로 볼에 입을 맞추곤 한다. 손길 하나 하나, 바라보는 눈빛과 입술에 얼마나 사랑이 넘치는지 처음 보는 광경이었다. 수십 년을 함께 한 부부에게, 그것도 의식도 없는 환자에게 저런 애틋함이 남아 있다니 저분들의 삶은 어땠을지 무척 궁금했다.

평소에도 잘 체하지 않고 병원에서는 죽을 먹어 소화에 큰 문제가 없었는데 처음으로 점심 먹은 것이 체한 듯 속이 불편하다. 지닌 병에 비하면 머리털 한 가닥만도 못한 것인데 지금 이 순간은 생이손의 거슬림처럼 속의 불편함이 앞선다. 사람 감정의 얄팍함이란 이런 것이구나. 활명수를 먹고도 쉬이 내려가지 않아서 저녁을 먹지 않고 누워 한 시간 남짓 잠을 잤다. 아내가 저녁 대신 뉴케어를 먹으라고 하는데 나는 먹지 않겠다고 했다. 아내가 제일 싫어하는 일 중 하나가 끼니를 거르는 것인데 그걸 감수할 정도로 체기가 내려가지 않았다. 결국 이민우 환우에게 침을 구해서 양 손을 딴 후에야 조금 속이 편해졌다.

곽 vs 서의 또 다른 이벤트와 어제 신발 던지기로 각출한 간식비가 보태져 오늘은 민어회와 홍어삼합, 역대급 고급 간식이 준비됐다. 간신히 체기가 가셨지만 내가 좋아하는 메뉴인지라 부리나케 합류했다. 민어회는 쫄깃한 식감이 좋았고 지난달보다는 못했지만 홍어삼합과 홍어전도 홍어의 풍미를 느끼기엔 충분했다.

웃고 떠들며 즐겁게 모임을 갖던 중 한 환우가 보안요원인 듯한 사람이 다녀갔다고 해서 일부는 파바 데크로 자리를 옮겼다. 푸른빛이 도는 맑은 가을 하늘에 별빛은 밝았고, 바람은 시원했다. 홍어는 냄새조차 못 맡는 아내도 데크로 내려와 다른 환우 가족과 담소를 나눴다. 전에 한 얘기에 웃기도, 가슴이 시리기도 하면서 우리는 하루에 한 걸음씩 서로의 삶에 중요한 친구가 되고 있는 중이다.

슬기로운 환자생활 8_ 9일차

삶과 죽음의 경계에 있는 사람들이 있다. 지난달 같은 병실을 쓰다 다른 병원으로 옮긴 3년째 눈도 뜨지 못한 젊은 환우, 공허하게 허공만 응시하며 입을 벌리고 있는 80대 할아버지 그리고 그제 밤부터 고통의 신음을 내던 앞 병상의 할아버지. 이들은 살아 있으나 삶이 없고, 그렇다고 사망에는 아직 이르지 못한 환자들이다. 시간을 불문하고 복도에서 가끔식 '코드 블루'로 시작하는 다급한 안내방송이 들리는데 그런 환자들 중 하나가 삶과 죽음의 경계를 넘어가려 한다는 의미일 것이다.

16층에는 중증 루 환자를 위한 남녀 5인실이 있다. 그곳의 환우는 대부분 기관절개를 한 와상 환자들이다. 어떤 환우는 몇 년 만에, 빠른 경우는 1년 안에도 중환자가 되는 경우가 있다고 한다. 가끔 그곳에서 환자와 보호자가 싸운다는 소리가 들려오기도 하는데 대부분은 의사표현도 하지 못한 채 위루관을 통해서 영양을 공급 받고, 호흡기를 통해서만 호흡을 한다. 가는 길은 정해졌지만 결말이 언제일지는 아무도 모른 채 환자도 보호자도 지칠 대로 지쳐 간다.

판도라가 상자를 열어 질병, 슬픔, 가난, 증오, 전쟁 등이 쏟아져 나와 인간 세상의 불행이 시작되어 놀라서 상자를 닫았는데 맨 아래 있던 희망만이 남아 인간이 어떤 고난 중에도 희망을 잃지 않게 됐다는 그리스 신화처럼 고난한 삶을 견딜 수 있는 것은 '희망' 덕분이다. 반면 그것이 없는 절망적인 상황은 매 순간이 고통일 수밖에 없다. 수도 없이 많은 사람들이 다양한 삶에서 매일 갖가지 절망과 싸우고 있고, 이 병원에는 그런 사람들이 넘친다. 아무도 대신해 줄 수 없고 온전히 스스로 감당해야 하는 절대 온도 −273℃ 같은 일상, 시지프스의 형벌과도 같이 희망을 거세하는 잔인한 병. 너무 고통스러운 일은 아무리 반복돼도 익숙해지지 않는 법이다. 시간이 도와 줄 수 없는 범주의 일인 것이다.

그제 밤부터 고통의 신음을 내던 할아버지의 상태가 안 좋아 중환자실로 옮겨야 한다는 소리를 듣고 할머니는 연신 '어쩌나', '우리 영감 좀 살려 달라.'며 중환자실로 향하는 침대를 따라갔다. 그 황급하고 안쓰러운 뒷모습을 보면서 그저 평안해 지시길 빌었다.

오후에 마지막 전기치료를 받았다. 친절한 물리치료사는 다음 달에는 운동치료 파트로 옮긴다고 한다. 나를 치료하는 시간이 즐겁고 고마웠다는 말도 했다. 고맙다는 인사는 내가 해야 하는데 마음이 고운 치료사는 내게 감사의 말을 했다. 운동치료는 그다지 좋아하지 않았는데 다음 달에는 꼭 받아야겠다.

치료를 마치고 이번 입원중 마지막이 될 데크 모임에 갔다. 매일 만나는 환우들이지만 늘 만남이 새롭고 즐겁다. 삶의 깊숙한 곳은 모르지만 한 달에 열흘이나 삶을 공유하는 것을 반복하다보니 자연스레 친밀감이 높아지기 마련이다. 물론 그 반대의 경우도 있지만 이해관계를 벗어난 관계이다 보니 전자가 자연스럽게 많다.

체기가 계속되어 저녁은 반찬 없이 죽만 먹었다. 그리고 저녁 모임엔 늦게 나가 간식은 먹지 않았다. 오늘은 손으로 신발 던지기를 했다. 생각 같아서는 10m는 족히 던질 것 같았는데 2m도 못 나가 힘없이 떨어졌다. 어떤 환우는 50cm도 못 나갔고, 다른 환우는 발 앞에 떨어졌다. 그럴 때마다 왁자한 웃음이 병원 건물을 흔들었다. 보호자들은 자기들도 해보겠다고 나섰고 어떤 보호자는 신발이 화단으로 들어가 헤저드 처리해야 한다며 한바탕 또 웃었다.

신발 던지기를 마치고 환우들과 내일 퇴원한다고 미리 인사를 나눴다. 다음 달에도 지금 같은 모습으로 만나자며…

슬기로운 환자생활 8_ 퇴원

몇 번이나 반복할 수 있을까?

아침 일찍 서둘러 샤워하는 것으로 퇴원 준비를 시작했다. 아침 식사는 어제 게임에서 이겨 샌드위치와 우유 그리고 아이스커피를 대접 받았다. 어제의 체기가 아직 안 풀려 샌드위치는 부담스러웠으나 다른 환우들이 준비한 것이어서 거절하지 않고 여러 번 꼭꼭 씹어 먹었다. 평소에 안 마시던 우유도 한 컵 마시고, 커피까지 마셔 소화제를 또 먹어야 했다.

화장실에서 내가 나온 직후 큰 소리가 나서 보니 루 환우 가족들끼리 다툼이 벌어졌다. 내용인 즉슨 환우 한 명이 비데가 설치된 장애인 화장실에 가려고 샤워장에서 기다리고 있었는데 내가 나오자마자 다른 환우가 쏙 들어갔다고 한다. 그런데 그 환우는 여자 분이었고 남편이 남자 화장실로 데려온 것이다. 샤워장에서 기다리다 선수를 빼앗긴 환우는 여자 화장실을 놔두고 왜 남자 화장실에 왔냐고 따지고, 그 환우는 그럼 남자 샤워실에 왜 여자가 들어왔냐고 응수한 것이다.

사실 병원 샤워실과 화장실에는 성별 구분이 없다시피 한다. 남자 환자가 샤워하는데 보호자가 여성이면 여성 샤워실을 사용하기도 하고 그 반대의 경우도 많다. 보호자의 손길이 필요한 화장실 역시 성별 구분 없이 사용하고 있다. 같은 루 환우였지만 교류가 없는 사이여서 서로 이해하고 넘어가면 될 해프닝임에도 사단이 난 것이다. 긴 입원 생활에 지친 환자나 보호자 모두 감정이 송곳 끝 같아져서 그런 것이라 이해는 갔지만 너무 큰 목소리의 다툼이었기에 간호사들까지 달려오는 사태가 벌어졌다.

오전 10시, 마지막 라디컷을 맞느라 침상에 누워 있는데 배은아 환우와 그녀의 어머니가 인사를 하러 왔다. 나는 고맙다는 인사와 함께 은아 씨의 손을 꼭 잡고 이 모습 그대로 다음 달에 만나자고 했다. 넘어지지도 말고. 그녀의 어머니 -나는 누님이라고 부른다- 는 나에게 같은 당부와 인사를 했다. 나는 그렇게 잡고, 잡아주는 따뜻한 손이 참 좋다. 어떤 계산도 없이 선의로만 가득 찬 손길임을 느낄 수 있기 때문이다. 일어나서 휠체어에 앉아 링거를 맞고 있으니 이 사람 저 사람 인사를 하러 들러 주었다.

이번 입원 기간은 환우들과 여러 가지 이벤트를 벌인, 이전과는 색다른 기간이었다. 그 이벤트로 인해 환우와 보호자들은 더 많이 웃을 수 있었고 매일 저녁 8시 30분 데크 모임을 기다렸다. 자발적으로 간식을 쏘겠다는 환우들이 많아서 새로 입원한 사람은 이삼 일은 기다려야 간식을 살 수 있는 자격이 주어졌다.

11시에 주사를 마치고 인턴이 케모포트에서 바늘을 제거하고 소독을 함으로써 병원에서의 모든 처치가 끝났다. 아내가 병원비를 계산하고 오자마자 장콜을 예약하고 병실 환우들과 작별 인사를 나눴다.

"건강 잘 유지해서 다음 달에 또 봅시다."

집에 돌아와서 점심을 먹고 한잠을 잤더니 뇌우가 쏟아졌다. 무척 더웠던 이번 여름, 에어컨을 거의 24시간 켜놓고 지냈었는데 오늘 내린 비로 본격적인 가을이 될 것이다. 집 주변에서 밤낮없이 시끄럽던 매미 소리도 많이 줄었다. 베란다 창을 통해 들어오는 선선한 바람이 좋다.

슬기로운 환자생활 9

1622호 병실

(2021년 9월 8일 ~ 9월 18일)

슬기로운 환자생활 9_ 입원

7일로 예정된 입원이 한양대병원 파업으로 늦어졌다. 어제 보건의료 노조, 한양대병원 노조에 전화를 했는데 타결의 실마리가 안 보인다고 하더니 다행히 오늘 아침 타결 소식이 전해졌고 입원 통지를 기다리다 먼저 입원 원무과에 전화를 했다. 대여섯 번 통화 불가 안내가 나오더니 마침내 통화가 됐다. 1622호가 배정되었다는 반가운 소식이다. 대부분의 병실이 파업으로 비어있는 상태라 창 측 자리를 부탁한다고 간호사 스테이션에 전화를 걸었다. 일찍 오는 순서대로 배정되니 일찍 오라는 뻔한 소리를 들었지만 창 측 자리를 받을 수 있다는 것에 마음이 급해져 점심도 거른 채 서둘러 출발했다.

장애인콜은 신청한지 10여분 만에 배정됐고, 또 10분이 채 안 되어 주차장에 도착했다. 갑자기 서두른 탓에 아내가 짐과 나를 옮기느라 땀을 뺐지만 무사히 차에 탔다. 킨텍스를 지나니 어제 내린 비를 담뿍 먹은 나뭇잎이 진녹색으로 빛났다. 높아진 하늘에는 흰 뭉게구름이 가득해 마치 동해안 바닷가 하늘을 바라보는 듯 상쾌했다.

어제 내린 비로 강물이 제법 많이 불었고 탁했다. 강수량이 많아 강물은 넘실거리며 행주대교를 지나 임진강을 만나기 위해 서쪽으로 달렸다. 흐린 강물과는 달리 쾌청한 날씨는 선명한 풍광을 선사했다. 강 건너 건물과 산들이 손에 잡힐 듯 엣지가 선명했고, 먼 관악산 송신탑도 철골이 보일 정도였다.

차량은 일부 정차 구간을 제외하고는 물 흐르듯 잘 빠져 1시간이 채 안 걸려 한양대병원에 도착했다. 짐과 휠체어를 내리고 입원 수속을 마치고 16층으로 올라갔다. 매달 보는 얼굴이어서 반갑고, 파업하느라 고생했을 간호사들과 인사를 나눴다.

"파업하느라 수고들 많았어요."

파업의 고됨과 불안을 잘 이해하는 경험자로서 진심으로 그들에게 위로와 격려의 인사를 건넸는데 불편을 겪은 환자가 이런 인사를 하니 조금 의아해 하는 것 같았다.

오늘이 입원을 재개한지 이틀째임에도 16층 병실은 많이 비어있었다. 그리고 입원한 환자들 대부분은 루 환우들로 15층부터 17층까지 루 씨들로 가득 차게 생겼다. 나는 바람대로 1622호 창 측 자리를 배정 받았다. 넓은 창으로 가을 하늘이 가득 들어오고, 남산이 선명하게 다가왔다. 나보다 먼저 온 선배 루 환우가 있었는데 내가 온다는 소식을 듣고 양보했다고 하니 그 마음 씀에 감사할 뿐이다.

이번 입원은 다른 때보다 하루 더 늘어난 11일이다. 입원하게 되면 밤 9시부터 라디컷을 맞고 매일 2시간씩 당겨 퇴원 즈음에는 오전 10시에 맞았는데 이번에는 첫날은 건너뛰고 둘째 날부터 매일 오전 10시에 맞기로 해서 11일을 입원하게 된 것이다. 고작 하루 더 입원하는 것이라 대수롭지 않게 생각했는데 결론은 다음 입원부터는 원상복귀하기로 했다.

한 달 만에 만나 환우들과 깊은 밤까지 수다를 떨었다. 반가움에, 동료의식에, 동병상련까지 매달 만나지만 얘기할 거리는 줄지를 않는다. 이렇게 아홉 번째 입원이 시작되었다.

슬기로운 환자생활 9_ 2일차

새벽 3시도 안되어 잠이 깼다. 첫날에는 원래 잘 자는 편인데 아내도 잠이 설들었는지 나의 뒤척거리는 소리에 깨버리고 말았다. 물 한 모금으로 목을 축이고 다시 잠을 청했지만 오른쪽으로 누우면 우측 골반이, 좌측으로 누우면 왼쪽 어깨에 통증이 온다. 바로 누우면 호흡이 어려워 모로 눕다보니 통증이 반복되어 30여 분 만에 한 번씩 좌우로 번갈아 눕다 시간을 보니 5시 30분이 되었다. 병실은 세 대의 호흡기가 내뱉는 쉭쉭거리는 익숙한 바람 소리와 이따금 들리는 나지막한 코 고는 소리 그리고 시계 초침의 분주한 째깍거림으로 살아있다.

들지 않는 잠끝을 잡고 7시까지 버티다 일어나 샤워실로 갔다. 이제는 조그만 창문으로 들어오는 아침 공기가 제법 썰렁하다. 벌써 온수가 어색하지 않은 계절이 됐다. 아침을 먹자마자 환우들과 데크로 햇볕 마중을 나갔다. 아침 가을볕은 강하지 않아 광합성기 좋았다. 그리고 간간이 불어오는 바람과 시원한 커피 한 잔이 주는 여유는 이곳이 병원임을 잠시 잊게 만든다. 소식을 들은 각 층 환우들이 내려오고 서로 지난달보다 좋아진 것 같다는 덕담으로 인사를 나누고 안부를 물었다.

이른 아침 외출 때문에 10시에 맞기로 한 라디컷을 30분 늦게 맞았다. 9시 10분쯤 인턴이 와서 제법 굵은 주삿바늘을 케모포트에 찔러 넣고 소독을 해주었다. 케모포트 덕분에 간호사는 혈관을 찾느라 애쓰지 않아도 되고, 나는 없는 혈관 찾느라 여기 저기 찔리지 않게 되어 좋다. 케모포트, 위루술, 휠체어, 호흡기 등 투병 생활에 도움이 되는 것들은 버티지 말고 한발 앞서 편함을 구하는 것이 도움이 되는 것 같다. 버텨봐야 개선될 가능성이 없을 뿐만 아니라 늦을수록 그 편익을 누리는 기간이 줄기 때문이다.

　이른 아침에 부지런한 재활의학과 김미정 교수가 회진을 왔다. 내가 지난주 꿈에서 교수님을 만났고, '후범 씨 걱정하지 말아요.'라고 말해 주셨다고, 꿈에서지만 그렇게 말해주셔서 감사하다고 했더니 자기가 파업 때문에 입원 못 하는 루 환우 걱정을 많이 했다고 한다. 누구보다 이 병의 고통을 잘 아는 김 교수는 늘 환자의 편익에 우선해서 진료를 하는 고마운 분이다. 지난번까지 작업치료를 못 받았다고 했더니 이번엔 받게 해 주겠다고 했다. 그러더니 당장 1시 30분 작업치료, 2시에 운동치료, 2시 30분에는 전기(호흡)치료가 줄줄이 잡혔다. 그동안은 이 세 가지 치료를 모두 받기에는 대기 환자가 많아 어려웠고 그나마 시간을 오전, 오후로 나누어 분주하게 오가야 했는데 파업으로 인해 많은 환자가 퇴원한 덕분에 모든 재활치료가 그것도 연이은 시간대로 잡힌 것이다.

　오늘 곽재규 환우가 케모포트 시술을 받았다. 지난달 같이 하자고 했더니 자기는 아직 괜찮다고 버티더니 무슨 바람이 불었는지 자진해서 시술을 받겠다고 했다. 잘한 결정이라 칭찬 한 바가지 퍼줬다. 시술시간은 20여 분 밖에 되지 않는데 나와 연경 씨는 지난달에 대기만 한 시간했었는데 이번에는 환자가 없어서 내려가자마자 시술을 받아 30여 분 만에 병실로 돌아왔다. 파업으로 불편함을 겪기도 했지만 덕분에 이런 편익도 생긴다. 세상은 늘 동전의 양면같은 일들이 다반사로 생기는 법인가 보다.

　재활을 마치고 3시에 데크로 다시 바람을 쐬러 나갔다. 그늘이 내린 데크는 시원한 바람이 좋았다. 환우들과 지난달과 다를 것 없는 얘기를 나누고, 먹거리를 나눴지만 시간이 갈수록 서로에 대한 이해와 애정이 깊어짐을 느끼게 된다. 오늘 민선 씨, 제니퍼조, 개아빠, 양군호 씨가 입원했다고 해서 병실을 돌며 인사를 나눴다.

담당 교수, 주치의 그리고 수간호사 선생님이 오후에 회진을 왔다. 그동안 잘 지냈냐는 의례적인 안부와 병원생활이 어떻냐는 질문에 "여기오면 환우들을 만나서 좋고, 간호사쌤들, 주치의 선생님 그리고 교수님까지 온통 저를 위해 주시는 분들이 계셔서 좋다."고 답을 했다. 교수는 내 답에 잠시 입가에 작은 미소를 띠더니 내 어깨를 툭! 치며 "그렇게 생각해 주니 우리가 고맙다."고 하고 다른 병실로 향했다. 나는 마치 시험 문제의 정답을 맞힌 양 기분이 좋아졌다. 준비한 멘트가 아니었음에도 그리 말한 것은 내 본심이 그러했기 때문이다.

점심 먹은 게 소화가 안되어 저녁은 건너뛰었다. 나 대신 죽을 먹는 아내는 연신 맛이 없다고 한다. 나는 그걸 매달 27끼 먹는데ㅋㅋ

지난달까지 매일 저녁 8시 30분이면 모임을 가졌었는데 내가 퇴원 후 이어진 모임이 보안요원에게 들켜버려 더 이상 모일 수 없게 됐다. 가락동에서 배달시킨 회에 약간의 이슬을 더한 것이 큰 문제가 된 것인데, 병원 측은 코로나가 잠잠해질 때까지 자제를 바라는 것이고 환우들도 그에 따르는 성의를 보이게 된 것이다. 저녁 모임이 없는지라 10시가 되니 모두 잠자리에 들었고, 잠이 오지 않았지만 아내에게 끌려 침상에 오를 수밖에 없었다.

병실 가득 메웠던 붉은 노을 좋았던 2일 차도 그렇게 지나갔다.

슬기로운 환자생활 9_ 3일차

    왼쪽 어깨가 아파 눈을 뜨니 오늘도 새벽 3시가 조금 안 됐다. 용을 쓰며 간신히 반대쪽으로 누워 잠을 청하려 했지만 한번 깬 잠은 쉬이 오지 않았다. 병원 침상에 얇은 에어매트를 깔긴 했지만 살이 빠져 병원 매트의 딱딱함이 그대로 전해져 통증을 일으킨다. 게다가 어제 목근육에 맞은 주사에 문제가 있는지 왼쪽 목이 담이 걸린 듯 불편하다. 그래도 참고 잠을 청했어야 했는데 그만 넷플릭스에서 어제 한 드라마 '슬기로운 의사생활'을 보다보니 5시 20분이 됐다. 아직 동은 트지 않았지만 병원은 청소하시는 분들로 벌써 하루가 시작됐다. 20여 분 동안 억지로 잠을 청했지만 어깨와 목 그리고 골반의 통증이 한꺼번에 밀려와 더 이상 누워 있기 힘든 지경이 됐다. 어떡하든 혼자 일어나 보려했지만 실패했고, 미안하게도 곤히 잠든 아내를 깨워야했다.

    휠체어에 옮겨 타서는 3층으로 내려갔다. 엘리베이터의 문이 열리자 신선한 바깥 공기가 훅하고 밀려왔다. 신선한 공기는 아직 잠들어 있는 세포들을 깨워 주었다. 3층 여기저기에서 청소하시는 분들이 분주히 움직이며 새로운 하루를 준비하고 있었다. 이 시간에 청소를 시작하려면 새벽 5시 전에는 도착했을 텐데 그럼 집에서 몇 시에 일어나서 나온 걸까? 고 노회찬 의원의 유명한 연설 '6411번 버스'가 떠올랐다. 삶의 고됨이 굽은 등에 문신처럼 박힌 그들을 뒤로하고 서관으로 향했다. 연결통로에 난 작은 창문으로 밀려들어온 신선한 바람이 찬물 세수를 한 듯 정신을 번쩍 들게 한다.

    이곳에는 각 은행 ATM기가 설치되어 있는데 하나은행 기계도 있다.

익숙한 글자체와 색상, 그리고 앞에 붙어있는 별돌이 스트커, "안녕! 별돌아!" 나는 마치 직원들에게 인사하듯 마음 속으로 별돌이에게 인사했다. 더러 퇴직 후 거래은행을 바꾸는 사람도 있다고 하는데 나는 ATM기만 봐도 반갑다. 처음 사회생활을 시작한 서울은행이 비록 흡수 합병됐더라도 하나은행은 나의 인생의 그림자 같은 곳이다. 나는 은행에서 내 인생의 대부분을 보냈다. 일하면서 대학을 다녔고, 아내를 만났으며, 아이들을 키우며 가정을 일궜다. 모든 소중한 인생의 이벤트가 은행과 함께 한 것이다. 그래서 은행은 나에게 부정할 수도, 그리고 싶지 않은 대상이다.

간간히 청소하는 분들만 오가는 이른 아침, 서관 넓은 대기실은 오롯이 내 차지가 되었다. 이제 잠시 후 7시가 되면 야간 조와 주간 조의 바쁜 교대가 이루어지고 본격적인 하루 일과가 시작될 것이다. 그때까지 이곳에 있으면서 일상을 정리해 봤다. 오늘 오후에 2차 코로나 백신접종이 있는데 컨디션이 그리 좋지 못해 걱정이다. 특히 화이자 백신은 2차 접종때 부작용이 심하다고 하던데. 서둘러 재활치료를 받은 후 오후 3시 3층 강당으로 향했다. 입구에서 실명을 간단히 확인하는 절차를 마친 후 강당에 들어서니 이십여 명이 앉아 있었다. 주사 대기자인줄 알았더니 주사를 맞은 후 후유증 여부가 확인될 때까지 15분간 대기하는 사람들이었다. 간단한 설문을 작성하고 주사를 맞은 후 15분간 대기하다 병실로 돌아왔다. 병실은 오후 햇살로 무척 더웠다. 그 때문인지 백신 후유증 때문인지 얼굴에 열감이 느껴지고 미세한 두통이 있는 듯하다. 서너 시간 지나니 다행히 열감도 두통도 사라졌다.

내가 입원하는 기간 동안에는 처형이 우리 집에 와서 사랑이를 돌봐 준다. 당뇨로 인해 쇼크사를 할 수도 있고, 최근에는 그 후유증으로 눈이 안 보이게 된 사랑이를 혼자 둘 수 없어 처형이 오셔서 열흘간 사랑이와 아이들을 챙겨 주신다. 그런데 손윗동서가 화이자 후유증으로 심장에 이상이 생겨 119 구급대를 불러 응급실로 실려가는 비상사태가 발생했다. 처형도 병원에 달려갔다. 갑작스러운 사건으로 인해 우리 가족이 해결해야 할 큰 문제가 남았는데 그건 혼자 남은 사랑이었다. 이 문제는 작은애가 아직 깨지 않은 남자 친구를 호출함으로써 일단 하루는 해결됐다. 졸지에 강아지 지킴이가 된 그 친구는 시간마다 사랑이의 무탈한 사진을 보냄으로써 사랑이의 무사함과 자신의 성실함을 작은애에게 증명했다.

오늘은 금요일이라 저녁부터는 작은애가 집에 와서 주말에 사랑이를 돌볼 수 있지만 출근하는 월요일부터가 문제인지라 집사람이 집으로 가기로 했고, 병간호는 우리 집 119 구급대 홍수 형을 호출하기로 했다.

화이자 접종으로 아내가 응급실까지 가는 고생을 하더니 손윗동서는 심장의 혈관 하나가 막히는 응급상황까지 이르렀고 나는 오늘도 미세한 두통과 불면증으로 힘들어 하고 있다. 코로나에 걸리지 않기 위해 감내해야 할 고통도 작지 않은 것 같다.

슬기로운 환자생활 9_ 4일차

오늘도 어김없이 오른쪽 골반 통증이 찾아와 새벽 3시에 잠을 깨웠다. 오늘로 3일째다.

루 환우들은 두 마리 괴물과 싸운다. 한 마리는 작은 티 스푼으로 하루에 한 스푼씩 몸을 갉아 먹는 잔인한 병 루게릭이다. 이놈은 어찌나 슬금슬금 몸을 축내는지 어제와 오늘이 크게 다르지 않은데 한 달이나 삼 개월 뒤에 되돌아보면 몸이 많이 달라져 있음을 깨닫게 된다. 머리 위까지 올라가던 손이 어깨 정도 밖에 올라가지 않고, 며칠 전까지 문제없던 손톱 깎는 일도 할 수 없게 된다. 뛰어 내려가던 계단을 조심하게 되고 난간을 잡고서야 간신히 오르내리게 되다가 어느새 한 발도 못 움직이게 만든다. 벌컥벌컥 마시던 냉수가 사레에 걸려 코로 쏟아지고 나면 물도 마음 놓고 못 마시게 된다. 조금만 움직여도 숨이 차더니 이젠 가만히 있어도 가쁜 호흡을 해야 한다. 발이 끌려 넘어지고, 욕실에서 넘어지고, 침대에서 내려오다 넘어지고, 계단에서 넘어지다 보면 어느새 내 발 대신 휠체어를 의지하게 된다.

이 과정을 겪으면서 우리에겐 또 다른 괴물 한 마리가 찾아온다. 이놈은 우리의 마음을 갉아 먹어 분노하게 되고, 좌절하게 만들고, 누군가를 증오하게 만들기도 하며 어느새 스스로를 무력한 상태로, 쓸데없는 존재로, 잉여인간으로 느끼게 만든다. 이 과정에서 우울증에 빠지기도 하고 심각한 공황장애를 겪기도 한다. 이런 일을 겪으며 급격히 상태가 안 좋아지는 경우 삶을 포기하는 경우도 종종 있다고 한다.

환자만 이 괴물과 싸우는 게 아니다. 환자의 가족 역시 이 두 번째 괴물과 싸운다. 어느 날 갑자기 쇠망치로 머리를 맞은 듯 믿겨지지 않은 병을 얻은 배우자나 자식을 바라보며 그들 역시 분노, 좌절, 증오의 과정을 겪는다. 아직 어린 자녀가 있는 경우 그들은 부모의 쇠락을 목격하며 정신적 충격을 받기도 한다.

이처럼 루게릭은 환자 본인뿐 아니라 가족들의 몸과 마음을 무너뜨리는 무서운 놈이다. 몸을 갉아 먹는 괴물을 멈추는 것에는 현재까지는 한계가 있다. 그러나 마음의 괴물은 대처하기에 따라 극복할 수 있으며 극복해야만 한다. 그동안 환우들 중에 마음의 균형을 찾지 못한 이들의 육체가 급속히 악화되는 사례를 종종 볼 수 있었다. 우리의 병이 몸에서 시작됐지만 마음의 평정과도 매우 밀접하게 연결되어 있다는 반증이다.

어떤 환우는 분노를 가족들에게 쏟아낸다. 가장 만만한 상대가 부모고 배우자다. 부모의 경우 자식에 대한 안쓰러움에 모든 것을 감내하고 배우자 역시 그러려고 하지만 그들 역시 마음의 괴물과 싸우고 있다. 답도 없고 끝도 알 수 없는 이 병에 평상심을 유지할 사람이 얼마나 될 것인가? 그럼에도 어떤 환우는 자신의 고통에 몰입되어 가족의 마음을 헤아리지 못하는 경우가 있다. 환자도, 그를 케어해야하는 가족도 마음의 괴물에게 잡혀 먹히는 것이 최악의 상황이다. 좌절과 포기는 병세를 더욱 악화시키고, 약해진 육체는 정신을 약화시켜 마음의 괴물에게 더 큰 먹잇감이 되기 때문이다.

그래서 환자와 가족들은 서로 같은 괴물을 상대해 싸우는 동지임을 알아야 한다. 그 동지의식에 균열이 가는 순간, 관계의 균열은 물론 병이 악화되는 악순환에 빠진다. 오늘도 여러 환우들 중에 마음을 다스리지 못해 더 큰 고통을 겪는 이야기를 전해 들었다. 이 잔인한 괴물의 최대 피해자가 환자 본인인 것은 분명하나 그에 못지않게 가족도 불안과 공포에 시달리고 있다. 치료제가 나올지 아니면 그것을 못 보고 떠날지 모르는 긴 싸움에 환자도 가족도 마음의 건강만은 잃지 말아야 한다.

슬기로운 환자생활 9_ 5일차

나흘간의 수면 장애를 극복하려고 최대한 늦게 잠자리에 들었고 수면 유도제를 먹었음에도 또 새벽 3시에 깼다. 한 시간 가량 자면 뼈만 남은 어깨 쪽으로 통증이 밀려온다. 집에서는 다른 방향으로 돌아 누워 잠을 청하면 어렵지 않게 다시 잠이 들었는데 병실에서는 딱딱한 매트로 인해 통증도 커지고 바뀐 잠자리에 대한 예민함으로 인해 잠도 쉬이 오지 않는다.

병실은 숨소리도 크게 들릴 만큼 조용하다. 그 고요함을 깨고 삐빅~거리는 호흡기의 경고음이 십여 분 이상 끊기지 않고 계속 들렸다. 경고음은 공기가 새거나 호흡에 문제가 있는 경우 울린다. 곽 환우 호흡에 문제가 생겼나? 순간 신경이 곤두섰다. 아내를 깨워 확인해 보라고 해야 하나? 망설이고 있는데 간호사가 들어와 둘이 두런거리며 얘기를 나누는 소리가 들렸다. 안도와 함께 웃음이 나왔다. 나중에 들어보니 가려움증이 심해져서 그 시간에 깨서 일어났는데 힘이 없어 호흡기를 끄지 못해 경고음이 울린 거라고 한다. 약 기운인지 3일간 잠을 설친 탓인지 다시 잠들기는 했으나 한 시간 간격으로 몇 번이나 깼다.

병실이 시끄러워 눈을 뜨니 8시가 넘었다. 평소에 비하면 엄청 늦게까지 잔 셈이지만 몽롱한 게 개운하지 않다. 후다닥 아침 식사를 마치니 환우들이 우리 병실로 모여들었다. 어제 새로 입원한 환우들이 곽 회장을 보러 병실로 온 것이다. 몽롱한 나는 대화에 적극적으로 참여하지 못하고 그저 듣기만 했다.

라디컷을 맞으며 한 시간 잠을 잤다. 언제 다 맞았는지 모르게 짧지만 달게 잤다. 점심시간이 다가오자 최근 장애1등급 판정을 받은 환우가 생선초밥으로 한턱(?)을 냈다. 높은 장애등급 받은 일에 축하하고 스스로 턱을 내는 경우가 다른 병에도 또 있을까 싶다. 물론 장애등급의 높고 낮음에 따라 몇 가지 복지혜택의 차이가 있다. 그렇다고 다른 환우의 높은 등급 판정을 축하하고 본인은 한턱내다니. 이 모습을 제정신을 가진 사람들은 이해하기 어려울 것이다. 하지만 다들 언젠가는 넘어야 할 고개이기에 먼저 넘은 환우에게 축하를 건네는 것이고 당사자 -환우와 보호자- 는 기꺼이 턱을 내곤 한다.

각 층별로 초밥 도시락을 나눠주고 병실 보호자 의자를 펼쳐 놓고 16층 환우들이 모여 먹으려던 찰나, 낮 근무 대장 간호사가 들어와 제지를 했다. 다른 때 같으면 어서 먹고 헤어지라고 했을 텐데 지난달 저녁 모임에서 회와 함께 일부 보호자들이 이슬이를 먹다 적발된 이후 제재가 강화됐다. 할 수 없이 다른 병실 환우들에게 먹을 만큼 나눠주고 우리 병실 환우들만 먹어야 했다.

오후에는 병실에 해가 들어 데크로 나가 4시간을 머물렀다. 오후 3시경 홍수 형이 도착하자 아내는 나를 부탁하고 집으로 귀가했다. 홍수 형과는 벌써 세 번째 병원 생활이라 불편함은 없는데 좀 야위고 피곤해 보이는 모습을 보니 미안한 마음이 앞섰다.

저녁식사 후 다시 데크로 나갔다. 선선해진 저녁 바람은 언제 낮에 더 왔나 싶을 정도로 시원했다. 하늘에 밝게 차오르는 달을 보며 은아 씨와 아이들 양육에 대해서 그리고 가족과 함께 보내는 시간의 중요성에 대해 이야기했다.

큰애가 초등학교 5, 6학년 쯤 될 때이니 작은애는 1, 2학년 쯤 됐을 시기였다. 아이들이 거실에서 토닥거려 내가 한 번 주의를 줬음에도 다시 다툼을 이어가다 그만 선풍기를 쓰러뜨려 선풍기 날개가 부러졌다. 나는 이 일을 어찌 처리해야 하나 잠시 고민하다가 결국 처음으로 매를 들었고 큰애의 종아리에 멍이 들 정도로 세게 체벌을 했다. 작은애도 때렸지만 그보다는 약했는지 멍은 들지 않았다. 잠자리에서 아내에게 체벌의 불가피성을 얘기했고 아내도 아이들의 잘못을 인정하는 선에서 부부 사이의 대화는 마무리되었다.

'아이들의 잘못을 바로잡기 위한 불가피한 체벌이었다.'고 믿었던 내가 그 일이 결국 그저 화가 나서 때린 것이라는 것을 깨달은 것은 상당히 시간이 지난 후였다. 부모님께 한 번도 체벌을 받지 않은 채 자란 내가 내 아이들에게 매를 든 것은 어찌 보면 부모님의 가르침을 거스른 행동이었다고 생각한다. 그 뒤로 큰애에게 한 번의 체벌을 더 했었는데 그 역시 내 화를 참지 못한 행동이었다. 그 문제에 대해 아이들에게 사과한 적은 없지만 재직 시절 아이를 가진 직원들과 얘기할 때 나는 '아이들은 때려서는 안 된다. 개선을 시키려면 사랑을 주고, 아이들이 부모를 사랑하게 만들어야 한다.'고 강조했다.

또, 곧 있을 헬리스믹스 2차 임상에 대해서도 얘기를 나눴다. 이번 헬리스믹스의 신약 엔젠시스는 한국에서 5명만 참가하는 임상으로 은아 씨가 참여하게 됐다. 이번 달에 조건 검사를 하고 다음 달에 시작한다는데 이번 치료제는 줄기세포 치료처럼 지연을 목적으로 하는 것이 아니라 근육의 생성과 개선을 목적으로 하기 때문에 그 효과가 계량화 될 가능성이 높다. 그래서 모든 환우들과 그 가족들이 초미의 관심을 갖고 있고 참여하는 은아 씨에게 성원을 보내고 있다.

나는 그녀에게 이동이 가능할 때 가족들과 여행을 많이 다니라는 조언도 했다. 조언이라기보다는 내가 못한 아쉬운 일들이라고 해야 맞겠지만. 이런저런 얘기를 나누다 보니 밤이 깊었다. 이런 날씨면 작은 모닥불이라도 피워놓고 밤새 얘기를 나눠도 좋으련만…

슬기로운 환자생활 9_ 6일차

오늘도 여러 차례 깼지만 어렵사리 다시 잠들어 여섯 시에 일어났다. 돌아눕느라 바스락 소리만 내도 홍수 형이 일어났다. 미안해서 조심스럽게 움직여도 어찌 아는지 바로 일어나 내게 손길을 내민다. 도저히 속일 (?)수가 없다.

홍수 형은 여섯 시에 아침을 먹었다. 그래야 모든 것을 내 시간에 맞춰 진행할 수 있다는 것이다. 30분간 팔다리, 목 스트레칭을 재활치료보다 정성스럽게 해 줬다. 부지런히 씻고 나니 7시 30분, 아침 식사 후에 주사가 올라오는 열 시까지는 여유가 있는 시간이다. 교수와 주치의들의 회진이 시작되었고 곧바로 수간호사가 매의 눈으로 혹시 다른 병실 환자가 들어와 있을까 스캔을 하고 다녔다.

DNR은 Do Not Resuscitate, '연명소생술하지 마세요.'의 의미다. 나는 보건소나 건강보험공단을 통해서 신청해야 한다고 알고 있었는데 오늘 환우와 얘기하다 보니 병원에서 주치의와 상담 후 동의서만 작성하면 된다고 한다. 아내에게 이런 생각을 수차례 밝혔지만 아내가 없는 틈을 타 서명을 해버리면 '그게 뭐가 급해서 혼자 서명을 했냐?'고 혼날 것 같아 망설여진다. 그러나 생각난 김에 해치워야겠다고 결심하고 주치의에게 상담하니 이젠 병원에서는 DNR 신청을 안 받는다고 했다. 차라리 가슴에 '심폐소생금지'라고 문신을 새겨 넣자는 내 말에 병실에 있는 사람 모두 웃었다.

오후 1시 30분부터 3시까지 세 가지 재활치료를 받고 파리바게트 데크로 갔다. 동향인 데크는 오후가 되면 큰 그늘이 져 많은 환자들의 휴식처가 된다. 데크에 도착하니 벌써 십여 명의 환우와 보호자들이 이열 횡대로 마주 보고 있다. 모두에게 눈을 마주치며 인사를 하고 나니 부지런한 정선 씨가 플레인 요구르트를 하나씩 나눠 준다. 언제나 바지런하고 마음이 넉넉한 보호자다. 따뜻한 기온과 시원한 그늘 그리고 선선한 바람을 맞으며 지난달과 별다를 것이 없는 얘기를 주고받지만 유쾌한 웃음이 여기저기서 들려온다.

오후에 재활치료를 받아선지 피곤함을 느껴 5시경 먼저 병실로 돌아왔다. 서편으로 창이 난 병실은 해가 지는 오후 내내 햇볕이 들어와 에어컨이 작동함에도 열기가 가득했다. 블라인드를 내려야 하는데 보호자들이 없어 그 열기가 고스란히 병실에 남아 있었다. 특히 내 침상은 창 측이라 더 뜨거워서 블라인드를 치지 않고는 누울 수가 없었다. 옆 병실 은아 씨 엄마에게 부탁해서 블라인드를 내렸다. 그늘이 내린 침상은 에어컨을 강하게 틀어놓으니 열기가 조금 가셨다. 홍수 형이 일찍 저녁을 먹으러 가서 침대에 누웠다 잠깐 잠들었다. 입원 후 수면 부족과 화이자백신의 부작용 때문인지 내내 피로함을 느끼고 있다.

저녁 식사 후 다들 다시 데크에 모였는데 길상 씨가 낮에 병실에서 넘어졌다고 한다. 낙상은 그래도 다리에 힘이 남아 있는 환우가 당하는 사고다. 아예 일어서지 못하거나 일어서더라도 걸음을 떼지 못하는 사람은 넘어지지 않는다. 누구보다 자신을 잘 알고 또 이미 낙상의 뼈아픈 추억이 있기 때문에 극조심을 하기 때문이다. 길상 씨는 아직 걷는 데는 문제가 없어 보이지만 그 역시 다리 힘이 약해졌기 때문에 발이 툭 걸리기만 해도 중심을 잡지 못한다. 스스로 조심하지 않으면 큰 사고로 이어질 가능성이 언제나 도사리고 있다.

일명 개아빠로 불리는 환우와 길상 씨, 봉수 씨가 나란히 휠체어에 앉아 '작년까지는 이렇게 셋을 합하면 정상인 하나가 나왔는데 이젠 셋을 합쳐도 중증 장애인'이라는 말에 모두 한바탕 웃었다. 그 말은 1년 사이 많이들 안 좋아졌다는 슬픈 고백이기도 하다.

바람이 잔잔한 데크에는 모기가 많았다. 피곤함과 모기에 쫓겨 9시에 병실로 들어왔다.

슬기로운 환자생활 9_ 7일차

눈을 떠보니 새벽 1시 10분, 잠든지 2시간여 밖에 지나지 않았다. 밤새 쪽잠을 자다 새벽 5시가 넘어 간신히 깊은 잠이 들었는데 누군가 어깨를 세차게 두드리는 바람에 놀라서 깼다. 야간조 간호사였다.

"어제 대변봤어요?"

사람을 깜짝 놀랄 정도로 두드려 깨워 놓고 고작 물어 보는 질문이 '대변 봤냐?'라니. 순간 욱하는 감정이 치밀어 올랐지만 '예'란 의미로 그저 고개를 주억거렸다.

명품 가방과 가품을 구분하는 우스갯소리 중에 비가 오는데 가방이 젖을까 가슴에 안고 가면 진품이고, 머리가 젖을까 쓰고 가면 가품이라는 말이 있다. 진짜 잘 만든 가품은 일반인은 물론 전문가도 구별하기 어려운 경우도 있다고 한다. 그러나 명품 전문가들은 사소한 바느질 한 땀 같이 작은 차이로도 진품과 짝퉁을 구별해 낸다고 한다. 명품과 짝퉁이 작은 한 끗 차이에서 구별이 되듯, 좋은 간호사와 그에 못 미치는 간호사의 차이 역시 사소한 것에 있을지 모른다.

작년 12월 서울대병원 입원 시 만난 이해민 간호사는 그런 면에서 내게는 명품 간호사였다. 그녀는 밝고 상냥했으며 환자의 고통을 특유의 화술과 따뜻한 관계 설정으로 줄여 주었다. 서울대병원에서 간호사들이 나이든 환자를 부르는 호칭은 통상 '아버님'이었다. 그런데 그녀는 나를 '아부지'라고 불렀다. '아버님'과 '아부지'는 단순히 낱말의 다름이 아니라 관계의 다름으로 다가왔다.

그녀 역시 나에게 따뜻한 격려의 말을 아끼지 않았다.

하루는 자정 즈음에 혈압을 재러 왔는데 내 침상의 작은 불을 켜고, 어깨를 토닥이며 내 귀에나 들릴 정도의 작은 목소리로 연신 '아부지'를 불러 나를 깨웠다. 그녀가 왔음을 안 나는 한 쪽 팔을 내밀어 혈압을 쟀고 그녀는 내 어깨를 두어 번 토닥이며 다시 잘 자라고 말했다. 나도 손을 뻗어 그녀를 향해 '좋은 하루되라'고 응답했던 것으로 기억한다. 그녀는 거의 반말을 했지만 불쾌하기는커녕 오히려 친숙함으로 다가왔다. 퇴원하는 날 아침 그녀는 나이트 근무를 하고 퇴근길에 나에게 작별 인사를 하러 왔다. 나는 그녀의 손을 꼭 잡고 '그동안 고마웠고 덕분에 잘 견뎠다.'고 말했고 그녀는 '퇴원하면 건강해져서 다시는 병원에 오지 말라.'고 기도 같은 작별 인사를 했다. 나의 청으로 그녀와 나는 짧은 포옹으로 마지막 인사를 나눴다.

그 후 한양대병원으로 옮겨 더 이상 만나기 어렵다고 생각했던 그녀를 다시 만난 건 7월경이었다. 서울대병원 신경과에서 연구에 필요한 검체 채취 협조를 부탁해 와서 동의서를 쓰기 위해 7개월 만에 다시 가게 됐다. 간단한 서류 작성과 질의응답을 마치고 해당 의사에게 105병동 이해민 선생님 근무하는지 확인을 부탁했다. 잠시 전화를 하던 의사는 내게 전화를 연결해 주었다. "여보세요. 해민쌤 나 지난 12월에~" 말을 마치기도 전 그녀는 "아부지, 나 누군지 기억났어!"라고 말하는 것이었다. 어찌나 반갑던지.

커피를 사들고 105병동 간호사 스테이션으로 가니 그녀가 예전에 밝은 웃음과 호탕한 목소리를 나를 반겨주었다. 우리는 한참 동안 잡은 손을 놓지 못하고 얘기를 나눴다. 나는 그녀가 얼마나 훌륭한 간호사인지 다른 병원 간호사들에게 얘기하고 있다고 했고, 그녀는 오늘 환자 때문에 힘든 일이 있었는데 나를 만나서 행복해졌다고 말했다. 십여 분간 짧은 만남이었지만 나도 그녀도 위로와 격려의 감정을 충분히 느낀 좋은 해후였다.

좋은 간호사와 평범한 간호사 사이에도 작은 차이가 존재하는 것 같다. 어깨를 '탁! 탁! 탁!' 치며 큰 목소리로 환자의 이름을 불러 깨우는 것과 '톡! 톡! 톡!' 두드리며 조용히 아부지를 부르는 것, 그건 모두 같은 일을 위해서이고, 그 일은 모두 환자를 위해 꼭 필요한 일이다. 그러나 그 일을 수행하는 태도(attitude)의 차이가 good & bad를 구분 짓게 만드는 것 같다.

오늘 밤 잠자리에 들기 전 내가 미리 간호사 스테이션에 가서 '똥 쌌음'을 보고했다. 새벽에 제발 이런 것 물어보려고 깨우지 말라는 부탁과 함께.

오후에 은아 씨가 임상 중인 다른 환우를 소개해 주겠다고 해서 1층 로비로 내려갔다. 임상 3차를 진행 중인 그녀는 41살로 5살 아이를 가진 엄마라고 했다. 에휴~ 아이가 5살이라는 소리에 얼굴에 표시는 안 냈지만 한숨이 절로 나왔다. 은아 씨만큼 키가 큰 그녀는 아직 한 손만 동작이 어려운 정도고 걷고, 말하는 건 큰 어려움이 없는 상태였다. 그리고 무엇보다 다행인 것은 밝은 성격을 갖고 있다는 것이다.

짧은 만남을 마치고 재활치료를 받고 오니 정현이와 소정이가 찾아왔다. 정현이는 가끔 봤으나 소정이는 카톡만 주고 받았을 뿐 거의 2년 만에 만났다. 반가운 마음에 비해 많은 얘기를 나누지는 못했지만 고마운 얼굴들을 다시 본 것만으로도 좋았다. 게다가 소정이가 맛있는 거 사 먹으라고 복돈까지 줬으니 더 할 나위 없었다.

소화가 안 돼서 속이 더부룩하고 미세한 두통이 가시질 않는다. 아침 7시부터 저녁 6시까지 휠체어에만 앉아 있어서 그런지 갑자기 피로감이 밀려왔다. 저녁 식사를 미루고 침대로 올라가 한 시간 가량 잤다. 죽 위주로 저녁은 조금만 먹고 바람을 쐬러 데크로 내려갔다. 환우들이 저녁 간식으로 치킨을 시켰지만 다른 환우들이 먹는 모습을 보기만 했다.

병실로 돌아와 복도에서 연경 씨와 DNR, 죽음, 가족, 2차 줄기세포 치료 등 다소 무거운 주제에 대해 늦은 밤까지 얘기를 나눴다.

슬기로운 환자생활 9_ 8일차

여러 번 깨긴 했어도 다시 잠드느라 덜 애쓴 밤이었다. 그래서 그런지 5시 30분에 무리 없이 기상을 했다. 이제 해가 짧아져서 이 시간이 돼도 어둠이 물러가지 않는다. 입원 8일차 새로운 날이 시작됐다.

샤워하고 나오니 그새 날이 밝고 옥빛 바다 같은 하늘이 펼쳐졌다. 아침 햇살을 받은 남산타워는 마치 막 출항한 요트의 흰 돛처럼 당당하게 빛났다. 아차산과 용마산의 바위들도 이 시간이면 일어나 성큼 다가온다. 매일 반복되는 일상임에도 늘 새롭게 느껴지는 것은 아침이 주는 생명과 희망의 힘 때문인 것 같다.

오전에 라디컷을 맞으며 부족한 잠을 보충했다. 40여 분 자고 나니 몸이 가벼워졌다. 눈 뜨자마자 배민으로 물회를 주문했다. 늘 마음 써주는 후배 정현이가 배민상품권을 보내 주었고 조카 은아 씨가 어제 말한 먹고 싶은 메뉴 중 하나를 선택한 것이다. 오랜만에 먹는 물회는 매콤 달콤한 것이 내가 기억하는 맛이었다. 가끔 매운 맛이 목을 자극했으나 크게 사레 걸리지 않고 맛있게 먹었다.

자극적인 음식을 먹는데 어려움을 겪다보니 오히려 먹고 싶은 메뉴들은 온통 자극적인 것들이다. 신김치에 돼지갈비를 넣고 청양고추 두어 개 썰어 넣고 끓인 김치찌개, 불 맛을 충분히 입힌 각종 해산물을 넉넉히 넣은 얼큰한 짬뽕, 청양고추를 넉넉히 넣어 매콤하지만 시원한 생태 지리탕, 굵은 떡을 큼지막하게 넣고 어묵과 계란을 넣은 국물이 넉넉한 빨간맛 떡볶이, 다시마 한 쪽 넣고 끓인 물에 끓인 매운맛 라면과 곁들인 총각김치 그리고 감자며 당근을 큼지막하게 썰어 넣은 국물 넉넉한 닭볶음탕까지. 모두 아내가 나를 위해 해주던 매운맛 음식들이다. 매콤달콤한 물회는 이 음식들을 모조리 소환했다. 가지 못한 길에 대한 아쉬움, 갖지 못한 것들에 대한 서글픔이 이것들보다 크지는 않은 것 같다.

오후 1시, 은아 씨가 3층에서 2차 백신을 맞는다고 해서 1시 20분쯤 내려가서 기다렸는데 40분이나 돼서 나왔다. 은아 씨는 어떻게 생각할지 몰라도 나는 그녀를 보면 진짜 조카 같기도 하고 여동생 같기도 하다. 그리고 그녀의 아이들을 생각하면 마음이 짠하다. 그녀와 얘기가 잘 통하기도 하지만 지난달 민선 씨의 간택 이벤트에서 나에게 베팅(^^)한 세 명 중 한 명이라 더욱 특별하다. 그녀와 그녀의 엄마 그리고 나는 데크로 나가 시원한 커피를 한 잔씩 마셨다.

시간은 어느새 2시 30분이 다 됐다. 오전에 간호사가 재활치료실이 물난리가 나서 전기치료만 가능하다고 말해 주었다. 엎어진 김에 쉬어 갈까하다가 내가 받는 치료를 기다리는 환자도 있기에 치료실로 갔다.

이번에 바뀐 치료사는 지난달까지 운동치료실에 있던 젊은 막내 쌤이다. 아직 풋풋한 웃음을 머금은 그는 늘 밝은 얼굴로 나를 맞아준다. 전에 담당하던 쌤에 비해 다소 경력은 부족하지만 밝고 친절함은 그녀에 못지않다.

저녁 식사 전에 장상연 씨가 뉴덱스타를 복용하고 발음이 눈에 띠게 좋아졌다고 해서 17층 병실로 달려갔다. 내가 병실에 도착하자 환우들이 왜 왔는지 알겠다는 듯, 상연 씨에게 말을 해보라고 했다. "형님, 오셨어요."라는 그의 말이 또렷이 들렸다. 오전에 한 알 먹었다는데 정말 놀라운 변화다. 계속 복용해서 목소리도 목넘김도 좋아졌으면 좋겠다. 한편으로는 실손보험이 없어 뉴덱스타를 복용하지 못하는 구음, 연하장애 환우들이 눈에 밟혔다. 하루 빨리 건강보험 적용이 되거나 다른 방법이 생기면 좋으련만.

오늘 밤에 부는 바람은 끝이 서늘한 느낌이다. 어느새 가을이 깊어지고 있는 것이다. 평소 즐겨 모이던 파바 앞 데크에 오늘은 8명 정도 모였는데 여기에도 바람이 많이 불어 바람막이를 꺼내 입었다. 피곤하기도 하고 바람이 서늘해서 9시 조금 넘어 먼저 병실에 올라왔다.

슬기로운 환자생활 9_ 9일차

이번 입원 기간은 다른 때보다 무척 힘들었다. 따져보니 지금까지 먹은 죽이 약 300끼다. 물론 한 달에 열흘 남짓이지만 거의 같은 식단을 그것도 죽으로 매달 27끼를 먹었다. 그동안은 큰 거부감이 없었는데 이번 기간 중에는 새삼 식사가 맛이 없어졌다.

두 번째는 없어진 저녁 모임으로 인해 무료해졌다. 지난달에는 매일 밤 열리는 모임에서 새로운 이벤트를 진행했고 그것은 단순 무료한 병원 생활에 활력소가 됐었다. 신발 던지기 등 평소 몸을 쓰지 않던 사람들이 어떻게하든 몸을 움직여 경기에 참여하는 행위는 그것만으로도 자신의 장애를 잠시 잊게 해 주는 이벤트였다. 그런데 이제는 데크에 앉아 정적인 대화만 하는 것이 정말 아쉽다.

세 번째, 부족한 수면이 나를 괴롭혔다. 거의 매일 3시 경에 깨서는 다시 잠을 못 이룬 날들이 많았다. 심지어는 1시 30분에 깨어 밤새 엎치락뒤치락거린 날도 있다. 부족한 수면은 하루 종일 몸을 무겁게 만들었고 매사 의욕이 떨어지게 했다.

네 번째는 아내의 귀가다. 아내는 뜻하지 않은 일로 부득이 집으로 돌아갈 수밖에 없었다. 물론 홍수 형이 그 빈자리를 메꿔주긴 했으나 기능적인 것과 감정적인 면 모두를 충족해 줄 수는 없었다.

다섯 번째, 어쩌면 이것이 위 모든 것의 원인인지 모르겠는데 바로 백신 2차 접종의 후유증이다. 그날부터 미세한 두통과 식욕 부진에 시달렸던 것 같다. 수면 부족은 입원 첫날부터 시작된 것이긴 하지만 다른 때와 달리 퇴원 시까지 지속된 것은 백신의 후유증이 아닐까 한다.

아무튼 이번 입원 기간은 이런 일들로 무척 힘들었다. 게다가 다른 때보다 하루 더 있어야 한다니, 이것으로 괴로움은 가중됐다.

오후에 갑자기 두 선배님께서 찾아 왔다. 그리움을 지워주는 반가움과 고마움, 내 삶이 어두울수록 빛나는 별과 같은 고마운 선배님들이다.

마치 재직 시절 어느 회의장에서 만난 것처럼 두 선배님과 유쾌한 농담을 주고 받고 같이 사진도 찍었다. 한 선배님께서는 맛있는 것 사 먹으라며 복돈까지 주셨다. 그 후 단체 카톡에 사진이 올려졌고 여러 동문들이 격려의 메시지를 보내 주었다. 고등학교 친구와 동문들은 평생 간다더니 실감 또 실감한다.

계속 몸이 무겁고 두통이 이어지고 식욕이 없어서 반찬 없이 죽만 절반 먹고 뉴케어를 마시는 것으로 저녁 식사를 마쳤다. 컨디션이 엉망인 나를 위로해 주듯 이번 기간 중 최고로 아름다운 노을이 병실 넓은 창에 가득 채워졌다. 자연의 고운 색상 붉은 가운데 노란색, 보랏빛, 오렌지색과 연한 회색부터 짙은 검은 갈색까지, 자연이 채색한 하늘은 고흐의 한 작품 같았다.

저녁에는 먼저 퇴원한 환우 보호자께서 주신 찬조금으로 치킨 파티가 열렸다. 속이 불편해서 조금 먹는 시늉만 내다가 일찍 병실로 돌아왔다. 일찍 잠자리에 들었으나 두통이 가시질 않는다.

슬기로운 환자생활 9_ 10일차

침상에서 눈을 뜨면 커다란 창문으로 하늘이 먼저 들어온다. 오늘은 맑고 푸르렀던 어제까지와는 달리 새털구름이 여기저기 있었는데 동편 일출로 아침노을이 생겼다. 저녁노을이 베토벤의 운명처럼 장엄한 느낌이라면 아침노을은 모차르트의 음악처럼 밝고 경쾌하다. 눈곱도 안 떨어진 눈으로 자연이 선사한 이른 아침의 아름다움을 감상했다.

같은 날 입원했던 환우들 대다수가 오늘 퇴원한다. 주사시간 조절하겠다고 하루 더 입원하기로 한 결정이 이제와 후회막급이다. 잔 두통은 계속되고 약을 먹어도 가시질 않는다. 입맛도 없어 밥도 먹는 둥 마는 둥 먹고 뉴케어로 배를 채웠다. 옆 병실 은아 씨도 오늘 퇴원 예정이라 1층 할리스에서 은아 씨가 좋아하는 아이스라떼를 사서 라디컷을 맞고 있는 그녀에게 전해 줬다. '삼촌'이라 부르며 잘 따르는 그녀, 나는 그녀의 밝고 씩씩한 모습을 보며 오히려 위로와 용기를 얻는다.

오후에 재활을 마치고 데크에 나오니 늘 많이 모이던 환우들은 보이지 않고 연경 씨만 내려와 있었다. 아래 지방에 태풍이 온다더니 이곳에도 바람이 건물 사이로 휘익~ 소리를 내며 불어왔다. 눈을 감고 있자니 마치 동해 바다의 푸른 바람을 맞는 느낌이 들었다. 아이스커피를 나눠 마시고 연경 씨는 주사 치료를 받으러 갔고 나는 후배 정현이가 도착했다는 연락을 받고 1층으로 내려갔다.

재차 방문한 정현이는 여러 선후배들로부터 걷은 커다란 격려금 봉투를 들고 왔다. 거기에는 연락이 끊긴지 오랜 사람도 있었다. 그럼에도 소식을 듣고 격려금을 보내주신 동문들에게 감사할 뿐이다. 나는 선후배들에게 이처럼 따듯하고 도리를 다하는 사람이었던가? 자문하고 반성할 틈도 없이 정현이는 전달 증빙사진을 찍고는 떠났다. 이제 내년이면 퇴직이라니 나와 연결된 은행의 마지막 세대도 떠날 차례가 됐다. 같이 친구처럼 산에도 오르고 라운딩도 하면서 늙어가고 싶었는데, 소망은 소지해서 날린 소원지가 되고 말았다.

옆 병실 64세 여 환우는 최근 진단을 받았다고 한다. 깡마른 체구에 커다란 눈을 가진 환우는 '많이 힘드시죠?'라는 첫인사에 눈물을 보였다. 그녀는 연하와 구음장애가 심하게 와서 말을 거의 못하고 음식을 삼키지 못해 이번에 위루술을 하러 입원했다고 한다. 다행히도 팔다리는 걷고, 동작하는데 무리가 없었다. 오늘로 위루술을 받은지 사흘이 됐다고 했다. 어제부터 물을 조금씩 넣고 100ml씩 영양식을 넣다가 오늘부터 매끼 300ml씩 넣는다고 한다. 며칠 후부터는 매끼 400~500ml씩 먹기 시작하고 그러면 지금보다 체중도 붙고 기력도 찾을 것이다. 다만 확진 받은지 얼마 되지 않아 말을 못하게 되자 그 고통과 충격이 심해 심리적으로 무척 불안정한 것이 큰 문제다. 이 몹쓸 병은 어찌나 다양한 방법으로 사람을 괴롭히는지 인간이 겪는 최악의 병이라는 별칭이 참으로 적절하다. 나는 하루에 몇 차례씩 그 방에 들러 여 환우들과 이야기를 나눴다. 은아 씨를 제외하고는 다들 누님뻘이라 누님이라 호칭하니 금세 친숙해졌다.

여 환우들은 남자 병실에 들어가기를 주저해서 이렇게 먼저 다가가지 않으면 서로 대화할 기회가 별로 없다. 아침에 샤워를 마치면 깔끔한 모습으로 아침 인사를 하고, 점심 식사 후에는 식사를 맛있게 먹었느냐 묻고, 저녁에는 오늘도 수고 많았고 잘 자라는 인사를 나눈다. 매일 반복되는 어찌 보면 큰 의미도 없는 인사 속에서 우리는 동질감을 키우고 말로 때로는 작은 먹거리로 위로를 주고 받는다.

미세한 두통이 계속되어 타이레놀을 추가 처방받았다. 저녁을 안 먹고 잠시 누워 눈을 붙이는 둥 마는 둥하다 7시 30분에 일어나 눌은밥을 조금 먹었다. 오늘 저녁 모임에는 내일 퇴원하는 환우가 쏜 피자파티가 열렸다. 계속 속이 불편한 나는 한 조각도 먹지 못했지만 그들과 함께 있는 시간이 편하고 즐겁다.

짙푸른 기운이 도는 맑은 밤하늘에 반이 조금 넘게 차오른 달이 눈부시게 밝다. 잠시 눈을 감고 달빛의 기운을 느껴 본다. 휘휘~ 몰아치는 바람이 달빛과 함께 선선하다. 열흘째 마지막 밤은 이렇게 깊어지고 있다.

슬기로운 환자생활 9_ 퇴원

퇴원하는 날이다. 이전보다 단 하루 더 입원했을 뿐인데 컨디션의 난조로 다른 때보다 조금 힘들었다. 이제 밤에 몇 번씩 깨는 건 일상적인 일이 됐다. 다시 빨리 잠드느냐, 그렇지 못하느냐가 문제지. 어젯밤에도 대여섯 번 깼지만 고생하지 않고 다시 잠들 수 있었다. 덕분에 한결 가벼운 몸으로 일어났다. 아마도 오늘이 퇴원하는 날이라 정신적으로 더 가벼워지지 않았을까?

새벽부터 짐을 싸던 홍수 형은 내가 눈을 뜨자마자 아프기 전에 미리 먹으라며 타이레놀 한 알을 입에 넣어줘 삼켰다. 서둘러 목욕을 하고 웃옷은 입원할 때 입었던 옷으로 갈아입었다. 첫 번째 퇴원 절차인 셈이다. 어제의 부실했던 저녁으로 출출해진 덕에 아침 죽을 거의 다 먹었다. 같은 방 환우들과 동시에 라디컷을 맞았다. 같은 날 입원한 서종원, 곽재규 환우는 나와 같이, 조금 늦게 온 정연경 환우는 내일 퇴원한다. 라디컷을 맞는 동안 홍수 형이 퇴원 수속을 밟으러 갔다. 보험 청구를 위한 진료기록 같은 서류를 발급 받아야 하는데 꼼꼼하게 잘 챙겨서 안심이다.

간호사가 한 달 치 분량의 약을 큰 비닐봉투에 가득 담아 건네줬다. 저걸 언제 다 먹나 싶지만 입원할 즈음에는 거의 소진된다. 약봉투를 달고 산다는 노인들을 보면서 건강을 잘 지키겠노라고 끊임없이 다양한 운동을 했건만 지금 나는 여느 80대 노인보다 더 많은 약을 먹고 정기적으로 입원을 반복하고 있다. 세상 일이 뜻대로 되지 않는 것이 더 많지만 건강 역시 그 중 하나이고 가장 큰 문제이다. 교통사고처럼 찾아온 이 병에 대해 원망할 대상도 없고 나름 건강에 주의하며 살았건만 결론은 무의하게 된 셈이다.

점심을 안 먹고 출발할 계획이었는데 케모포트 제거가 늦어져 12시를 훌쩍 넘겼다. 나도 배가 고파졌고 이른 아침밥을 먹은 홍수 형은 더 그럴 거라 생각해서 다른 환우들과 식당에서 점심을 먹기로 했다. 점심 식사 후 파리바게트에 오늘 퇴원하는 환우들과 병원에 남은 환우들 몇몇이 모였다. 그간의 덕담을 나누고 '건강 잘 유지해서 다음 달에 봅시다.'라는 의례적인 인사를 나누고 장애인콜에 올랐다.

집에 도착하니 아내가 주차장에 마중을 나왔다. 장콜 요금을 결제하고 짐을 싣고 엘리베이터에서 내리니 사랑이 짖는 소리가 먼저 퇴원을 반긴다.

슬기로운 환자생활 10

미리하는 장례식

(2021년 10월 7일 ~ 10월 16일)

슬기로운 환자생활 10_ 입원

어느새 열 번째 입원하는 날이다. 서둘러 씻고, 아침을 먹고, 준비를 마쳤다. 점심을 먹고 나니 처형이 와서 장콜을 불렀다. 보통은 배차에 10여분, 도착까지는 20분 정도 소요되는데 어찌된 일인지 바로 배차 문자가 왔고 차량 출발지도 집 근처라고 해서 서둘러 내려갔다. 아내는 나를 휠체어에 태우고 -휠체어 채비만 해도 욕창방석에 등받이 그리고 여름 등받이에 물통까지 시간이 꽤 걸린다.- 대형 여행용 캐리어와 먹거리를 담은 커다란 가방 그리고 호흡기까지 챙겨서는 짐을 날라 주겠다는 처형을 한사코 말리더니 혼자 그 무거운 짐과 나를 데리고 내려갔다.

우리가 내려가자 장콜도 막 도착해서 주차를 했고, 기사분이 나를 뒷자리로 실어주고 큰 짐은 아내를 도와 올려 주었다. 순조롭게 출발할 수 있었고 상습 정체구역 말고는 차량 흐름도 원활해 1시간 이내에 도착할 것 같았다. 그러나 몇 번 한양대병원까지 가 보셨다는 기사분은 성수대교 북단을 지나 길을 잘못 들어 동부간선도로로 빠졌다. 회차할 곳이 없어 한참을 가다 돌아 왔고 덕분에 30여분 늦게 병원에 도착했다.

이번 달엔 19층 다인실에 배정을 받았다. 다른 때 같으면 16층 2인실이라도 배정해 달라고 했을 텐데 나와 아내는 아무 말 없이 원무과의 지시에 따랐다. 19층은 처음이었는데 배정 받은 25호 다인실은 동쪽으로 창이 나있다. 그런데 외부에 음압병실용 엘리베이터 설치 공사 때문에 창문 전체에 스티커를 붙여놔서 바깥이 전혀 보이지 않았고 전체적으로 어두웠다. 우리와 친한 곽 환우는 맞은편 22호 다인실에 배정받았다 해서 가 보았는데, 마침 그 병실에 한 자리가 비어 있었다. 이 방으로 옮겨 달라고 할까 생각 중이었는데 옆 병상 환자가 비명 같은 소리를 질렀다. '어이쿠! 이 병실은 아니구나' 하고 원래 병실로 돌아가려는데 아내가 짐을 끌고 나오고 있는 것이다. 그새 간호사실 가서 병실을 바꿔 달라고 했다는 것이다. 거기에 소리 지르는 환자가 있다고 했는데도 이미 늦었다며 졸지에 그 환자의 옆 병상으로 가게 됐다.

좌측 환자는 소리 지르고, 우측 환자는 병실에서 얘기를 나누고 있는 나와 곽 환우에게 병실에서 시끄럽게 한다고 항의하고, 복도에 나가 얘기를 하고 있는데 앞 병실 보호자가 나와 언제까지 여기서 얘기할 거냐? 코로나 걱정에 문을 열 수가 없다는 등 지금까지 병원에서 만나지 못한 빌런들이 한꺼번에 쏟아져 나왔다. 여기서 어떻게 보낼지 첫날부터 걱정이 밀려왔다.

환복을 하고 아내가 짐 정리를 하는 동안 새로운 임상을 진행한 은아 씨를 만났다. 시술 내용이 궁금해 물었더니 팔과 다리 손가락 등에 무려 128회의 주사를 맞았다고 했다. 아팠을 텐데 잘 참아낸 그녀가 안쓰럽고 기특했다. 이번 임상은 지연을 목적으로 하는 줄기세포와는 달리 간에서 근육을 만드는 성분을 추출해서 주사를 함으로써 근육이 생성되는 효과를 시험하는 것이라 그 효과가 계량적으로 나타나기 때문에 무척 기대가 되는 임상시험이다. 그러나 모든 임상시험에는 대조를 위한 위약 군이 있어 가짜 약을 주사한다. 6회까지 진행하게 되면 총 768번의 주사를 맞는 건데 제발 진짜 약품이 들어가는 것과 그 약이 효과가 있기를 빌었다.

그리고 며칠 전 먼저 입원한 송광용 환우 부부를 만났다. 40대 중반으로 나이 차이는 나지만 나는 그에게 형이라고 부르라 했고 나는 그를 드래곤이란 애칭으로 부른다. 그의 배우자는 아내를 언니라고 하고, 나를 형부라고 부른다. 그 부부가 우리 입원을 많이 기다렸다고 한다. 뾰족한 도움을 준적도 없는데 그저 그들의 얘기를 잘 들어 주고 우리 경험을 공유했기에 남다른 유대감을 갖는 것 같다. 첫날이라 주사도 맞아야 해서 긴 얘기를 나누지 못하고 병실에 돌아가야 했다.

19층에는 루게릭 환자는 처음인지 보통 10시면 맞는 라디컷을 11시 30분에야 놓겠다고 왔다. 주사 펌프도 한 대 밖에 없는지 나와 같이 입원한 곽 환우는 내가 끝나고 12시 30분부터 주사를 맞았다. 병실이나 치료 환경이 지금까지의 입원 중 최악이다. 내일은 어떻게 하든 병실을 옮겨야겠다.

슬기로운 환자생활 10_ 2일차

좌측 병상 환자는 68세로 당뇨로 인한 합병증으로 입원했다고 한다. 어디에 통증이 있는 건지 섬망증세인지 모르지만 어제 낮에 내내 신음과 비명을 질렀다. 밤이 되자 진정제를 맞았는지 다행히 조용해져서 잠은 편히 자겠구나 생각했는데 1시쯤 깨어나 다시 신음과 비명을 지르기 시작했다. 단전에서 뿜어져 나오는 듯한 소리는 고요한 병실을 정신없게 만들었다. 2시경 나와 아내는 잠을 못 이뤄 뒤척였고, 매번 병간호 후 몸살을 앓듯 힘든 아내의 상태가 걱정되어 처음으로 간호사 호출벨을 눌렀다.

잠시 후 담당 간호사가 와서 무슨 일이냐고 물었고, 나는 '옆 환자의 소리 때문에 도저히 잠을 잘 수 없으니 조치 좀 취해 달라'고 했다. 그러나 40여 분이 지나도 아무 소식이 없어서 다시 호출벨을 집어 들었다. 조치를 왜 안해 주냐고 묻자 '주치의가 진정제 등 아무런 조치도 취하지 말라고 했다.'는 말만 하고 그냥 돌아갔다. 어떤 사람이 주치의인지 그 사람 보고 이 병상에 누워있어 보라고 하고 싶어졌다. 참다 참다 20분 정도 지나 다시 한 번 호출벨을 눌렀다. 담당 간호사는 짜증이 날 만한데도 그런 기색 없이 '무슨 일이냐?'고 재차 물었고 나는 '저 환자에게 수면제 처방을 못 내리겠으면 내게 수면제를 달라'고 했다. 당직의에게 물어보겠다고 나간 간호사는 한참 만에 돌아왔는데 내 주치의가 없어서 곤란하다는 답변을 줬다. '아! 오늘 밤은 꼬박 새우겠구나'하고 귀에 이어폰을 꽂고 마음을 식히고 있는데 잠시 후 두런거리는 소리가 들리더니 옆 환자를 다른 병실로 옮겼다. 갑자기 조용해진 병실, 다른 환자들의 '진작 그럴 것이지'라는 탄식이 들렸다. 새벽 4시 30분, 다른 때 같으면 일어날 시간이지만 다시 간신히 잠이 들었다.

잠시 잠들었는가 싶었는데 이번에는 우측 병상 할아버지가 새벽부터 산소통을 교체하는지 시끄러운 소음을 일으켰다, 눈을 감고 있는데도 소용이 없어서 무거운 몸으로 일어났다. 막 침대에 앉으니 주치의가 이른 회진을 왔다. 우리는 일단 반가운 마음에 인사를 하고 마치 초등학생이 학교에 있었던 사고를 일러 바치듯 어제부터 일어난 일들을 자세히 얘기했다. 얘기를 들은 주치의는 퀭하니 눈꺼풀이 내려앉은 나를 측은한 눈빛으로 보더니 빠른 조치를 약속했다.

'됐다! 이 정도면 절반은 성공한 셈이다.'

병실에 머물고 싶지 않은 나와 아내는 서둘러 아침 식사를 했고, 씻지도 않은 채 1층으로 내려갔다. 진료 전인 이 시간에는 아직 로비가 한가해서 조용히 차 한 잔 마시기 적당하다. 은아 씨와 모닝커피를 마시며 임상시험에 대해 얘기하고 있는데 송광용 환우 부부가 합류하고 남강수 환우의 배우자도 만나 서로의 안부와 함께 일상적인 얘기를 한참 나눴다.

아침이 되자 옆 환자는 다시 돌아왔고 다시 신음과 비명이 시작됐다. 오후에 병실에 온 배우자는 연신 병실 사람에게 미안하다고 머리를 조아렸다. 괜찮다고 했는데도 계속 사과를 하자 어젯밤 민원을 넣어 다른 방으로 옮기게 한 내가 오히려 미안해지기 시작했다.

"어디가 아파서 그러냐?"고 가엾다는 듯 남편을 대하던 부인은 시간이 지날수록 "조금 참지 왜 소리를 지르냐?"고 하더니 나중에는 "조용히 하라."고 본인이 소리를 질렀다. 이건 도대체 무슨 상황인가? 본인도 속상해 하는 소리겠지만 반나절 만에 바뀐 그 아주머니의 태도를 보고 아내에게 잘해야겠다는 생각을 하게 되었다. 그런 소란 속에서 16층 병실로 이동하게 됐다는 연락이 왔다. 어차피 짐을 쌀 수도 없는 나는 그 소식을 듣자마자 아예 16층으로 내려갔다. 옮기게 된 1607호 2인실에는 몇 달 전 소리를 지르고 간호사의 뺨을 때려 병동을 흔들어 놓았던 할아버지가 계셨다. 그 분 역시 밤새 소리를 질러 9시만 되면 줄기세포 치료실로 이감을 했던 분인데 몇 달 만에 뵈니 살이 많이 빠지고 가끔 소리를 지르긴 하지만 전에 비해 무척 조용해졌다. 간호하시는 분이 이젠 밤에는 소리도 덜 지르고 잘 주무신다고하니 다행이다.

병원을 옮겨 다니는 삶은 어떤 것일까? 의식, 의지, 존재감, 자존감은 없이 그저 한 명의 환자로만 존재한다는 것은 얼마나 슬픈 일인가? 그

원하지도 선택하지도 않은, 마치 타인의 실수로 인한 교통사고 같은 혹은 노화의 자연스러운 현상일지라도 서글프긴 마찬가지리라. 비록 의학적으로는 의식이 없다하더라도 무의식 저 밑바닥에는 이 모든 것을 느끼고 있을 테니 말이다. 그래서 가끔 무의식의 저 밑바닥에서 깨어난 정신이 나의 생존을 비명 같은 소리로 외치는 것은 아닐까?

밤이 되자 옆 병상 할아버지는 더 조용해졌고 나와 아내는 편히 잠들 수 있었다.

슬기로운 환자생활 10_ 3일차

11개월째 매달 열흘씩 입원 생활을 하다 보면 여러 가지 해프닝을 겪게 된다. 어떤 일들은 웃음을 혹은 웃픈 상황을 또 다른 상황은 슬픔을 주기도 한다. 지금까지 그런 상황들을 정리해 보면

1. 반반 화장실 낙상

지난 5월 16층 22호 병실에는 5명의 환자가 모두 루 씨였던 적이 있다. 남자들은 모두 환자였고, 배우자들과 활동보조인은 모두 여자였다. 그러다보니 낮에는 모든 커튼을 젖혀 밝은 병실을 만들었고 이야기와 음식을 나누며 화기애애하게 지냈다. 그 사건은 나와 같은 날 입원한 정연경 환우의 마지막 밤. 그가 잠자리 들기 전 화장실에 갔는데 잠시 후 쿵! 하는 소리와 간호사들이 복도로 뛰어가는 소리가 들렸다. 정 환우가 화장실에서 낙상했다는 소식을 듣고 우리 방 보호자들도 우리보고 '꼼작하

지 말라'는 당부를 남기고 모두 뛰어나갔다. 환자만 모두 덩그러니 누워 있는 상황에서 한 환우가 "어차피 우리는 혼자 일어나지도 못하는데 꼼짝하지 말라니. 그리고 사고가 났는데 남자는 모두 누워 있고 여자들만 나갔어."라고 해서 모든 환우가 배터지게 웃었다.

다행히 정 환우는 머리가 조금 까진 것 말고는 크게 다치지 않았는데 그의 별명은 그날 이후 '반반선생'이 됐다. 그는 손에 힘이 없어 환자복을 입고는 바지를 올리거나 내리지 못한다. 그래서 그는 늘 고무줄이 느슨한 얇은 반바지를 입었는데 반포에 살아서 '반포 반바지'를 줄여 '반반'이라는 애칭을 갖게 됐다. 그날의 해프닝은 우리에게 웃픈 사건으로 남았다.

2. 여름밤의 패럴림픽

8월 8차 입원시기였다. 그때는 매일 밤 8시경 외진 주차장에 모여 간식을 나눴는데 나의 제안으로 휠체어에 앉아 신발 멀리 던지기 시합을 하게 됐다. 그리고 최하위 5인이 1만원씩 벌금을 내 다음 날 간식비로 충당하기로 했다. 15명 정도의 환우들이 참여했는데 어떤 이는 4~5미터 이상 날아갔고, 어떤 이는 휠체어 바로 앞에 떨어지기도 해서 환자와 보호자 모두 한바탕 웃었다. 나는 그때 하위 7위를 해서 벌금 대상은 아니었지만 기꺼이 간식비 내는 일에 동참했다. 번외 경기에서는 던진 신발이 오히려 휠체어 뒤로 가는 '빡구도'가 나와 웃음을 주었다. 재미를 느낀 보호자들도 서서 신발을 던지고는 깽깽이로 신발을 찾아오는 모습을 즐겁게 지켜봤다. 다음 날엔 남들보다 발이 불편한 환우들의 제의로 휠체어에서 손으로 신발 던지기를 했다. 신발 던기기를 한 이틀동안 환자와 보호자들은 어느 때보다 크게 웃었고 모인 돈으로 맛있는 간식도 사 먹었다.

3. 이슬 먹다 걸린 환우들

이 사건은 8월의 패럴림픽의 후유증으로 발생한 것이다. 나와 몇 사람이 퇴원하고 난 후에도 주차장에서의 저녁 모임은 매일 가졌다고 한다. 이틀이 지난 날 저녁, 한 환우가 가락동시장에서 회를 주문했단다. 그런데 이 회에 빠질 수 없는 게 있으니 그건 '이슬이'였고 회 배달상자 밑바닥에 몇 병을 숨겨 들여와 먹었다고 한다. 사실 환자들이라 먹어봐야 몇 잔 정도지만 음주는 병원에서는 최고로 금기하고 있는 일 중 하나여서 최대한 조심하는데 그날은 며칠 동안의 흥에 취해 도가 조금 지나쳤던 모양이다. 대부분 몸이 불편한 환우들이라 보호자가 먹여줘야 하는데 그나마 젓가락질이 가능한 두 환우는 아예 박스를 펼쳐 놓고 앉아서 회와 이슬이를 먹었다고 한다. 그런데 갑자기 나타난 경비원이 모임을 보고 가더니 동료 3, 4명을 더 데리고 다시 돌아왔고, 그 사이 낌새를 눈치 챈 환자와 보호자들은 잽싸게 각자의 병실로 돌아갔는데 동작이 느렸던 한 환우와 혼자서는 일어나지 못하는 바닥에 앉아 있던 환우 둘은 걸려 이름을 적어 갔다고 한다. 그 와중에 한 환우는 환자 팔찌가 없어졌다고 하고 마침 병원 휠체어에 있던 다른 사람 명의의 영수증을 보여줘서 그 사람 이름이 적혀갔다고 한다. 이 사건은 병원 전체 회의에도 주요 사안으로 올라 다음 날부터 주차장 저녁 모임은 없어졌다.

4. 사탕의 무게

이것 역시 '반반'이란 애칭의 환우의 일화다. 팔과 손에 힘의 거의 빠진 그는 그래서 환자복 바지를 못 입고 고무줄이 느슨한 얇은 반바지를 입는데, 그래야 화장실에서 간신히 내리고 올릴 수 있기 때문이다. 그런데 어느 날 한 환우가 나중에 먹으라며 그의 상의 주머니에 눈깔사탕 5개를 넣어줬다. 환자복 상의는 엉덩이를 덮을 정도의 길이라 화장실에서 용무를 보기 위해서는 어느 정도 들어야 바지를 내릴 수 있다. 그런데 반반이 화장실에서 상의를 들어 올리려 하는데 사탕 5개로 인해 무게가 무거워져 못 올리고 병실로 돌아와 다른 사람에게 사탕을 빼달라고 한 다음에 다시 화장실로 갔다. 자기도 그 모습이 웃겼는지 병실로 돌아와 다른 환우들에게 얘기했고 이 얘기는 온 환우는 물론 간호사들까지 알게 됐다. 낙상과 사탕 이 두 가지 사건으로 반반은 16층은 물론 다른 층 간호사들에게까지 유명세를 타게 됐다.

5. 간호사실에서 걸려온 전화

간호사들의 일일 체크사항은 혈압과 체온 그리고 환자의 배변에 관한 것이다. 처음에는 꼭 새벽에 깨워 이를 물어봤는데 잠을 잘 못 이루다 간신히 잠들었는데 깨워서 어제 대변 봤냐고 물어보면 짜증이 나기 십상이다. 그래서 나는 취침 전에 간호사실에 들러 보고(?)를 했고 환자의 불편사항이 병원에 전달됐는지 이제는 당일 밤에 물어본다.

그 후 어느 날 데크에서 모임을 하고 있는데 한 환우에게 전화가 왔는데 간호사실이었다. 순간 '내가 잘못 한 게 있나?' 생각이 먼저 들었다고 한다. 그런데 다음 간호사의 말이 "오늘 대변 보셨어요?"였다고 한다. 정말 자신의 일에 최선을 다하는 간호사 쌤들이다. 파이팅!!

반면 이렇게 웃펐던 일 외에 가슴 아팠던 일도 있었는데.

1. 만 29살의 환우

3월 입원했을 때 부산에서 올라온 청년이 있었다. 병상에 달린 네임텍을 보니 만 29세, 우리 나이로 30세밖에 되지 않은 미혼의 청년이었다. 취직한지 1년 만에 이 병을 얻어서 1년간 병가를 냈다고 했다. 한 손과 다리에 힘이 빠지기 시작하는 상태라 걸음을 걷는 데는 크게 이상이 없었다. 그런데 안타까운 것은 그의 병은 10% 확률밖에 안 되는 '유전성'이고 그 유전은 부계로부터 전해진 것이라고 한다. 그도 그지만 부모가 겪었을 마음의 고초가 어떠했을지 충분히 이해가 가고도 남는다. 우리는 모두 젊은 청년에게 용기와 희망을 불어 넣느라 여념이 없었다. 설사 그 기대가 바라는 대로 되지 않는다 해도 지금 우리가 기댈 것은 아직 불확실한 희망밖에 없으므로.

2. 1년도 못 돼 하늘로 떠난 환우

60대 중반의 건장한 체격을 가진 형님은 3월에 1차 라디컷 치료를 받으러 입원하셨다. 목소리도 괜찮고 걷기도 하셨으나 한 쪽 팔이 힘이 빠지신 분이었다. 3개월 차까지 비슷한 시기에 입원해서 얘기도 나누고 음식도 나누면서 친해졌다.

그 후 한동안 뵙지 못한 형님을 다시 뵌 건 8월 입원했을 때였다. 응급 상황으로 입원한 형님은 몇 개월 사이에 얼굴의 광대뼈가 고스란히 드러나고 팔다리의 살집이 모두 사라졌을 정도로 급격히 악화됐다. 이젠 목소리도 나오지 않고 음식을 넘기지도 못해 위루술과 호흡기 처방을 받기 위해 응급으로 입원했다고 했다. 오랜만에 뵙는 배우자는 피로와 분노 그리고 공포가 어린 얼굴로 굳어져 있었다. 우리는 아침, 저녁으로 안부 인사를 갔고 그러던 중 위루술과 호흡기를 받았다. 이제 잘 드시면 좋아지실 것이라고 작별 인사를 하고 퇴원했는데 열흘도 지나지 않아 부고가 왔다. 이렇게 급격히 떠난 환우를 보면 모두 가슴이 아프기도 하지만 더 고생하지 않고, 가족들 더 고생시키지 않고 잘 가셨다는 말도 한다. 그렇게 자위 아닌 자위를 했지만 아픔과 두려움이 엄습함을 감출 수는 없다. 특히 그 형님과 같이 라디컷 치료를 시작한 29살 청년의 충격이 작지 않았을 것 같다.

3. 3말 4초의 애기 엄마들

3말 4초의 여 환우 중에는 이제 걸음을 뗀 아이나 초등학교 입학 전 아이를 키우는 사람들이 있다. 그들과 얘기를 하다 보면 먼저 그녀의 아이들이 떠오른다. 어느 때는 내가 먼저 울컥해지는 경우도 있었다. 초등학교 학부형은 아이들이 대학생이 될 때까지만 버텼으면 좋겠다고 하고, 초등학교 입학 전 엄마는 초등학교 졸업하는 것만 봤으면 좋겠다고 하고, 걸음을 겨우 뗀 아이의 엄마는 초등학교 입학 때까지만이라는 각자의 소망을 얘기한다. 그들에게 어떤 말을 한들 위로가 되고 희망이 될까

마는 같이 얘기하면서 울기도 하고 좋아하는 커피도 사주며 작은 위로를 건넬 뿐이다.

4. 실손 보험이 없어 입원도 마음껏 못 하는 환우들

라디컷은 1회 주사비가 15만원이 넘는 고가의 약물이다. 이를 열흘간 입원해서 맞으면 약 2백만 원 내외의 병원비가 나온다. 또 구음과 연하장애에 효과가 있는 뉴덱스타는 1개월분이 약 210만 원을 넘는다. 만약 이 두 가지 약이 모두 필요한 경우, 한 달에 4백만 원이 넘는 큰 치료비가 필요하다.

실손 보험을 든 환자의 경우 조건에 따라 70%에서 100% 보전을 받아서 그 부담이 가벼워진다. 그런데 간혹 실손 보험 없이 병원에 오는 사람들이 있다. 일단 급한 대로 라디컷 치료를 받기 시작하지만 경제적 상황이 넉넉지 못한 경우 치료를 받지 못하는 사람들도 적지 않다. 이를 행·불행으로 나누기도 뭐 하지만 매달 실손 보험으로 라디컷을 맞는 환우는 불행 중 다행인 사람들이다. 한두 달 보이던 환우들이 보이지 않는 경우는 대부분 실손 보험이 없는 경우이고, 아예 시작도 안 하는 환우들도 있다. 하루 빨리 건강보험이 적용되어 가정 형편으로 포기하는 사람 없이 최소한의 치료라도 받게 되길 바랄 뿐이다.

5. 자신이 환자면서 산재 입은 남편을 간호해야 했던 환우

어느 봄날 환우 단체 카톡으로 어떤 여 환우의 남편이 공사현장에서 떨어져 크게 다쳤고 그 남편을 이 환우가 돌본다고 작은 도움이라도 줬으면 좋겠다는 카톡이 왔다. 나와 그녀는 두 달 가량 같은 시기에 입원했었는데 워낙 활달한 성격을 가진 그녀는 '오빠! 오빠!'하면서 잘 따라 금세 친해졌었다.

자신이 심각한 환자여서 휠체어를 타고도 아픈 남편을 병간호해야 하는 상황은 생각만으로 가슴이 먹먹해졌다. 나는 우선 작은 성의를 입금하고 친구들과 모임 두 곳에 도움을 요청했다. 내 아픔을 이해하는 그들은 두 말하지 않고 나름대로의 정성을 모아 주었고 그녀에게 전달이 됐다. 내가 그녀에게 더 감정이입이 된 것은 그녀가 실손 보험이 없기 때문이기도 하고 살림이 넉넉치 않다는 얘기를 들어서이다. 자신의 병과도 싸우기 벅찬데 엎친데 덮친 불행의 무게가 내게도 전해져 왔다.

이렇게 병원 내에도 다른 삶들과 마찬가지로 희로애락이 병존한다. 삶은 불행에 더한 불행을 얹어주기도 하지만 소소한 행복으로 그것들을 이겨내기도 한다. 한 달에 열흘간 같이 삶을 나누는 그들은 이미 또 다른 가족의 구성원이 되어간다.

슬기로운 환자생활 10_ 4일차

새벽 3시까지 한두 번은 깨었던 것 같다. 중간에 꿈을 꿨는데 장소는 마지막 근무지였던 여의도지점 지점장실이었다. 각별히 친하게 지냈는데 연락이 안 오는 지인에게 전화를 걸었는데 자꾸 다른 사람이 나왔다. 누군지도 불확실한 그의 전화번호를 애써 떠올리고 다시 전화를 걸었지만 계속 다른 사람이 나오는 꿈이었다.

아! 다른 사람도 나를 잊어가지만 나 역시도 그들로부터 멀어지고 있구나. 사람의 관계란 지구가 태양 주위를 돌 듯 한편의 노력만으로는 유지되는 것은 아니라는 생각이 꼬리에 꼬리를 물었고 그 끝에 눈을 뜬 시간이 3시. 잡념과 뒤척임으로 꼬박 날을 세웠다.

무거운 몸으로 7시에 샤워를 하고 식욕은 일도 없는데 약을 먹듯 아침식사를 했다. 3층에서 시원한 바람을 맞아도, 커피를 마셔도 눈꺼풀은 뻑뻑하고 정신도 맑아지지 않아 몇 자 써보려다 핸드폰을 덮고 말았다.

환자는 작은 것에 불편해하고 보호자는 사소한 일로 마음이 상하곤 한다. 둘 다 피로와 그로 인한 예민함이 쌓여 그러겠지만 나중에는 부부 싸움의 원인은 간데없고 말투, 태도, 지난 일 등으로 확전이 되듯 서로 본질 이외의 것으로 상처를 입곤 한다.

"이 병 앞에서 뭣이 중한디?"

그래도 일상의 불편함들은 손가락에 꽂힌 가시 마냥 온통 신경을 쓰게 만든다. 나와 아내, 다른 환우와 보호자들도 늘 겪는 일이다.

16층 집중치료실의 와상 환자의 경우는 대부분 말을 못하고 기관 삽관을 한 상태의 환우들이다. 이 정도 상태까지 왔다는 것은 대부분 긴 투병 생활을 했다는 것이고 보호자의 간병 기간도 지칠 만큼 시간이 흘렀다는 의미다. 한 사람은 이제 그만 삶을 정리하고 싶어도 마음대로 할 수 없고, 지친 보호자 역시 그만두고 싶어도 그럴 수 없다. 희망이 거세된 상태에서 시작된 작은 충돌은 가끔 큰 소리가 되어 복도로 쏟아져 나온다. 그 상황이 되면 환자와 보호자를 분리해서 환자의 불편함은 의료진에 의탁하고 보호자는 다른 보호자와 시간을 갖곤 한다. 의료진은 환자의 불편함에 대해 많은 경험을 갖고 대응할 수 있으며, 환자의 반응에 대해 무신경하게 대한다. 또 보호자는 다른 보호자에게 눈물 섞인 넋두리를 함으로써 안정을 되찾곤 한다. 모두 힘들고 지치고 위로가 필요하다.

지난 9월 입원 기간에는 내내 푸른 하늘이 좋더니 이번엔 늘 구름이 잔뜩 끼었다. 오후 들어 짙은 먹구름이 내려앉더니 멀리 남산 언저리에 물기둥 같은 세찬 빗줄기가 내리기 시작했다. 비는 금방 이곳에도 내리기 시작해서 너른 창으로 비춰지는 바깥 풍경을 굴절시켰다. 그런데 왼쪽 끝으로 보이는 한강 쪽은 맑은 걸 보니 오래가지는 않을 것 같다.

저녁을 먹고 서관 3층 로비에 모였다. 모이는 장소가 그곳이 된 것은 병원 경비원으로부터 가장 멀기도 하고, 불을 끄면 어둡기 때문이다. 그곳에서 아이스케키며 작은 간식들을 나누고 장애등급, 장애연금, 장애인연금, 기초수급자, 차상위계층 등등에 대한 얘기들을 나눴다. 명칭만 들으면 어떤 것인지 알기 어렵고, 한 번 이해를 했다가도 다시 들으면 생소해지는 장애인 관련 각종 보장제도들이다. 한때는 내가 이런 것들을 체계적으로 정리해서 새로 입원하거나 필요한 사람들에게 알려주려 했는데 케이스가 너무 다양하고 팔과 손가락의 힘이 빠지고 집중력도 떨어져 진도를 못 나가고 있다.

은아 씨와 나는 이번 입원 기간 중 아침저녁 짬이 날 때마다 만나서 다양한 얘기를 나눴다. 평소 씩씩한 그녀도 가족, 특히 아이들에 관한 얘기를 할 때면 눈물을 보인다. 나 역시 내 얘기를 솔직히 털어 놓으며 훌쩍거렸다. 그리고 그녀에게 자기감정을 너무 억누르려 하지 말라고 조언해 줬다. 특히 울음을 참으면 차곡차곡 쌓여 결국 폭발하게 마련이니 울고

싫을 때는 울어도 이해해 줄 상대 앞에서는 실컷 울으라고 했다. 부모 앞에서도 하지 못하고 아이들 앞에서는 더더욱 할 수 없으니 친구나 환우들을 만났을 때 감정을 숨기지 말고 드러내라고 했다. 그녀의 마음을 열기 위해 나는 아내와 아이들 얘기를 하며 눈물을 보였고 그녀 역시 굵은 눈물을 흘렸다. 우리는 그날 이후 베프로 호칭하기 시작했다. 베프 삼촌 & 베프 조카

슬기로운 환자생활 10_ 5일차

  나흘간의 불면으로 오랜만에 5시 30분까지 잤다. 한 시간 넘게 그대로 누워 있자니 어깨와 골반의 통증이 밀려와 결국 7시에 곤히 자는 아내를 깨워 일어났다. 오늘은 한글날. 대체공휴일로 조용한 아침이었다. 그럴 때면 내가 즐겨 찾는 곳은 3층 로비다. 청소하시는 분들 외에는 가끔 의료진 한둘만 다닐 뿐 조용해서 음악을 듣거나 생각을 정리하기 좋아서 즐겨 찾는다. 본관에서 서관으로 연결되는 복도에서 어제까지만 해도 선선한 바람이 찬물로 세수한 것처럼 정신이 들게 해 주었는데 오늘은 싸늘함을 느낄 정도로 기온이 내려갔다. 추운 날씨는 루 환자에게는 치명적이다. 특히 환절기 기온이 급강하할 때는 아직 적응이 안 된 몸의 근육과 힘줄이 더 경직된다.

  두 해 전 11월 중순 모임에 나갔는데 저녁부터 기온이 내려가고 바람이 세차게 불었다. 식사를 마치고 다른 사람들은 와인을 더 마시려고 했다. 그런데 건물 주차장이 9시까지만 운영해서 차를 다른 곳으로 옮기려

내려갔다가 차가운 바람을 맞았다. 나는 순간적으로 온몸이 경직되어 걷기조차 힘들었다. 간신히 다시 올라가 일행에게 먼저 간다고 하고 집으로 돌아왔다. 그 후, 두 해 겨울을 나면서 몸 상태가 급격히 안 좋아진 것 같다. 이젠 추위가 두려워져 겨울철 내내 병원 외에는 집에만 거의 머물러 있다. 아직은 이르지만 어느새 새로운 겨울을 맞이할 때가 된 것이다. 쌀쌀한 복도의 기온에다 어젯밤에 아내가 건드렸는지 휠체어 머리 받침이 곧추 세워져 있어서 앉아 있기도 불편해 금방 병실로 올라왔다. 아침 식사 후 환우들과 한적한 1층 할리스에서 커피를 마시면서 새로울 것도 없는 얘기를 나누다 주사를 맞기 위해 병실로 돌아갔다. 점심 후 점퍼를 걸치고 데크로 나갔으나 바람이 서늘해 황급히 3층 복도로 들어 왔다. 바깥바람도 쐬지 못하니 답답하고 별다른 일도 없는 무료한 오후가 됐다. 그래서인지 두통이 밀려 왔고 입맛도 없어 저녁식사를 거르고 침상에 누웠다. 화이자 2차 백신을 맞은 후 생긴 잦은 두통은 약을 먹어도 쉬이 가시지 않는다. 게다가 목 근육의 통증이 심해져 두통이 더 심해진 건 아닌가 싶다.

3일의 휴일 동안 재활도 없고 주사 맞는 일 말고는 여유롭다. 아니 여유롭다 못해 지루할 정도다. 환우들 모임도 눈치를 봐야하고, 다른 층 환우를 찾아가는 건 봉쇄되다시피 되었고, 외부에서 야식을 시켜 먹기도 어려워진 탓이다. 데크로 나가면 좋으련만 낮아진 기온과 차가워진 바람 탓에 3층 로비에서 경비원들의 눈치를 봐야하니 재미있는 이벤트도 할 수 없다.

한 시간여 잠을 자고 일어나 죽 몇 수저로 저녁을 때우고 3층으로 가니 십여 명의 환우들이 모여 있었다. 부지런한 정선 씨가 아이스크림이며 소시지를 사다 나눠줬다. 괜찮다는 내게도 병실에 있는 아내에게 주라며 소시지 하나를 쥐어 줬다. 언제 봐도 부지런한 사람이다.

모인지 두 시간만인 열 시가 되자 하나, 둘 병실로 올라갔다. 푹 자기 위해 안정제 반 알을 먹고 누웠다.

슬기로운 환자생활 10_ 6일차

안정제 반 알 덕에 몇 번 깼지만 7시 가까이까지 잘 수 있었다. 아내도 일어나 샤워를 하고 아침 식사를 했다. 병원은 3일간의 연휴를 마치고 분주했다. 부지런한 주치의는 7시 30분에 회진을 왔다. 목근육의 통증과 두통을 얘기했더니 약을 처방해주겠다고 한다. 양방은 대증치료에 더 집중한다. 피곤하다고 하면 비타민과 피로회복제가 추가되고, 팔이 저리고 근육이 강직된다면 근육이완제를, 가래가 늘었다고 하면 거담제를 얹어 준다. 이러다보니 아침저녁에 먹어야 할 약이 13~15개나 된다. 우리 병이 근치가 불가능하다 보니 그때그때 불편함을 해결해 주는 방향으로 처방이 이루어진다. 그래서 의사에게 새로운 증상을 얘기하는 것은 약이 추가될 가능성이 높아 말하기가 꺼려진다. 모든 약에는 부작용이 따르기 마련이라 이 많은 약을 해독하려면 간이 혹사를 당하겠다는 생각이 든다. 그래서 그런지 집에 있을 때나 병원에서도 한두 번 낮잠을 잔다. 피로감도 식곤증도 전보다 더 심해지는 것 같다.

갑자기 간호사가 와서 아침 9시에 운동치료가 잡혔다고 내려가란다.

그 시간에 가려면 아내가 밥을 제대로 먹을 수 없기에 안 간다고 했다. 그랬더니 잠시 뒤 다시 와서는 9시 30분에 전기치료가 잡혔다고 해서 그건 간다고 했다. 목 부분의 피로도를 좀 줄일 마음도 있었고, 또 호흡 치료를 받아야겠다는 생각에서다.

환우들과 보호자들은 병과 싸울 뿐만 아니라 일상이 주는 무게도 감당해야 한다. 최 환우는 젊은 날 열심히 노력한 덕에 제조업을 꽤 크게 일궜는데 본인이 덜컥 병을 얻고 보니 자녀들이 승계해 줄 것을 원하지만 딸들이 거절했다고 한다. 2말 3초의 여성이 갑자기 제조업에 뛰어든다는 것이 쉽지 않을뿐더러 부친이 오랜 세월 동안 고생하며 성장시킨 사업에 대한 자신감도 없을 것이다. 그러면 이제 사업을 정리해야 하는데 이것 역시 쉽지 않은 결정이며, 결정했다 하더라도 적절한 거래를 하긴 쉽지 않을 것이다. 거래처 대표의 건강이 좋지 않다는 것은 상대에게도 리스크이기 때문에 길게 끌다가는 죽도 밥도 되지 않을 수도 있다. 다음 번 입원 기간 중 만나면 나의 은행생활의 경험을 바탕으로 조심스럽고, 진지하게 조언을 해주고 싶다.

어떤 환우의 배우자는 시어머니와 갈등이 있다. 평소라면 그냥 넘어갈 말이나 일들도 신경이 송곳처럼 날카로워져 있는 상태인 환자와 보호자에게는 큰 상처를 남긴다. 배우자의 상처는 그대로 환자에게 이전되기 쉽고, 그러면 환자의 상태는 더 안 좋아지는 악순환에 빠지게 된다.

조직에서 어떤 큰 문제가 생기면 그 원인과 대책을 세우기에 앞서 누구의 책임인지 먼저 규명하려고 한다. 그 책임에서 자유로워지고 싶은 생각에서다. 가족이란 작은 조직에서도 그런 일은 일어난다. 자식이 큰 병을 얻은 것에 부모는 유전이든 아니든 영향을 끼친 사람이라고 할 수 있다. 그 큰 책임에서 자유롭고 싶어 다른 사람에게 전가하고자 하는데 제일 만만한 표적이 며느리라 할 수 있다. 그러나 직접 그런 얘기는 못하고 다른 쪽으로 날선 말을 날리는 경우가 있다. 그러나 환자도, 배우자도, 아이들도, 그리고 부모도 모두 독화살을 같이 맞은 사람들이다. 독화살이 어디서 날아 왔는지 누가 쐈는지 중요하지 않다. 얼른 독화살을 제거하고 치료를 해야 한다. 환자의 건강상태는 마음 상태에서도 많은 영향을 받는다. 고부의 갈등은 고스란히 환자에게 전해져서 몸을 더 망칠 뿐이다. 아이들은 어떤가? 하루아침에 휠체어를 타고 손발도 제대로 움직이지 못하는 부모를 보며 아이들이 받는 충격도 적지 않다. 따뜻한 위로와 서로에 대한 배려, 존중이 가족 공동체를 지키는 길이다.

어떤 여 환우의 경우는 그 반대로 사위와 처가 간에 갈등을 겪는 경우도 있고, 환자와 배우자의 갈등도 부지기수다. 사람이 살면서 갈등 없이 사는 것을 불가능하지만 지금 가장 중요한 것은 '환자'다. 답도 없이 서로의 마음에 상처만 키워나가다 보면 그 화가 가장 아끼는 사람들에게 돌아간다는 사실을 가족 모두 알아야 한다.

오늘 밤 10시 30분에 월드컵 예선전이 있다. 2인실에는 TV가 있어서 둘 다 루 씨인 병실에 모여 치킨과 함께 경기를 시청하기로 했다. 좁은 병실에 휠체어 두 대를 끌고 8명이 모이니 발 디딜 틈이 없다. 방주인이 치킨을 두 박스나 주문해서 한 박스는 간호사실에 줬다. 모두 뜻밖의 야식에 좋아했고 그 모습을 보는 우리도 좋았다. 치킨은 정 환우의 활보선 생님이 모두에게 한 입씩 먹여줬다. 활보선생이 치킨을 손에 들고 오면 마치 제비 새끼 모양 입을 벌리고 받아먹었다. 서너 쪽씩 먹은 치킨은 정말 맛있었다. 그러나 축구는 전반전 스코어 0 : 0으로 재미가 없어 전반전만 보고 병실로 돌아왔다.

슬기로운 환자생활 10_ 7일차

오랜만에 푸른 하늘이 열렸다. 오전에 한 번, 점심 식사 후 한 번 볕을 쐬러 데크로 나갔다. 기온이 많이 올랐고 햇살은 따가웠지만 바람이 시원했다. 많은 환우들이 약속이나 한 듯 데크로 모여들었다. 햇살의 따사로움이 좋은 사람은 양지로, 시원함을 즐길 사람은 그늘로 갔다. 한낮의 가을볕은 여름의 그것처럼 따갑지는 않았으나 오래 앉아있으면 약간 더운 정도였다. 곡식과 열매가 영그는 데는 더할 나위 없이 좋은 볕이다. 그늘에서 맞는 바람은 서늘진 않지만 옷매무새를 만지게 했다. 우리는 여물기 위한 마지막 단계를 밟는 들판의 곡식들처럼 온몸 구석구석 볕을 쪼이고 바람을 맞았다.

겨울 한복판이었던 1월에 한양대병원에 와서 봄을 맞고, 여름을 보내고, 가을이 왔으니 4계절을 다 본 셈이다. 시간은 재직 시절 바쁘게 지냈던 날들이나 365일이 휴일인 지금이나 빠르게 흐르긴 매한가지다.

장례식의 사전적 의미는 '죽은 이를 저승으로 무사히 보내주기 위한 절차'라고 되어 있다. 물론 우리나라의 보편적인 관습을 이런 식으로 규정한 것인데 차라리 '죽은 이의 가족, 친지, 친구,지인 등이 죽은 이를 애도하며 추모하는 의식과 과정'이라고 정의하면 어떨까? 한 국가 내에서도 지방마다, 종교마다, 집안마다 다 풍속이 각각이다. 하물며 국가별로 그 풍속의 다름을 넓히면 미이라로 만들기도 하고, 산 위에 시신을 올려 놓고 새의 먹이로 두는 조장이나, 그냥 빈 동굴에 시신들을 차곡차곡 쌓아 놓는 경우도 있으며 아프리카 가나에서는 관을 메고 춤을 추기도 한다. 글쎄, 저승으로 가려면 어떤 절차를 밟아야 할지 모르겠다. 어쨌든 장례식의 전제는 '죽은 이'가 있어야 한다. 즉 당사자는 죽고 없는 가운데 슬픔을 나누고 추모하는 의식인 것이다. 사람은 가고 없는데 '그립다'거나 '그 사람 참 괜찮은 사람이었다'고 얘기하는 것도 나쁘지는 않지만 나는 그보다 생전(生前) 장례식에 대한 생각을 하고 있다. 시한부 판정을 받거나 언제 죽어도 이상할 것 없는 질환자 혹은 나이 많은 노인들의 경우, 아직 정신 말짱하고 말도 할 수 있는 상태에서 생전 장례식을 치른다면 다음과 같은 좋은 점들이 있을 것 같다.

우선 부고(訃告) 대신 살아서 꼭 보고 싶은 사람들에게 이런 식의 초청장을 보낸다.

"아무개가 힘든 병을 얻어 인생을 마무리하는 자리를 마련합니다. 이 초청장은 아무개가 생전에 꼭 만나고 싶은 분들께 보내니 하루 시간을 내시어 참석해 주시면 고맙겠습니다."

그리고 넓은 식당이나 공간을 빌리고 케이터링으로 식사를 준비한다. 꽃 장식은 내가 좋아하는 백합, 수선화, 장미, 안개꽃 등으로 한다. 그리고 장내에는 독경이나 찬송가가 아닌 평소 좋아하는 송창식, 정태춘, 박은옥, 비틀즈의 노래와 엔니오 모리꼬네의 영화 음악을 틀어 놓는다.

나는 액자 속에 갇힌 얼굴이 아닌 휠체어에 앉아서 오는 손님과 포옹하고, 뺨을 맞대고, 손을 맞잡고, 입을 맞추며 -손주들도 있으니- 반가운 인사를 나누고, 우리 가족들도 밝은 웃음으로 그들을 맞으며, 나는 그들이 내게 어떤 사람인지 소개할 수도 있다.

세상을 떠나기 전에, 살면서 그들에게 못했던 말들 -사랑한다, 고맙다, 미안하다는 말 등- 을 할 수 있다. 슬픈 얼굴로 향을 피우고, 술을 전하는 대신에 웃으며 포옹하고, 육개장이나 말라빠진 전이 아니라 고인이 될 사람이 좋아하는 음식 -나를 예로 들면 만둣국, 등갈비 김치찌개, 홍어삼합 등- 으로 대접한다. 검은 정장이나 칙칙한 옷 말고 환한 옷을 입고, 여자들은 풀 메이크업을 하고 웃는 얼굴로 참석한다.

벽면에는 나의 어린 시절부터 지금까지의 모습들과 그 자리에 온 사람들과 같이 보낸 추억들을 프로젝터나 대형 TV로 보며 그 시절을 같이 추억한다면 그것이 더 장례식답지 않을까?

진짜 내가 세상을 떴을 때는 지인들에게 부고만 하고 가족과 친한 친구들이 지켜주는 가운데 이일장으로 치루고 화장한 후 내가 즐겨 찾던 곳에 산골해 주면 나는 그게 더 좋을 것 같다. 혹 사전 장례식 후에 치료제가 나와 완쾌된다면 그들을 다시 불러 진짜 잔치를 하면 될 일 아닌가?

이걸 아내와 아이들에게 얘기하면 미쳤다고 할까? 왜 미리 그런 걸 하냐고 야단을 맞을까? 아무래도 나는 사전(死前) 장례식이 더 좋은데 말이다.

슬기로운 환자생활 10_ 8일차

이른 아침부터 남쪽 용비교는 차량이 거북이 걸음이다. 그 너머 중랑천 하류와 한강 물줄기가 만나는 곳이 아침 햇살로 인해 은빛으로 빛난다. 주말에 기온이 많이 내려간다고 했는데 오늘은 맑고 따스한 기운이 병실로 난 큰 창문을 통해 쏟아진다.

전기치료(9시 30분)와 작업치료(10시 30분) 사이 짬나는 시간(30분)에 햇볕을 맞으러 나갔다 오고 점심 이후 다시 나갔다. 주말부터 기온이 많이 내려간다니 가능한 날 햇볕을 많이 받아 두려는 마음에서다.

광합성을 마치고 들어오니 49세의 젊은 환우가 맞은편 빈 병상에 새로 왔다. 금년 1월에 확진 받았다고 하는데 몸이 거의 무너져 있었다. 짧은 머리를 한 그 환자는 구음장애로 말을 못하고, 환자복 속에 가려진 팔과 다리는 짐작으로도 마른 나뭇가지처럼 보였다. 확진 후 불과 10개월 만에 저 정도로 빠르게 악화가 되는 경우는 드문데 어쩌다 저리 됐는지 안쓰럽다. 그의 옆을 지키는 아내의 얼굴은 슬픔과 고통 그리고 분노와 공포가 가득해 보였다. 조심스럽게 물어보니 식사를 못해 위루술을 하기로 했고 호흡기 처방을 위해 급히 입원했다고 한다.

오후에는 남강수 환우가 응급실을 거쳐 16층으로 입원했다. 호흡에 가장 어려움을 겪고 있는데 공황장애가 겹쳐 통원으로 라디컷을 맞았는데 호흡이 안 좋아져 부득이 응급실을 통해 입원했다고 한다. 나와 아내는 병실로 찾아갔다.

"형님! 얼굴이 좋아지셨네."

왜 입원했는지 알면서도 나는 너스레를 떨며 인사를 건넸다. 그동안 여러 번 호흡 곤란을 겪었고 그로 인해 공황장애가 온 것 같다. 이제 호흡기를 거의 24시간 부착하고 생활한다고 하니 그 고충을 짐작할 듯하다. 그래도 반가운 눈빛으로 나를 맞아주었고 나는 다가가 누워 있는 그의 손을 잡았다.

이 글을 정리하기 전인 어제(10월 22일) 갑작스런 부고를 그의 부인으로부터 전해 들었다. 전화를 받은 아내는 무척 놀랐고 그의 부인과 함께 한참이나 울었다. 나도 충격을 받기는 매한가지였다. 작년 12월에 확진 받았고 나이도 3살 밖에 많지 않기에 남의 일 같지 않았다. 깊은 잠을 이루지 못하고 수도 없이 깨서 수면제를 먹고 잤는데 그만 세상을 떴다고 한다. 아마도 호흡곤란이 왔는데 수면제 영향으로 깨어나지 못한 것 같다. 아내는 평소 소통을 하던 환우들의 배우자와 함께 저녁에 문상을 갔고 12시가 넘어 돌아왔다. 환하게 웃는 그의 영정을 보고 더 가슴이 아팠다고 한다. 나도 움직임이 조금만 수월했으면 그 환우의 명복을 빌고 싶었으나 이렇게 마음속으로 할 수 밖에 없었다.

홍수 형이 박재희 환우의 휠체어용 식판을 전달해 주려고 왔다. 병원 방문을 위해 일부러 PCR 검사까지 받았다고 하니 저 정성을 누가 말리랴. 홍수 형은 이미 많은 환우들에게 크고 작은 도움을 주고 있다. 휠체어에 탈 부착할 수 있는 식판을 십여 개 만들어 줬고, 특히 손이 불편한 연경 씨에게는 휠체어에 앉아 물을 마실 수 있는 봉과 물통 받침을 설치해 주었다. 돈벌이가 되는 일도 아니고 시간이 많다고 아무나 할 수 없는 일을 나와 닮은 다른 인연들에게 봉사하는 형이 고마울 뿐이다.

저녁 모임은 이제 대화의 장으로 변했다. 매일 공급되던 간식이 뜸해지다 보니 재미는 줄었지만 그래도 매일 이어지고 있다. 10시가 돼서 하나둘 병실로 돌아가고 16층 환우들은 아쉬움에 엘리베이터 복도에서 한 시간 정도 더 얘기를 이어갔다. 그러던 중 캐나다에 있는 친구로부터 영상통화가 왔는데 나이아가라 폭포 앞에서 전화를 걸어 화상으로 그 풍경을 보여주었다. 소리가 잘 안 들렸지만 나와 환우들은 작은 화면 속에 펼쳐진 웅장한 폭포의 모습을 잠시 실시간으로 볼 수 있었다. 어느 날 치료약이 나와서 여기 있는 사람들과 같이 저곳에 여행을 가면 좋겠다는 바람을 나누며 병실로 돌아왔다.

슬기로운 환자생활 10_ 9일

다시 흐린 하늘로 하루를 열었다. 지난달에는 내내 푸른 하늘이었는데 이번 기간 중에는 거의 매일 흐리고 비가 왔다. 재활치료 중간 시간에 커피를 마시려고 데크로 나갔다가 비가 내려 39살 베프와 다시 재활병동 복도로 장소를 옮겼다.

나는 매일 밤 그녀에게 굿 나이트 인사를 했다. 그리고 누구보다도 마음속의 얘기를 많이 했다. 그녀가 그만큼 나를 편하게 해 준 것도 사실이지만 난 그녀가 나에게 마음을 열고 속마음을 얘기하기를 바랐다. 내가 아는 환우 중에 마음이 가장 아플 그녀, 집에서도 병원에서도 한 시도 마음이 편할 리 없는 그녀가 마음의 짐이 있다면 털어놓기를 바랐다. 그래서 우리는 서로의 얘기를 툭 툭 털어놓기도 했고, 눈물을 보이기도 했다. 상대 앞에서 눈물을 보이는 것은 자존심의 장벽을 허물고 감성의 소통이 시작된다는 의미라고 생각한다. 그 후 그녀는 나를 '베프 삼촌'이라 부르기 시작했고, 나는 그녀로부터 선사받은 이 호칭이 무척 마음에 든다.

이번 달부터 새로운 임상시험을 시작한 그녀는 왼쪽 엄지발가락이 약간 몸 쪽으로 들어 올려진다고 우리 병실에 와서 보여주었다. 발이 경직되기 시작하면 발가락이 굳고 걸을 때 걸려서 넘어지는 원인이 된다. 그런 그녀의 상태를 잘 아는 내가 봐도 그녀의 엄지발가락은 힘이 들어가 있고 미세하지만 꺾이는 각도가 달라져 있었다. 같이 본 환우 모두 임상시험 덕분이라고 하며 다음 달에는 손을 높이 들고 V를 하며 보자고 했다. 그건 모두의 바람이자 기도다. 희망의 증거를 확인하고 싶은 강렬한 소망이다. 이제 1차를 시작했고 모두 6차의 시험이 진행되는 동안 무려 768회의 주사를 맞는 고통을 참아야 하지만 나는 그녀가 우리의 희망의 증거가 되어 주길 바란다.

점심시간이 지나 소정 부위원장이 다시 병원을 찾아 주었다. 원래는 류일상 부위원장이 나를 꼭 만나고 싶다고 해서 잡은 약속인데 대전에 급한 일이 있어서 못 오고 소정만 온 것이다. 아내와 같이 내려가 바쁜 중에 다시 찾아 준 것에 대한 고마움과 미안함을 전했다. 얘기 말미에 봉투를 하나 내민다. 나중에 보니 윤갑중, 이근수, 김소정, 류일상, 윤준호, 최귀자, 정은미 등 노동조합의 선후배들의 이름이 적지 않은 금액과 함께 적혀 있었다. 고맙다. 그리고 미안할 뿐이다.

어제 맞은편에 새로 입원한 환자가 지난 3월에 만났던 박혁 환우였다는 사실을 알게 됐다. 그때는 살집도 좋았고 휠체어는 탔지만 일어서기도 했고 어눌하지만 말도 잘했었는데 불과 6개월 만에 몰라 볼 정도로 살이 빠지고 목소리도 잃었으며 와상 상태로 변한 것이다.

그에 대해 알게 되자 나는 눈물이 왈칵 치밀었다. 우선은 그의 상태에 대한 안타까움에서였고, 다음은 그를 알아보지 못한 미안함에서였다. 나와 아내는 그에게로 가 몰라봐서 미안하다는 사과를 했고 그동안 얼마나 힘들었냐고 위로했다. 그의 얼굴은 금세 일그러지며 우는 소리도 없이 커다란 눈에서 눈물을 흘리기 시작했다. 너무도 빠른 시간에 악화된 그를 간호한 보호자 고생을 미루어 짐작할 수 있었다. 그래서 그녀의 얼굴에 고통과 고독함, 분노와 절망이 동시에 보였나 보다. 아내는 그녀의 마음을 위로하고 열기 위해 한참을 이야기했다. 그와 그의 아내를 좌절과 공포의 늪에서 건져 내는 것은 어렵겠지만 우리 환우들이 아니면 누가 그들의 마음을 이해하고 어루만져 줄 수 있겠는가? 마음을 털어 놓고 정보를 물어볼 상대가 생긴 그녀는 아내와 전화번호를 교환했다.

오늘은 퇴원 기념 간식을 내가 쏘기로 했다. 친구가 환우들과 간식 사먹으라고 보내 준 복돈으로 베프조카가 먹고 싶다는 멕시코 음식을 주문했다. 병원에서는 처음으로 맛보는 케사디아, 타코 등을 모두 어찌나 맛있게 먹는지 흐뭇했다. 특히 간식 안 먹기로 소문난 곽 환우가 잘 먹어 기분이 좋았다.

저녁 모임에 환우들에게 퇴원 인사를 미리 했다. 늘 그렇듯이 '모두 건강 잘 유지해서 다음에 만나자'는 기원을 담아.

슬기로운 환자생활 10_ 퇴원

창문에 달린 조그만 환기창으로 들어오는 아침 공기가 무척 차가워졌다. 구름은 점차 잿빛으로 변해갔고 바람이 불기 시작했다. 아침 9시, 현재 기온 14도인데 낮 최고 기온은 9도라니 예보만으로 절로 추워진다.

2년 전 뇌출혈로 재활 받는 여 환우가 있었는데 엊그제서야 그녀가 나와 같은 토끼띠임을 알았다. 내가 '우리 친구네'라고 하자 눈으로 얼마나 밝게 웃어주던지. 좀 더 일찍 알았으면 더 많이 보러 왔을 텐데 아쉽다. 그녀는 말이 어렵고 우측 마비로 고생하고 있는데 남편이 극진하게 보살피고 있다. 그녀도 오늘 퇴원이라 '친구 잘 가고, 재활 잘 받으면 좋아질 거니까 낙심 말고 열심히 하라'는 인사에 처음 보는 환한 웃음과 함께 왼손 주먹을 불끈 쥐어 들어주었다. 이어 몇몇 환우들을 방문해 인사를 한 후 마지막 주사를 맞고 12시 조금 넘어서 차에 올랐다.

집이 평안과 휴식의 장소라면 병원 중에서는 한양대병원이 그렇다. 식구가 같이 밥 먹고 일상의 희로애락을 공유하는 관계라면 그들이 그렇다. 그래서 한양대병원은 또 다른 집의 일부가 되었고 그곳에서 만나는 몇몇 환우는 또 다른 식구가 된 것 같다.

그곳에서 새로운 형과 동생도 생겼고, 누님과 조카를 얻었다. 나이 육십에 젊은 베프도 만들었고 형부라고 불러주는 처제도 생겼다. 16층 간호사들 중 많은 이들은 내가 도움을 요청하면 업무를 수행하는 것 이상의 따스한 손을 내밀어 준다.

그곳에서는 내 병이 나 혼자 겪는 지독한 불행이 아니라 살면서 누구라도 겪을 수 있는 약간 독한 독감쯤으로 여기게 된다. 다른 환우의 고통을 공감하며 오히려 치유의 선물을 받고, 눈물을 흘리며 위로받기도 한다. 우리는 수십 년 동안 전혀 다른 삶을 살았음에도 같은 고통을 공유한다는 이유 하나로 그 갑절의 삶을 나눈 듯 가까워졌다. 이틀에 한 번 꼴로 안부 전화를 하고 카톡으로 일상을 공유하고 먼 곳에 사는 집으로 찾아가 만나기도 한다.

늘 웃기는 소리 잘하는 이도 논리적인 얘기를 좋아하는 친구도 싹싹하고 아는 것 많은 젊은 친구도 멀리 대구, 부산, 청주에서 올라오는 이도 어떻게 살았고 현재 어찌 사는지는 모르지만 이곳에서는 그저 환우로 존재하고 그것만으로도 가까워지기에 충분하다. 우리의 하루는 다른 이의 수개월일 수도 몇 년이 될 수도 있기에 관계의 깊이는 그에 비례해서 깊어지는 것 아닐까?

아침보다 오히려 오후에 기온이 많이 내려가고 바람도 차가워졌다. 배웅을 나오겠다는 이들에게 내려오지 말라고 손사레를 치고 다음 달에 보자는 인사를 하고 열 번째 입원을 마무리 했다.

ps.
그래도 휠체어를 타고 배웅 나와 준 베프 & 베프 엄마 최오!^^

슬기로운 환자생활 11

먼길 떠난 환우

(2021년 11월 7일 ~ 11월 16일)

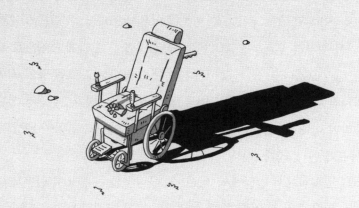

슬기로운 환자생활 11_ 입원

입원을 매달 반복하다보니 일종의 통과 의례가 생겼다. 가장 중요한 일은 코로나 검사를 하는 것. 마침 지난주 금요일에 휠체어 등을 주러 온 곽 환우가 있어 점심 식사 후 단체로 일산 동구 보건소에 가서 검사를 받았다. 장애인이라고 하면 검사하시는 분이 직접 차까지 와서 검사를 해줘서 편하게 앉아서 받을 수 있다. 참 고마운 분들이다.

그리고 미용실에 들러 머리를 자르고, 삐죽하게 나온 흰머리를 염색으로 감춘다. 병원에서 추레하게 보이지 않게 하려는 아내의 마음때문에 이 역시 꼭 치루는 행사가 됐다. 작은애가 운전해 나를 부축하여 미용실로 들어갔다. 조심스레 미용의자에 앉아 머리를 자르고 간단히 옆머리만 염색을 했다. 그리고 머리를 감으러 가는데 그곳은 턱이 높아 작은애와 남자 견습생이 도와주어 간신히 올라갈 수 있었다. 시간이 지날수록 할 수 있는 일이 줄어드는 내가 언제까지 미용실에 다닐 수 있을지 모르겠다. 나를 형부라 부르는 15년 단골 미용실 원장은 고맙게도 집으로 부르면 언제든 오겠다고 했다. 고마운 마음에도 불구하고 그런 일이 최대한 늦춰지길 바랄 뿐이다. 아내도 며칠 전에 머리를 손봤다. 내 건강 상태에 비례하여 아내의 머리는 자꾸 짧아진다. 나도 아내도 편함이 일상의 제일 목표가 된 것 같다.

그리고 처형께서 병원에서 먹으라고 물김치를 큰 통으로 한가득 담아오면 입원할 때가 된 것이다. 맵지 않고 순하게 그리고 내가 좋아하는 정도로 익힌 물김치는 맛없는 병원 음식을 그래도 참고 먹게 해주는 식욕 증강용 반찬이다. 처음엔 반찬을 이것저것 많이 싸갔었는데 지금은 짐을 줄이기 위해 최소한으로 싸간다. 그래도 빠지지 않는 것이 처형표 물김치다.

이번 달엔 처음으로 17층 5인실에 배정 받았다. 병실은 4인실을 5인실로 개조한 듯 무척 비좁았으나 내 자리는 다행히 그중 가장 넓었다. 17층은 류마티스 병동인데 환자들 대부분이 조용해서 16층 다음으로 선호하는 병동이다. 17층 복도는 휠체어, 링거 폴대, 간호사 이동카트 등이 나와 있지 않아 넓고 깨끗했으며, 화장실엔 늘 물기 하나 없을 만큼 관리가 잘 되어 있었다. 간호사들도 친절했고 루게릭 환자에 대한 이해도 높았다. 그리고 수간호사 역시 친절해서 매우 좋았다. 그럼에도 입원하자마자 16층 병실로 이동 신청을 해 놓았다. 화장실에 비데가 설치된 것 이외에도 16층 간호사쌤들이 주는 편안함이 다른 층과 다르기 때문이다.

맞은 편 창 측에 루 씨로 보이는 환우가 있어서 조심스레 물어보니 맞다고 한다. 울산에서 오신 그분은 이번에 처음 라디컷을 맞으신다고 했다. 그 환우는 한양대병원에 오기 전에 목과 허리디스크 판정을 받았고, 이전에는 직장암 수술까지 받았다고 한다. 아마 이런 수술들로 인해 확진받은 지 얼마 안 되어 휠체어를 타야 할 정도로 병세가 빠르게 진행된 것 같다. 다른 환우들과는 아직 교류가 없다고 해서 저녁 모임에 나오라고 했고 아내는 그의 보호자에게 이런 저런 정보를 주었다.

저녁 8시에 3층 로비로 내려가 다른 환우들과 반가운 인사를 나눴다. 우리 병실 환우를 포함해 3명의 환우가 새로 입원했는데 세 사람 모두 진단받은 지 얼마 되지 않았음에도 휠체어를 탈 정도로 진행이 빠른 것이 안타까웠다. 한 환우는 이번에 헬리스믹스에서 진행하는 임상시험을 하게 됐다고 한다. 그를 병간호하는 누이는 환우들을 만나서 정말 반갑고 이렇게 웃기도 할 수 있어 감사하다고 했다.

고독감은 병만큼 힘든 감정이다. 아무도 나를 이해해 줄 수 없을 것 같은 완벽한 고립은 고통스럽다. 그러나 같은 환우를 만나고 그들이 밝음을 잃지 않는 모습을 보면 자기도 모르는 사이 동화가 된다. 그걸 나는 '전도'한다고 하고 그 대상인 환우는 '은혜 받았다.'고 한다. 어쩌면 응답 없는 기도보다 이런 만남이 더 큰 위로를 줄 수 있지 않을까? 물론 지극히 개인적인 생각이지만…

자! 어느새 만 1년의 입원 생활의 첫날이 시작됐다. 잘 견뎌보자.

슬기로운 환자생활 11_ 2일차

겨울을 재촉하는 잿빛 비가 내린다. 각자의 색으로 세상을 수놓던 나뭇잎들이 이 비와 함께 우수수 떨어지겠지. 사계절의 변화는 때론 희망을, 고됨을, 쓸쓸함과 삭막함을 준다. 병실 환기창으로 세찬 바람이 휘익 휘익 소리를 내며 들어왔다. 바람의 서늘함에 놀란 몸과 마음이 순간 움츠러들었다. 낮게 깔린 구름은 주변 산이며 남산타워와 높은 건물들을 다 삼켰다. 구름 사이로 잠깐씩 드러나는 아차산과 용마산은 마치 지리산 운해 속에서 섬처럼 솟아난 봉우리 같이 멋졌다.

비는 오후까지 그칠 줄 모르다가 4시경이 되니 개이기 시작했다. 잿빛 구름 사이로 흰 구름이 나타났고 간간히 파란 하늘이 열렸다. 그때 운동

치료실 커다란 창으로 아차산과 용마산에 걸친 크고 선명한 무지개가 떴다. 아차산 능선에서 시작한 무지개는 구름 속에 사라졌다 다시 용마산 능선으로 이어졌다. 보기 드물게 선명하고 큰 무지개에 재활치료사들과 환자들 그리고 나처럼 순서를 기다리던 환자와 보호자까지 잠시 동심으로 돌아가 해맑게 무지개를 반겼다.

무지개는 희망의 상징이다. 누구보다 희망에 갈증을 느끼는 환우들이 바라보는 무지개는 건강한 이들과는 다른 감정으로 보게 된다. 희망에 대한 갈증, 간절함 그런 것들이 투사된 것이다. 나도 짧은 순간이나마 잘 견디게 해 달라는 기원을 했다. 이십 분도 채 지나지 않아 서서히 사라지는 무지개를 보고 희망이 사라진 것에 아쉬움보다는 한줄기 희망이라도 봤다는 안도와 기쁨이 3천 배를 마치고 나온 스님에게 베인 향내음처럼 오래 남았다.

희망이란 도달하지 못하는 무엇인지도 모른다. 우리 모두 희망을 볼 수도 만질 수도 없다. 어쩌면 우리의 삶은 평생토록 희망을 찾는 순례길인지도 모른다. 그 마지막 순간에 찾을지 아니면 무지개를 좇던 소년들처럼 빈손 일지는 아직 모르겠다. 그럼에도 희망을 놓을 수 없는 건 이 잔혹한 병을 견디게 해 주는 힘이 바로 '희망'이기 때문이다.

12월에 출산하는 애칭 쁘닝쌤은 11월까지 근무하고 산휴에 들어가 이번 달 이후 그녀를 한동안 못 만나게 된다. 그녀는 친절한 성품으로 환자들에게 많은 칭찬을 듣는 좋은 간호사이다. 그녀의 아이의 태명은 애닝이다. 쁘닝이란 애칭은 그녀의 남편이 연예시절 예쁜이라고 부르다 쁘닝으로 진화한 것이고 태명은 아기 이쁜이의 애칭이라고 한다.

지난 달 나와 곽, 정 환우는 그녀에게 작은 선물을 사줬으면 좋겠다는 데 의견이 일치했다. 비록 작은 선물이지만 우리는 아기 옷을 준비했고 16층에 내려가 마침 쁘닝쌤이 근무하기에 전달해 주었다. 뜻밖이라며 정말 기뻐하는 모습을 보니 주는 우리가 오히려 선물을 받은 듯 기뻤다. 그런데 다음날 나와 아내가 자리를 비운 사이 보호자 침상에 귤상자와 예쁜 손글씨가 빼곡하게 적힌 쪽지가 있었다. 쁘닝쌤이 답례로 귤과 감사의 인사를 전해 온 것이다.

　우리가 비록 환자와 간호사로 만났지만 때론 이렇게 인간적인 교류를 한다. 이런 교류는 상호간의 신뢰를 높여 고된 투병을 하는 환자를 더욱 힘내게 만들고 일에 지친 간호사들도 기운을 얻는다. 매달 10일씩 입원을 하는 사람들에게 필요한 건 주사 한 방, 약 한 알과 함께 따뜻한 인간의 정이라 생각한다. 그런 면에서 곽, 정 환우 그리고 베프 조카는 나와 의견이 잘 맞는다. 좋은 병 친구를 만난 것이다. 쁘닝쌤에게 전한 선물은 김영란법에 턱없이 못 미치는 작은 것이지만 마음만큼은 우리 모두를 부자로 만들어 주었다. 쁘닝쌤 12월에 순산하세요.^^

　저녁 모임에 참석했다가 열 시에 올라와 뉴덱스타를 먹었다. 물을 넘겼지만 왠지 목에 걸린 느낌이었지만 넘어갔겠지 했다. 그런데 누워서 스트레칭을 하려는 순간 사례가 터졌다. 넘어 간 줄 알았던 약이 목에 걸려있었던 것이다. 좀처럼 멈추지 않는 기침, 기침을 할 때마다 약의 쓴 맛이 올라왔고 목과 입안은 파스를 뿌린 것처럼 화끈거렸다. 등과 얼굴에는 땀이 흐르기 시작했고 이러다 죽을 수도 있겠다는 생각이 들었다. 아내에게 썩션을 요청해 보라고 했지만 간호사가 썩션을 할 수 있는 상황이 아니라고 해서 그저 멈추기만을 기다릴 수밖에 없었다. 기침은 40분이 지나서야 멈췄고 나는 이미 기운이 다 빠지고 정신은 혼미했다. 아직도 쓰고 아린 맛이 올라와서 물을 계속 마셔댔지만 쉽사리 가시지 않았다. 휠체어에 30여 분간 앉아 있으니 겨우 진정되어 잠자리에 들 수 있었다. 처음 겪는 끔직한 경험이었다.

슬기로운 환자생활 11_ 3일차

6시 40분경 눈을 떴는데 기침이 터졌다. 밤새 입안의 침이 되직해져 가끔씩 사레가 들리곤 한다. 다른 날 같으면 조금 지나면 나으려니 했을 텐데 어젯밤 40여분이나 계속된 기침의 공포가 떠올랐다. 아내도 내 기침 소리에 벌떡 일어났다. 기침은 다행히 금방 멎었고 입을 물로 헹구니 한결 나았다. 그러나 목이 아프고 목소리도 변성기처럼 쉰 소리가 섞여 나왔다.

밥맛이 없어 아침을 거르고 뉴케어로 대신했다. 입원 며칠 전부터 눈과 손이 붓기 시작하더니 시간이 지날수록 점점 더 심해졌다. 가뜩이나 눈꺼풀이 내려앉고 있는데 이젠 반쯤 덮어 버린 것 같다. 손도 아기 손처럼 통통해져 쥐면 저리고 아팠다. 발등을 누르면 한참 만에 되돌아왔다. 먹거리와 복용하는 약, 환경은 바뀐 게 없는데 내 몸에 이상이 생긴 것이 아닌가 걱정이 됐다. 하긴 매일 30개 가까운 약을 먹으니 간과 신장도 힘들었을 것이다. 회진 시 담당 교수에게 말했더니 혈액 검사에는 이상 소견이 없다며 하루, 이틀 이뇨제 처방을 지시했다. 지켜보자는 의미다.

목동방송타운지점에서 같이 근무한 친구들이 천안 호두과자 세 상자를 보내줬다, 매달 호두과자며 커피 상품권, 파바 상품권 등 각종 먹거리를 잊지 않고 보내주는 고마운 벗들이다. 작은 것 두 개 중 하나는 간호사실에 전달했다. 또 하나는 병실 환우들, 보호자들과 나눠 먹었다. 항암치료를 받는 옆 병상 환우는 비위가 상해 음식을 못 먹어 고생했는데 호두과자는 먹었다며 고맙다고 했다. 우리가 나눈 것은 작은 먹거리지만 어떤 이에게는 절실한 음식이었던 것이다.

어제 오늘 '코드블루' 호출이 반복되더니 오늘 17층에서만 두 분의 호흡기 환자가 세상을 떠났다고 한다. 잠깐 다른 층에 갔다가 엘리베이터에서 내리는데 흰 천에 쌓인 시신을 맞닥뜨렸다. 흰 천에 쌓인 시신을 보는 것은 처음이었다. 나는 죽음을 받아들일 마음의 준비가 됐다고 생각했지만 실물을 보는 순간 본능적으로 거부감이 들었다. 이내 몸과 마음을 추스르고 고인의 명복을 빌었지만 다시금 실체적 죽음에 대해 생각해 볼 수 있는 시간이 되었다.

병을 얻고 난 후, 특히 한양대병원에 입원한 후에는 통화를 하고 카톡을 주고받는 대상은 주로 환우들과 그 보호자들이 됐다. 물론 절친들과 예전에 같이 근무했던 동료들도 계속 연락을 주고받는다. 나의 일상의 변화 중 하나는 '고맙습니다.'라는 인사말을 수시로 하게 됐다는 것이다. 주치의가 들렀을 때도, 간호사가 주사를 놓거나 뺄 때도, 혈압과 체온을 잴 때도, 재활치료를 받을 때도, 식사를 갖다주시는 분을 만날 때도, 청소하시는 분들께도, 복도를 지나갈 때나 엘리베이터를 타고 내릴 때, 휠체어를 피해 주는 사람들을 만날 때도 수시로 고맙다는 인사를 전한다.

그리고 전화를 걸어와 안부를 물어주고 격려를 해주는 사람들에게도 고맙다는 인사를 한다. 전화 통화하는 사람이 급격히 줄어들고 문자를 주고받는 사람 역시 매우 제한적이 되고 나니 계속 연락해 주는 사람들에게 정말 고마운 마음이 든다.

아무것도 바랄 것이 없는 대상에게 연락을 한다는 것 자체가 순수함의 발현이라 생각한다. 그저 상대방을 위로해 주고 격려해 주고 싶은 마음으로 전화를 건다는 것은 어떤 이들에게는 쉬운 일이 아니다. 과거에 맺은 수많은 인간관계가 이렇게 찐과 그렇지 않음으로 나뉜다는 것이 슬프기보다는 내 삶에 찐들이 있어 고맙다. 찐들로 인해 고마운 오늘 하루가 갔다.

슬기로운 환자생활 11_ 4일차

이른 아침에 서울에 공식적인 첫눈이 내렸다고 한다. 어제 사레의 후유증으로 인해 몸이 천근이라 눈을 감고 오래 누워 있다가 첫눈을 보지 못했다. 첫눈은 늘 기다려지고 좋은 일이 생길 것 같은 기대를 주는 힘이 있다. 기대, 희망, 바램, 소망, 기원 이런 의미가 첫눈에는 담겨 있기에 각자의 삶, 특히 연애시절 첫눈에 대한 에피소드 하나쯤은 갖고 있을 것 같다.

눈이 왔다는 소리를 듣고 2년 전 아내와 홋카이도 여행에서 만난 눈이 떠올랐다. 퇴직하면 남들은 몇 주씩 유럽여행을 간다는데 나는 점점 체력이 떨어지던 때여서 가까운 일본을 여행지로 선택했고 겨울의 정취를 만끽할 수 있는 곳이라는 홋카이도로 행선지를 잡았다. 여행 둘째 날, 차량은 홋카이도의 여러 여행지를 들렀는데 모두 눈이 다리 위까지 쌓인 곳이었다. 우리는 신나게 설국의 정취를 즐겼고 마치 신혼으로 돌아간 듯 모처럼의 여행을 만끽했다. 삿포로 시내 투어 때에는 함박눈이 정말 펑펑 소리를 내듯 쏟아졌는데 그때 찍은 동영상을 보면 아내와 내가 천진스런 모습으로 눈 속에서 웃고 있다. 나는 그 때 사진을 영정사진으로 써도 좋겠다는 생각을 했었다. 노부리게츠 유황 온천 등 유명한 온천도 들렀고 일정이 끝나면 숙소에서 나와 아내와 밤거리 산책도 했다.

돌이켜 보니 아내와 단둘이 해외여행을 떠난 것이 처음이었다. 예전에는 해외여행이 자유롭지 않아 못 갔고 아이들 생긴 후에는 그래서 못 갔다고 하지만 휴가 한 번에 몇 백만 원을 쓸 만큼 여유롭게 살지 못했던 것이 홀벌이 가장의 가장 큰 변명이었다. 다행히 십여 년 전 장모님을 모시고 플로리다에 친척을 방문하며 온 가족이 미국여행을 다녀왔는데 그것이 우리 가족의 유일한 해외여행이 됐다. 퇴직 후에 뒤도 돌아보지 말고 아내와 여행부터 다녀오라는 선배들의 말에 따라 그리하고 싶었지만 이미 병의 징후가 눈에 띄게 심해지기 시작한지라 먼 여행은 무리가 됐다. 그래서 가까운 일본을 목적지도 정했던 것이다. 이제와 생각하면 그때 가지 않고 머뭇거렸으면 코로나 사태로 아내와의 여행은 불가능해졌을 것이고 아내에게 여행 선물을 해주기로 한 내 계획은 무산됐을 것이다. 첫 단둘의 해외여행은 소박하지만 마치 겨울왕국을 다녀온 듯 즐거운 추억으로 우리 가슴에 남았다.

첫눈은 조금 흩뿌리다 말아 어느 곳에도 남아있지 않았다. 첫눈 소식이 있던 날, 송 환우의 아내 -나에게는 형부라고 아내에게는 언니라고 부르는- 가 며칠 동안 병간호를 하던 시어머니와 교대를 하러 왔다. 송 환우는 지난 6월 처음 만난 환우다. 그는 몇 개월간 다른 환우와 교류가 없다가 나를 통해서 많은 환우들을 만나 많이 밝아진 환우다. 그래서 그런지 그 부부는 나와 내 아내를 무척 좋아하고 잘 따른다. 나이 차이는 좀 나지만 송 환우는 내게 형님이라고 하고 그의 아내는 내 처에게 언니라고 불러서 나는 자연스럽게(?) 그녀의 형부가 됐다.

어제 그를 간병하는 어머니를 처음 만나게 됐다. 아들의 하염없이 무너지는 육신을 보면서 그 어머니는 얼마나 가슴이 찢어지는 고통을 느꼈을까? 방법만 있다면 기꺼이 그녀가 대신 병을 가져오고 싶었을 것이다. 그것이 어머니의 마음이므로. 병실에서 송 환우와 반갑게 인사를 나누고 앉아서 아내는 어머니와 얘기를 시작했다. 나와 송 환우는 복도에 나와 서로의 안부를 묻고 답하며 지난 얘기들을 나눴다. 송 환우는 아무래도 아내가 간호해 주는 게 편한지 내일 올 아내를 기다리고 있었고, 어머니는 힘도 없고 아무것도 해 줄 수 없는 자신을 책망했다. 아내는 그런 어머니를 위로해 주었고 이 병을 잘 견디려면 환자는 물론 보호자들이 강건해야 한다며 병간호에 힘쓰고 있는 그의 아내에 대한 칭찬을 전했다. 아울러 병간호가 얼마나 힘든지 경험해 보셨으니 이제 며느리의 수고로움을 위로하고 격려해 줘야 힘내서 아드님을 간병할 것이라는 말도 빼놓지 않았다.

송 환우는 아침부터 빨리 오라고 그녀를 닦달했고 점심시간 조금 넘겨 그녀가 왔다. 며느리와 교대하는 어머니는 아무것도 해주지 못한 것에 대한 미안함과 고된 간병을 다시 며느리에게 넘겨야 하는 미안함을 안고 떠나셨다. 그의 아내는 저녁 모임에서 환우들에게 빼빼로를 나눠주었다. 내게는 특별히 4가지 맛 중 하나를 고를 수 있는 특전(?)을 부여함으로써 형부에 대한 그녀의 마음을 보여줬다. ^^

병원생활을 흔히 투병생활이라고 한다. 말 그대로 환자는 병과 싸우는 것인데 그 싸움은 환자만의 것이 아니다. 가족, 친구, 지인 등 환자를 소중히 여기는 모든 사람의 노력, 기원, 응원, 도움 등의 힘이 합쳐질 때 환자의 투병 에너지는 더욱 강해진다. 오늘도 고된 병간호에 지친 모든 환우들의 보호자들에게 감사하며 잠자리에 들었다.

슬기로운 환자생활 11_ 5일차

통증으로 밤을 지새우다 새벽에 잠들어 늦게까지 병상에 있었다. 그러나 6시경부터 깨서 뒹굴거렸을 뿐 잠들지 못했다.

7시 30분경 은아 씨가 커튼을 열고 빼꼼 얼굴을 보여주며 아침 인사와 함께 빼빼로를 줬다. 네 가지 맛 중에 하나를 고르라고 내민 빼빼로 상장 뚜껑에는 '사랑합니다. 배은아♡'라는 손글씨가 정성스레 적혀 있었다. 불편해서 펜을 잡기도 어려웠을 텐데 수십 개의 포장에 그 글을 쓰느라 얼마나 고생했을지 생각하니 짠해왔다.

나는 평소에 빼빼로데이, 발렌타인데이, ○○○데이 같은 상업성 짙은 기념일을 별로 좋아하지 않는다. 그래서 직원들에게 빼빼로데이에는 가래떡이나 김밥을, 화이트데이에는 커피를 사줬다. 그러나 어제 처제와 오늘 은아 씨가 준 빼빼로는 무척 기쁘게 받았다. 입원 중에도 누군가가 이런 마음까지 쓴다는 것에 고마웠기 때문이다. 특히 은아 씨는 같은 환우이기 때문에 남달랐다.

내 옆 병상에는 어느 지방 군수를 하시던 분이 소뇌증으로 입원하고 계셨다. 소뇌증은 소뇌가 위축되면서 운동신경에 문제가 생기고 구음장애 등 다양한 증상이 일어난다. 루게릭과 다른 점은 루게릭은 근육이 마르고 경직되어 힘이 없어지는 반면 소뇌증은 근육의 힘은 그대로인데 조절이 안 된다고 한다. 어쨌든 모두 뇌와 운동신경에 관련된 난치성 질환이다.

우리가 군수님으로 부르는 그 환자는 1월부터 매달 비슷한 시기에 입원해서 자주 뵙던 분이다. 처음 만났을 때는 아침 일찍 일어나서 침대에 식탁을 올리고 정자세로 앉아 책을 읽고 글을 옮겨 쓰시는 모습을 보고 학자이신 줄 알았다. 그가 재선 군수였다는 건 다른 환우를 통해 나중에 알게 됐다. 그분은 짬만 나면 보행기로 복도를 왕복하며 운동을 하는 등 부지런하셨다. 그렇게 점잖고 인자하시던 분이 어느 날 밤 모두 막 잠자리에 들자마자 비명에 가까운 소리와 함께 우당탕탕 소음을 내서 낙상하신 줄 알았는데 잠이 들면서 갑작스런 발작을 해서 발로 침상을 걷어차고 소리를 질러 그런 것이었다.

늘 보호자 없이 입원을 하셨는데 이번에도 혼자 오셨다. 지난 십여 개월 동안 조금씩 상태가 나빠지는 것 같더니 이번 달에는 급격히 안 좋아진 것 같다. 잠들면 섬망 증세가 수시로 나타났고, 인지장애로 인해 복도로 나갔다가 병실을 찾아오지 못했다. 화장실 문제도 여러 번 실수를 해서 간호사들의 도움을 받아야 했다. 나중에 알고 보니 산소포화도가 80%대로 위험한 지경까지 이르렀고 그로 인해 증상이 더 나빠진 것이었다. 그래서 긴급히 인공호흡기를 부착했더니 증세가 개선되기는 했다. 그래도 여전히 거친 호흡은 계속됐고 발작도 가끔 일어났다.

간병인 없이 더 이상 병원 생활이 위험할 수 있다는 판단에서 주치의와 간호사가 보호자에게 연락을 했지만 한동안 연결이 안 됐다. 그러다가 겨우 며칠 뒤에 그분의 배우자가 나타났는데 간호에는 별다른 관심이 없는 듯 보여 다른 보호자들에게 미운털이 박혔다.

이런 환자를 보면 안타깝다. 다인실 제일 끝방에는 남녀 중증 환자실이 있는데 대부분 호흡기를 삽관한 와상환자들이다. 그들이 움직일 수 있는 것은 고작 눈동자와 눈꺼풀인 경우가 많다. 먹는 것, 배변, 의사소통 등 모든 것이 보호자 없이는 불가능하다. 가끔 그 병실에 들어가 그분들을 보면 안타깝다. 내 처지에 누구를 안타깝게 여긴다는 것이 우습지만 그들의 모습이 우리의 미래이기도 하기에 그런 마음이 자연스럽게 생긴다.

옆 병상 환자가 밤에 호흡기를 빼서 경고음이 계속 울리는데도 보호자는 코를 골며 자고 있다. 간호사들이 달려와 보호자를 깨우고 주의를 줬음에도 그 상황은 몇 번이고 반복했다. 괜히 남이 미워지는 밤이었다.

슬기로운 환자생활 11_ 6일차

한양대병원에는 루게릭 센터가 있다. 아시아 유일의 센터이다. 그래서 많은 환우들이 전국에서 모여들어 약 천여 명이 이곳에서 치료를 받는다고 한다. 다른 병원에서는 루게릭에 대한 임상 경험도, 지식도 축적되지 못해 다른 병으로 오진하거나 엉뚱한 치료로 시간을 보내버리기도 한다. 우리 환우들 상당수가 그런 경험을 갖고 있으며 팔다리에 힘 빠지는 증상만 보고 목 디스크나 허리 디스크 판정을 내려 수술을 하는 경우도 있다. 이 불필요한 수술로 증상이 더 악화되어 결국 이곳으로 오게 되는 환우도 많다. 그래도 최근에는 웬만한 3차 진료기관에서는 초기에 한양대병원 루게릭 센터로 가 볼 것을 권해 다행히 초기에 찾아오는 환자 수가 제법 늘고 있다.

현재 공식적인 치료제(지연제)로 인정받는 약은 리루텍과 라디컷이다. 리루텍은 경구용 약으로 건강보험이 적용되어 산정특례자인 환우들은 자기부담금의 10%만 내고 복용할 수 있다. 그러나 라디컷은 건강보험 제외 약품이라 온전히 환자가 부담해야 하는데 1회에 약 15만원 이상, 열흘 입원하면 주사제 값만 150만원이 넘어 실손보험이 없는 환우들에게는 그림의 떡이 되거나 가정경제에 막대한 부담을 준다.

보통 열흘 입원하면 다인실이라 하더라도 병원비는 6백만원이 넘고 그 중 2백 2십만원 정도가 환자의 부담이 된다. 다행히 실손보험이 있는 경우에는 90%를 보전 받을 수 있으나 그래도 2십여만원의 부담은 갖는다. 거기다 구음, 연하 장애가 온 경우 뉴덱스타라는 약을 먹는데 건강보험이 적용 안 되는 이 약의 가격은 월 210만에 넘나 든다. 실손보험의 보전을 제외하고도 매월 40여만원의 치료비와 기타 부대비용까지 합하면 1백만원에 육박하는 지출을 감당해야 한다. 그럼에도 불구하고 대부분의 3차 병원에서는 이 라디컷 치료를 위한 입원을 거부한다. -입원이 중요한 것은 대부분의 실손보험이 질병 입원 치료비만 보전하기 때문이다.- 환자 입장에서는 상당한 경제적 부담을 안고 받는 치료지만 루게릭 환자는 병원의 수익적 측면에서는 별 도움이 안 되는 환자다. 그럼에도 한양대 병원은 다른 어느 곳보다 루게릭에 대해 많은 임상 경험을 갖고 있고 꾸준한 임상시험을 진행하고 있다. 또 유일한 루게릭 센터라 정부로부터 일정 금액 지원을 받는 것으로 알고 있다. 그래서 이 병원은 우리 환우의 입원을 기꺼이 받아 주고 있고, 의사와 간호사 선생님의 다양한 경험으로 인해 감사한 마음과 편한 마음으로 치료를 받고 있다. 물론 다소 시설이 낙후되고 간호사 1인당 환자수가 너무 많아 때로는 정신없는 날도 있지만 우리는 16층 신경과 병동을 선호한다.

그런데 이왕 루게릭 센터를 운영한다면 나는 다음과 같은 점이 보완됐으면 하는 바람이 있다.

첫째, 루게릭 병동을 별도로 설치한다. 16층 병동은 신경과이다 보니 뇌출혈과 각종 뇌질환 환자들이 많이 입원한다. 이 환자들은 짧게는 4, 5일 길게는 몇 달씩 입원 치료를 받다보니 병실이 없어 막상 루게릭 환자들은 16층이 아닌 정형외과 병동이나 류마티스, 내과 병동으로 입원하기 일쑤다. 그곳 간호사들은 루게릭 환자를 본 경험이 없거나 적어 주사 시간을 놓치기도 하고 대화가 잘 안 되는 애로사항이 있다. 또 병동, 병실에 따라 섬망환자가 있는 경우에는 수면에 극심한 방해를 받기도 하는데 반면 루 환우들은 대부분 정신에는 문제가 없어 다른 환자에게 피해를 주지 않는다. 몇 달 전 처음으로 5인실 전체에 모두 루 환우가 입원한 때가 있었는데 우리는 낮 동안 모든 커튼을 젖혀 병실을 밝고 넓게 만들어 놓고 각종 음식을 서로 나누고 즐겁게 얘기하며 지낸 적이 있다. 병원도 병동을 구분해 놓는 것은 같은 진료의 전문성 향상과 더불어 같은 질환의 환자들 간에 소통으로 치료에 도움을 주기 위한 것이 아닌가 싶다. 아시아 유일의 루게릭 센터라고 하면 그에 걸맞은 시설과 환우들의 편익이 주어졌으면 한다.

둘째, 환자의 임상 진단이 꾸준히 이루어졌으면 한다. 루 환우들의 병세는 '하루 한 스푼 생명을 덜어낸다'라는 표현이 있을 정도로 하루의 변화는 작다. 그러나 한 달, 3개월의 변화는 매우 크다. 입원 시마다 그에 대한 표적 관찰이 필요할 듯한데 회진 시 '그동안 어땠나?'는 판에 박힌 질문과 '특별한 것이 없다.'는 형식적인 답변이 거의 전부다. 물론 특별히 안 좋아진 곳이 있으면 추가적인 검사를 받기는 하나 환자의 건강 상태를 구체적인 지표로 남기고 환자에게 피드백하지 않는다.

그리고 줄기세포와 다른 임상 시험이 진행되고 있는데 그것이 얼마나 지연 효과를 가져오는지는 알 수 없다. 어떤 환우는 줄기세포 치료를 받고 오히려 급격히 안 좋아진 모습을 보이기도 했는데 지연 효과라는 것이 계량화 할 수 없는 것이기에 1세트에 6천만원이라는 거금을 들여 치료받아야 하는지 의문이 든다. 또 한양대병원 자체의 치료제에 대한 연구가 전무한 것 같다. 물론 이것을 위해서는 대대적인 투자가 필요하다. 그러나 병원 측에서는 수익성이 낮은 환자를 위해 기약도 없는 연구에 막대한 비용을 지불할 리가 없다. 결국 정부의 지원이 더 강화돼야 하는데 이를 위해서는 루 환우들의 연대와 활동이 병행돼야 한다고 생각한다.

셋째, 루 환우 맞춤 재활 프로그램이 필요하다. 현재의 재활 프로그램은 다른 재활 환자들과 별로 다르지 않다. 게다가 작업치료나 운동치료는 순서를 기다리다 그냥 돌아오는 경우가 많다. 경직된 관절과 근육을 풀어주고 통증을 줄여주는 특화된 재활 프로그램이 있었으면 좋겠다. 그리고 구음장애와 연하장애는 환자들에게 매우 극심한 고통을 주는 증상이다. 음식을 먹는다는 것은 호흡과 더불어 생존의 기본적인 활동이며, 본능적인 욕구 중 하나다. 그 기능을 상실했을 때 겪는 고통은 이루 말할 수 없다. 또 말하는 기능을 상실해 가는 과정은 세상과의 단절을 의미하며 큰 좌절감을 안겨준다. 막지는 못해도 지연할 수 있는 재활 프로그램과 집에서도 할 수 있는 프로그램의 개발과 전파가 필요하다.

넷째, 환자와 가족(보호자)들에 대한 심리 치료가 병행돼야 한다. 어제까지 되던 동작이 되지 않고, 점점 할 수 있는 일들이 줄어들고, 호흡이 힘들어지는 과정은 마치 한 계단 한 계단 지옥으로 내려가는 기분이다. 각종 통증으로 숙면을 못 취하면 우울증 증세가 나타나기도 한다. 특히 낙상을 하면 자신감과 자존감은 큰 상처를 입게 되고, 큰 사레에 걸려 고생을 하거나 호흡에 문제가 생기면 공황장애까지 생기곤 한다. 또 이를 지켜보는 가족 역시 마음에 상처를 입는다. 증상의 지연 치료도 중요하지만 환자와 가족을 위한 심리 프로그램이 병행되어야 한다고 생각한다.

최근 급히 떠난 환자들의 경우 투병을 포기하거나 호흡의 불안으로 인한 공황장애 등이 병세를 급속히 안 좋아지게 한 원인 같다.

나는 우리 환우들이 매일 모임을 갖고 시덥지 않은 농담으로 웃고, 서로의 아픔에 공감하는 것이 그 어떤 치료제 못지않게 효과가 있다고 믿는다. 지난 10월에는 환우들끼리 홍천에 놀러 갔다. 휠체어를 타고 갔지만 거실에 모여 고기를 굽고, 맥주도 한 잔씩 했고, 안 나오는 목소리로 목청껏 노래도 불렀다. 그 순간 우리는 더 이상 루 환자가 아니라 정상인이었으며 휠체어에 앉아서도 자유로움을 만끽했다.

다섯째, 장애진단과 각종 사회보장 혜택에 대한 구체적인 안내가 필요하다. 내 경우는 루게릭 판정을 받으면 바로 장애등급이 나오는 줄 알았다. 세상 가장 끔찍한 병에 걸렸으니 장애등급도 가장 높은 수준으로 받을 것으로 생각했다. 결과는 반송이었다. 왜 반송되었는지는 한양대병원에서 선배 환우들을 만나고서야 알게 됐으며 향후 어떤 절차와 어떤 기록지, 진단서가 필요한지도 그들로부터 상세한 설명을 들을 수 있었다. 기존 병원에서는 장애등급 판정을 받겠다고 하니 주치의가 장애 소견서만 발급해 주었을 뿐 어떤 설명도 없었다. 결국 이와 관련된 정보는 전부 환우로부터 받았다.

사회보장 혜택 역시 마찬가지다. 다양한 보장구의 종류와 신청 자격 및 절차, 각 등급별 사회보장 내용과 신청 절차 역시 복잡하고 다양하다. 따라서 이런 것들을 미리 설명해 준다면 많은 환우들과 보호자들에게 실질적인 도움이 될 것이다.

마지막으로 루 환우에 맞는 보장구 개발이 병행되어야 한다. 호흡기, 휠체어(전동, 일반, 와상 등), 욕창 방석, 욕창 매트, 환자 이동기구 등등 보장기구는 매우 다양하다. 그런데 루게릭은 진행성이어서 단계별로 보장구가 필요하다고 생각한다. 발의 근육이 빠진 경우에는 휠체어로 기능을 대신할 수 있지만 팔과 손을 못 쓰는 경우에는 도움을 주는 기구가 별로 없다. 게다가 구음장애가 온 경우에는 타인과의 소통에 큰 어려움을 겪는다. 안구 마우스가 있기는 하나 보장구 지원을 받지 못하고 -이건 확실하지는 않다- 프로그램도 편리성이 떨어진다. 특히 많이 사용하는 스마트폰의 경우 손을 움직이지 못하면 무용지물이 되고 만다. 이를 사용할 수 있는 수단이나 장비의 개발이 필요하나 지금은 환자 스스로 찾아야 하고, 루게릭 센터에서도 이를 연구하는 기구는 없다. 전국에서 루게릭 환자가 제일 많이 찾는 병원에 이런 조직이 있으면 좋겠다.

루게릭병은 19세기 처음으로 의학계에 등장했고, 1930년대 미 야구선수 루게릭이 이 병에 걸려 세상에 알려지기 시작했다. 그러나 90여 년이 넘는 세월이 흘렀음에도 아직 발병 원인을 찾지 못했고 치료제도 없다. 우리나라 추산 5천여명, 세계적으로는 10만명이 루게릭병으로 고통받고 짧은 기간에 사망하고 있다. 제약회사에서 치료제가 개발된다 하더라도 고가로 가격을 책정하면 환자가 복용이 어렵고, 가격을 낮추자니 전 세계 10만명을 대상으로 판매한다 하더라도 매출액은 미미할 것이다. 수익성 낮다는 것이 치료제 개발의 가장 큰 발목을 잡고 있는 것이라 생각한다. 반면 코로나 백신의 경우 발병 1년여 만에 개발되었고, 화이자와 모더나 두 회사는 약 200조의 매출을 올렸다고 한다. 매우 상징적인 대비이다.

환우들은 일런 머스크나 이재용 부회장이 루게릭에 걸려야 빨리 치료제도 나오고, 각종 보장구도 개발될 것이라는 웃픈 농담을 하곤 한다. 그렇게라도 희망을 갖고 싶은 것이다.

슬기로운 환자생활 11_ 7일차

옆 병상 환자의 불규칙하고 질식할 것 같은 호흡과 가끔씩 반복되는 발작 같은 몸놀림으로 2시간 간격으로 깼다. 2시경에는 상태가 걱정돼 간호사 호출 벨을 눌렀다. 바로 달려온 간호사가 무슨 일이냐고 묻고 나는 옆 환자 상태가 걱정스럽다고 했다. 간호사는 그러지 않아도 자신들이 모니터링하고 있다고 하고 고맙다는 인사를 남기고 환자를 살피고 돌아갔다.

그 후로 수시로 와서 상태를 점검하려고 그 병상의 불을 켜고 진료하는 소음 때문에 4시 30분경에 깨어 더는 잠들지 못했다. 한 시간 반 가량 누워서 유튜브를 보다가 고질적인 어깨와 골반 통증으로 못 버티고 아내를 깨워 휠체어를 타고 복도로 나왔다. 토요일 이른 아침의 한산한 복도, 나는 이 공백이 넘치는 시간을 좋아한다.

병원에서 일어나려면 아내를 깨워야 하기에 나의 취침시간은 아내의 시계에 맞춘다. 하지만 오늘은 임계치에 다다른 통증으로 아내를 깨울 수밖에 없었고 덕분에 긴 복도는 내 차지가 됐다. 복도를 지나다 야간조 간호사들과 인사를 나누고 내가 가장 좋아하는 윤지쌤과 손을 잡고 짧은 수다를 나눴다. 밤샘 근무로 피곤할 텐데 밝은 미소와 활기찬 목소리로 나를 맞아주는 그녀를 어찌 좋아하지 않을 수 있을까. 그녀는 곧 다른 병실로 향했고 나는 복도 끝으로 가서 이어폰으로 유튜브를 듣고 있었다. 그때 늘 일찍 일어나는 은아 엄마가 나와서 허브차를 주어 같이 차담을 나눴다. 병실 복도는 춥진 않지만 종이컵을 통해 전달되는 차의 따듯함이 좋았다. 후후~ 불며 한 모금 마시니 목에서 위장으로 넘어간 차의 온기는 이내 전신으로 퍼졌다.

신혼 시절, 휴일 아침에도 평소와 같은 시간에 일어나면 아내는 자고 있었다. 나는 조용히 빠져나와 다른 방에 앉아 라디오에서 흘러나오는 음악을 들으면서 책을 읽던지 멍 때리는 것을 즐겼다. 그러다가 세 평 남짓한 마당을 쓸기도 했다. 세상은 아직 덜 깨어났고 나는 마치 그 시간과 공간의 주인이 된 것 같은 생각이 들었다. 아내는 휴일에도 일찍 일어나는 나를 이상하게 여겼지만 그 후로도 특별한 일이 없는 한 휴일 이른 아침이 주는 여유를 즐겼다.

결혼할 당시 나는 모아놓은 돈이 거의 없었다. 생활비, 대학 등록금을 내고 나면 월급을 모으기도 빠듯했거니와 그나마 모은 돈은 직원 주택조합 아파트 계약금을 냈기 때문이다. 그래서 은행에서 1,300만원의 임차 보증금을 받고 아내의 돈 100만원을 합해서 역촌동 반지하 방에 신혼살림을 차렸다.

약 14평 정도에 큰방 1개와 작은방 1개, 거실이라고 할 것 없는 조금 넓은 부엌과 욕실이 다였지만 우리 둘이 살기에는 충분했다. 이래저래 5년여 혼자 합숙소 생활을 한 내게는 나의 첫 가족으로 아내가 생겼고, 14평의 집은 우리가 살기에 충분한 공간이었다.

나는 본점, 아내는 근처 지점에서 근무했었는데 거의 아내가 먼저 와서 저녁을 차려놓고 나를 기다렸다. 집은 버스 정거장에서 내려 한참을 걸어 들어가야 해서 겁 많은 아내는 이 길을 좋아하진 않았지만 나는 그녀가 기다리고 있을 집에 돌아간다는 생각에 늘 흥얼거리며 걸었던 것 같다. 내가 수업이 있는 날은 보통 10, 11시쯤 돼야 집에 갔는데 아내는 혼자 있기 무섭다며 우리 집 들어가는 골목 입구 단골 비디오 대여점에 앉아 나를 기다리곤 했다.

　우리는 주말이면 근처 시장을 구경하거나 소품을 사오기도 했고, 가까운 곳에 있는 서오릉에 다녀오기도 했다. 그때는 정말 아무 걱정이 없었던 시기였다. 나는 솜씨 좋은 아내의 음식을 맛있게 먹었고, 아내의 살림 솜씨로 정돈된 집은 늘 깔끔했었다. 평일에는 아침을 먹자마자 출근했는데 손잡고 출근하는 길은 지금도 기억이 생생하다.

　그러나 7월 장맛비가 쏟아지던 어느 휴일, 외출을 마치고 들어오니 신발 벗어 놓는 곳에 물이 차 있었고 방바닥 장판도 물이 차 꿀렁거렸다. 일단 급한 대로 물을 담아 버리고 주인집에 얘기했다. 집주인은 모든 짐을 다 빼고 누수 확인을 해야 하는데 하루, 이틀 걸리거나 일주일이 넘을 수도 있다고 했다. 신혼살림을 장대비 쏟아지는 마당에 내놓으면 다 망가질 것을 우려해 긴급히 짐을 빼서 다른 곳으로 옮기고 필요한 옷가지만 챙겨 처갓집으로 갔다. 그날도 어찌나 비가 쏟아지던지.

　약 5개월여의 신혼 생활은 뜻밖의 사건으로 사실상 그렇게 끝났다. 그 아쉬움 때문인지 아니면 충만했던 행복감 때문이지 모르겠으나 만약 인생 어느 시점으로 돌아갈 기회가 주어진다면 나는 서슴지 않고 역촌동 신혼집 시절로 돌아가겠다고 할 것이다. 어느 날 전기치료를 받던 중 물리치료사와 아내를 산에서 만나 결혼한 얘기를 했던 적이 있는데 그때 말하는 내 표정을 보고 그녀가 '지금 말하는 모습이 너무 행복해 보인다.'고 했다. 나도 모르게 미소가 지어졌고 그녀는 그것을 보고 자기도 연애하고 싶은 생각이 든다고 했다. 부질없는 바람이지만 나는 그 5개월의 우리가 무척 그립다.

슬기로운 환자생활 11_ 8일차

오랜만에 햇살이 따뜻해서 처음으로 데크에 나가 해를 맞았다. 지난 달에 먼저 떠나신 남강수 형님의 부인이 그가 얼마 타지 못했던 휠체어를 들고 왔다. 아내가 그녀보다 손위라 나를 형부로 부르는 그녀를 보자 눈물이 쏟아졌다. 그리고 '미안해'라는 단어가 튀어나왔다. 왜 그런 말을 했는지 모르겠다. 호흡장애로 인해 공황장애까지 온 형님이 안정될 수 있도록 더 많은 얘기를 하는 기회를 가졌으면 좀 더 나아지지 않았을까 하는 생각을 하던 차여서 그랬는지도.

한 사람은 떠난 남편의 유품을 정리하러 오고 다른 사람은 그 물건을 받는다. 건네는 사람은 아직 남아 있는 남편의 체온과 체취와 그밖에 모든 흔적을 넘기는 것이고, 받는 사람은 단순히 활동에 도움을 줄 기구 하나를 받는 것이다. 그 미묘한 감정의 차이를 바라보는 것이 왜 그리 가슴을 먹먹하게 하는지.

휠체어는 아직 걷는 여 환우가 받았다. 그녀는 바로 휠체어를 타고 데크 여기저기를 다녔고 마침 찾아온 그녀의 여섯 살짜리 딸은 그녀의 무릎에 앉아 마치 놀이기구를 타듯 즐거워했다. 그 모습을 바라보는 미망인은 알 수 없는 옅은 미소를 지었다. 그리고 그 순간 나는 그녀의 눈물 머금은 눈이 햇살에 반짝이는 것을 보았다.

그녀는 그동안 남편을 돌봐 준 간호사들과 환우들에게 커피와 간식이라도 사주라며 미리 준비한 봉투를 한사코 거부하는 아내의 주머니에 넣어주고는 떠났다.

그녀가 떠난 후에도 나는 잠시 눈물을 닦아야 했다.

슬기로운 환자생활 11_ 9일차

목근육이 점점 약해지고 있는지 통증이 심해졌다. 입원한 다음 날 통증 완화 주사를 맞아 편해졌었는데 퇴원을 앞두고 다시 통증이 심해져 재차 주사를 맞았다. 주사는 목 좌우에 한 방씩, 그리고 양 어깨에 한 방, 모두 4방 맞는다. 그리고는 그 부위 근처에 작은 바늘을 꼽고 전류를 통하게 하는 치료를 5분여 받는다. 주사를 맞고 시간이 지나자 통증이 줄긴 했으나 며칠 못 가서 다시 통증이 시작될 것이다. 하지만 며칠이라도 덜 고생하는 게 어디랴.

비슷한 시기에 입원했던 환우들은 퇴원하고 새로운 환우들이 입원했다. 이번에 처음 만난 환우 중 특별히 기억나는 두 환우가 있는데 두 사람 모두 체중이 100키로는 족히 넘는 거구이다. 그중 한 환우의 아내는 아마추어 마술사로 봉사활동을 한다는데 그 큰 덩치의 남편을 보고 '우리 귀염둥이'를 하도 외쳐서 우리는 그들을 '둥이네'로 불렀다. 그는 두 손을 거의 쓰지 못하고 발도 힘이 빠지기 시작해 휠체어를 탄다. 침대에서 돌아 눕히거나 휠체어로 옮기는 일이 보통 힘든 것이 아닐 텐데 다행히 그의 아내는 밝음을 유지하고 있었다.

또 다른 헤비급 환우는 지난달 처음 입원해 새로운 존재로 부각한 고정길 환우다. 팔부터 증상이 시작됐다는 40대 초반인 그는 정상인이라 해도 손색없는 피지컬의 소유자다. 투블럭 모히칸족 머리를 한 그는 등판에 용이나 잉어 한 마리가 있을 듯 보이는 조직적(?) 인상의 소유자였다. 단톡에서만 얘기했던 그를 저녁 모임에서 처음 보게 된 것이다. 그를 아는 환우들이 그의 성격이 매우 독특하다고 했는데 나를 보자마자 '아!

형님이 후범이 형님이군요.'라고 인사 아닌 인사를 하고는 자기 할 말만 쏟아내고는 홀연히 퇴장했다. 스무 살 차이가 나는 조직적 동생을 앞으로 어떻게 상대해야 할지 고민이다.

대구에서 올라온 길연 씨 부부가 주사를 맞고 늦게 합류했다. 그와 그 아내와 반가운 인사를 하고 그간의 안부를 묻고 열 시 조금 넘어 병실로 돌아왔다. 삼촌네(곽, 정, 은아 환우와의 단톡방) 식구들과 인사를 하고 침상에 누우니 나의 베프 환우 은아 씨로부터 같이 병원에 있어 즐거웠고, 마지막 밤 잘 자라는 톡이 왔다.

늘 그렇지만 특별히 한 일 없는데도 아흐레가 빠르게 지났다. 살면서 체득했지만 지나간 시간은 다가올 시간보다 빠르게 느껴진다. 어느 날 내 긴 병원생활을 돌아보면 '그때만 해도 좋았지.', '그 환우들과 간호사 쌤들 참 좋았는데.', '참 빠르게 지났다.'는 생각이 들 것 같다. 오늘 밤은 참 긴 밤이 될 것 같다.

슬기로운 환자생활 11_ 퇴원

생신 축하드립니다 형님!

평화로운 곳에서 안식을 찾으셨으리라 믿습니다.

저는 오늘 퇴원했습니다. 병원은 이제 집의 일부가 되었고 환우들은 또 다른 친구와 가족이 되고 있습니다. 곽 회장은 여전히 각 층 병실을 다니며 환우들에게 웃음과 위로를 주고 다른 환우들에게 도움을 주고 있습니다. 정 환우는 오늘 척수액을 뽑아 내일 줄기세포를 주입한다고 하네요. 손가락 힘마저 거의 빠지고 목과 허리에 통증이 심해져 걱정인데 조금이라도 좋아졌으면 좋겠습니다.

한양대병원에서의 생활은 전만 못하지만 활기가 넘치기도 좌절이 깊어지기도 합니다. 우리가 가진 고통이 무엇과도 비교할 수 없는 것이기에 우리의 활기는 그 고통을 한순간만이라도 잊으려는 안쓰러운 몸부림일 것입니다. 그럼에도 조금씩 나빠지는 것을 느끼고 보게 되는 환우나 가족들은 그만큼 쓰디쓴 일상을 견디고 있는 것이겠죠.

형님, 며칠 전 형수님이자 처제가 형님의 휠체어와 가방, 뉴케어 그리고 귤 상자까지 들고 우리가 볕을 쬐고 바람을 맞던 파바데크로 오셨습니다.

타시던 휠체어는 은아라는 이름도 마음도 예쁜 여 환우가 타게 됐습니다. 그녀는 몇 개월 전에는 휠체어 탈 마음의 준비가 안 됐다고 했는데 이젠 준비를 해야겠다고 생각하여 휠체어를 인수했습니다. 6살 딸과 4살 아들을 둔 그녀가 휠체어로 병실과 복도에서 달리는 모습을 보면 안쓰럽기만 합니다.

형님이 쓰시지 못한 새 가방은 제가 물려받았습니다. 아내가 휠체어에 달아서 보여줬는데 멋지더군요. 곽 회장이 자꾸 탐내지만 제가 끝까지 사용할 겁니다. 가져오신 귤과 뉴케어는 간호사들과 환우들이 조금씩 나눠 먹었습니다. 그리고 형수님이자 처제가 수고한 간호사들에게 커피도 사주고 간식을 사서 환우들과 나누어 먹으라고 봉투를 주고 가셔서 16층 3교대 간호사 모두에게 커피와 음료를 돌렸습니다. 형님께서 쏘신 거라 분명히 전달했고요.^^ 환우들 간식은 못 돌려서 다음 입원에 나누기로 했습니다. 잘 먹겠습니다.

새로운 환우도 대여섯 명 늘었습니다. 사오십 대가 대부분이었는데 특이한 것은 100키로짜리 환우가 둘 생겼습니다. 살이 빠졌다고 하는데도 제 두 배 가까이 되니 재고가 넉넉한 사람들이죠.^^ 저는 형님을 마지막으로 만났던 지난달과 큰 차이는 없지만 그렇다고 그대로 유지하는 것도 아닙니다. 다시 생각해도 참 잔인한 병입니다.

형님께서 제게 남긴 마지막 톡이 "화이팅합시다!"네요. 그곳에서는 화이팅하시지 말고 평안하시길 바랍니다.

데크에 따듯한 바람이 불면 형님이 오신 걸로 알겠습니다.

그럼 이만…

퇴원 길에 카톡을 보니 얼마 전 안식을 찾은 남강수 형님의 생신이라고 떴다. 나는 무엇에 끌렸는지 넋두리하듯 형님께 카톡으로 생일 축하와 안부를 남겼다. 그리고 돌아가는 길 내내 눈을 감고 있었다.

슬기로운 환자생활 번외

(2021년 11월 20일 옛 벗들과 함께)

목동방송타운지점은 지점장으로서 첫 발령지였다.

지점장으로서 초보운전인 나는 그것을 들키지 않으려 노력했고, 직원들은 그런 나를 품어주었다. 시간이 지나면서 조금씩 나아졌지만 솔직히 실적, 직원들과의 관계, 고객관리 등 쉬운 것이 하나도 없었다.

첫 지점으로는 규모가 꽤 크고 실적이 좋은 지점이라 부담은 더 컸고, 10명 밖에 되지 않은 직원들도 개성이 강한 편이었다. 행원과 책임자의 갈등, 행원들끼리의 반목, 새로운 지점장에 대한 경계, 지금까지의 관습, 관성을 유지하고 싶은 직원들, 동료이자 경쟁자인 지점장들, 본부장과의 새로운 관계 등 행내에 신경 쓸 문제는 매일, 갖가지 모습으로 다가왔다.

그럼에도 불구하고 내가 4년의 초임 지점장 생활을 잘 마칠 수 있었던 것은 초보운전의 미숙함을 인내해 주고, 새로운 리더를 기꺼이 따라준 직원들 덕이다. 첫사랑의 대상과 기억이 평생을 가듯 그들과 4년의 기억은 내 37년 7개월의 은행 생활에서 잊을 수 없는 일이다.

현 차장은 내가 두 번째로 만난 수신 책임자였다. 다른 지점에서 지점장과 갈등이 있었다는 소문이 먼저 내게 도착했지만 그녀의 첫 인상은 약간은 엉뚱했지만 순수한 모습이어서 좋았다. 그녀는 첫인상만큼 엉뚱했지만 솔직했고 또 나와 직원들 간의 가교 역할을 잘 해 주었다. 안타까운 것은 결혼한 지 꽤 오래 됐는데 아직 아이가 없었고 몇 차례 인공수정에 실패를 했다는 것이었다.

곽 대리는 경력이 화려한 친구였다. 예전 충청하나은행에서 근무하다 퇴직, 다시 저축은행에 입사해 일하다 퇴직, 다시 하나은행 계약직으로 입행했다 정규직으로 전환해서 우리 지점으로 왔다. 나이와 경력은 꽤

됐지만 실제 신입행원에 다름이 아니어서 간간히 실수를 했고 그로 인해 고생을 많이 했다. 그러나 직원들에 대한 마음 씀씀이가 좋아서 CS리더로서 직원들을 위한 이벤트를 정성스럽게 준비해 주었다. 아직 미혼이었던 그녀는 오랜 기간 사귀었던 남친이 있었는데 둘이 헤어졌다 만났다 반복했었다.

정 대리는 내가 부임하기 직전 입행한 풋풋한 새내기였다. 그녀는 내가 출근하면 커피를 정성스럽게 타서 갖다 주었다. 그 덕에 나는 기분 좋은 하루를 시작할 수 있었고 우리는 아침마다 짧은 대화를 나눴다. 그녀는 일을 배워나가면서 한 번도 힘들다 불평하거나 다른 사람의 탓을 한 적이 없는 바른 마음을 가졌다. 겸손하지만 밝고, 예의 바르지만 움츠리지 않았던 좋은 재원이었다. 그녀도 오랜 남친이 있었는데 결혼을 염두에 두기엔 아직 이른 나이라 어떤 변화가 있을지는 몰랐다.

오늘 나를 찾아 온 세 사람은 바로 그들이다.

정 대리는 사귀던 남친과 결혼해서 아이를 낳고 산휴 중에 울산으로 이사 갔다. 금요일에 나를 만나기 위해 남편, 아이와 함께 친정에 올라왔는데 아이 컨디션이 좋지 않아 혼자 왔다.

곽 대리도 오래 사귄 남친과 결혼했다. 당시 나에게 주례를 부탁했었는데 내가 주례를 볼 정도의 사람이 못 된다는 자격지심에 한사코 거절을 했다. 대신 결혼사진을 열심히 찍어 주었는데 지금 돌이켜 생각해 보면 처음이자 마지막으로 한 번 할 걸 하는 후회가 있다. 어쨌든 남친은 전공의가 되어 천안에서 개업해서 일하고 있고 이제 6살 된 딸아이와 함께 왔다.

현 차장은 14번째 인공수정에 성공해서 그토록 기다리던 아이를 출산했다. 그 아이가 벌써 초등 2학년이 됐는데 나는 그 아이를 볼 때마다 내가 대부라도 된 듯 뿌듯한 마음이 든다. 건강이 좋지 못해 가끔씩 입원을 하는 그녀였고 그날도 저녁에 MRI 검사가 예정되어 있다고 했는데 아이와 함께 찾아 왔다.

우리는 주엽공원에서 만났다. 휠체어에 앉은 내 손을 잡기도 포옹을 하기도 하면서 우리는 오랜만의 만남의 인사를 나눴다. 나를 포옹하고 잡은 손 그리고 등을 쓰는 손의 떨림을 느꼈고 그녀들의 눈에 살짝 맺힌 눈물을 보았다. 하지만 우리는 이내 유쾌한 주제로 얘기를 나누며 호수공원으로 향했고 가로수길 한 식당에서 식사를 했다. 그들 중 막내가 내 식사를 도와 주었는데 곽 여사가 자꾸 못 먹게 하는 바람에 부득이 절식을 했다.^^

식사 후 카페로 자리를 옮겨 요즘 얘기들과 우리가 같이 근무하던 시절을 회상하며 긴 수다를 떨었다. 아이들은 커서 자기들끼리 조용히 앉아서 놀아 우리는 두 시간 동안 즐겁게 얘기를 나눌 수 있었다.

중간에 화장실을 다녀올 때 따라온 막내는 부모님께서 주신 거라며 봉투를 전해 줬다. 그들은 또 내게 정성스럽게 적은 편지와 함께 오지 못한 친구들의 정성까지 모은 복돈을 주었다. 아~ 이렇게 받기만 해서 어쩌나? 인생의 빚은 점점 쌓여만 가고 갚을 기회는 없는데 어쩌란 말인가…

서로 지점만 달라져도 인연이 끊어지는 경우가 대부분인데 우리는 10년 넘게 모임을 유지하고 있다. 자주 만나지는 못하지만 카톡으로 서로의 근황을 알리며 간극을 메운다. 그들과 근무하며 몇 번 상을 받았는데 나는 그 것보다 그들과 함께한 회식, MT가 더 기억에 남는다. 그들은 꾸준히 결혼, 출산, 승진 등의 소식과 함께 일상적인 일들도 톡으로 전해줬고 그런 일상의 공유는 나를 행복하게 만들었다. 이런 만남이 지금까지 이어질 수 있었던 것은 오로지 그들 덕인 걸 나는 안다. 병을 얻고 나서 이런 일상의 나눔이 인생에 얼마나 소중한 자산인지 다시금 깨달았다. 우리는 또 다른 가족이 된 것이다.

한 친구는 입원할 때마다 호두과자를 보내줘서 간호사들, 환우들과 나눠 먹었다. 또 다른 친구는 커피 상품권을 잔뜩 보내와서 내가 좋아하는 환우들에게 쐈다. 또 뉴케어를 보내줘서 내 영양을 챙기는 친구도 있다. 내가 깊은 어둠 속에 있을 때 날마다 그 어둠이 더 깊어질 때 별 같이 빛나는 그들이 있어 나는 방향을 잃지 않고 앞으로 나가고 있다. 슬기로운 환자생활을 12개월째 계속 할 수 있었던 건 이들 덕분이다.

우리는 호수공원 초입에서 지나가던 사람에게 부탁해 단체사진을 남겼고 다음 봄꽃이 좋은 시기에 다시 보기로 약속함으로 기쁘고 행복했던 모임을 마무리했다.

지연 씨 부모님께

지연 씨와 함께 근무한 건 제게는 행운이었습니다. 정이 많고, 겸손하고, 예의바르며 자신의 몫을 다하는 직원은 흔치 않으니까요. 같이 근무하는 내내 제 출근 후 하루의 시작은 지연 씨가 타주는 맛있는 커피를 마시며 지연 씨와 짧은 얘기를 나누는 것이었습니다. 그 일을 제가 마다 하지 않은 것은 대접을 받고 싶어서가 아니라 커피와 함께 지연 씨와 나누는 잠깐 수다가 참 즐거웠기 때문입니다. 제가 꼰대 같은 소리를 해도 잘 들어 주었으니까요.^^

지난 토요일 오랜만에 옛 동료들을 만났습니다. 이제는 50대부터 30대에 이르기까지 시간이 많이 흘렀지만 그들은 여전히 제겐 후배들이었고 특히 지연 씨는 25살의 막내 같았습니다. 즐겁고, 행복하게 시간을 보냈고 지연 씨가 전해 준 부모님의 복돈도 받았습니다. 의외의 것이라 무척 놀라고 저어했습니다만 지연 씨가 겉옷 안주머니에 넣어주는 것을 마다하지 못했습니다.

지연 씨 부모님께 감사드립니다. 이렇게 응원해 주시니 더 기운을 내겠습니다. 잘 버텨서 해온이 초등학교 들어가는 소식과 다른 직원들 성장하는 소식을 듣도록 하겠습니다.

다시 한 번 감사드리며, 늘 건강하시길 기도하겠습니다.

추신 :

지연 씨를 잘 키워서 저와 같이 근무할 기회를 주신 것, 제일 감사합니다.^^

슬기로운 환자생활 12

부자 시댁, 가난한 친정

(2021년 12월 2일 ~ 12월 13일)

슬기로운 환자생활 12_ 입원

작년 12월에 서울대병원에 처음 입원을 시작으로 코로나 확진자가 발생한 2월을 빼고 매달 입원을 해서 13개월 만에 12번째 입원을 하게 됐다. 서울중앙아산병원 입원은 처음이다. 몇몇 환우들이 호흡재활에 도움을 많이 받았다고 해서 지난 10월에 외래로 진료를 받고 오늘 입원 예약을 한 것이다.

입원을 위해 어제 친구 재영이의 도움을 받아 동구 보건소를 갔는데 위드 코로나로 인한 감염자의 폭증으로 검사를 받고자 하는 사람들도 엄청나게 늘어 평소 20여 명을 넘지 않았던 대기 줄이 100미터는 족히 돼 보였다. 한 시간은 넘게 기다려야 할 것 같아 서구청의 드라이브인 스루 진료소로 갔으나 이번엔 100여대가 넘는 차가 장사진을 이루고 있었다. 마지막으로 차를 돌려 조금 외진 곳에 위치해 늘 사람이 없던 서구 보건소를 찾아갔다. 그곳 역시 평소보다는 줄이 길었고 주차장까지 출입을 통제하고 있었으나 그래도 다른 곳 보다는 대기자가 적어 보여 그곳에서 받기로 했다. 주차장 이용이 안 된다는 안내하시는 분에게 장애인이라 했더니 고맙게도 문을 열어 주셨다. 아내가 추운 날씨에 30분 넘게 줄을 서 본인 검사를 받고 검사하시는 분을 데리고 와 나는 차 안에서 받을 수 있었다.

병원에서는 오늘 아침 9시가 돼서야 입원 안내 전화가 왔다.

한양대병원은 하루 전에는 알려 주는데 아산병원은 당일 아침에야 가능 여부를 알 수 있다고 한다. 시스템이 조금 이해가 안 됐지만 따질 수도 없는 노릇이다. 73병동(재활학과) 2인실이 배정되었고 오후 4시까지 오라고 했다. 그러나 마침 오늘 2시에 진료 예정인 진한 씨를 볼 겸 간단히 점심을 먹고 서둘러 나섰다. 차는 중간 중간 정체구간을 제외하고는 잘 빠져 1시간 20여분 만에 병원에 도착했다. 병원은 동관과 서관이 먼저 건축되고 신관이 나중에 증축되었는데, 건물들이 일렬로 길게 연이어 있어서 원래 하나의 건물처럼 보였다. 1층 긴 복도는 마치 인천공항의 로비처럼 크고 넓었다. 로비는 300미터는 족히 넘어 보였는데 그 큰 공간이 진료대기 환자와 보호자 그리고 입퇴원 환자와 보호자들이 뒤섞여 앉을 자리조차 없었다. 하루 먼저 입원한 드래곤 부부와 진한 씨 부부 그리고 우리 부부는 복도에 서서 30여분 얘기를 나누고 헤어졌다.

아내가 입원 접수를 하고 실제 입원 절차는 입원진행실에서 진행했다. 그곳에서 간단한 문진과 입원 안내문을 받은 후 73병동에 올라가 간호사들에게 신고하고는 배정 받은 2인실로 갔다. 병실은 한양대병원의 2인실 보다 좁았다. 6인실의 경우도 더 좁고 답답해 보였다. 호흡기 환자에게는 1인실을 6인실 비용만 받고 열흘 간 입원시켜 준다고 해서 은근히 기대했는데 10개나 되는 1인실은 만실이었다. 1인실로 이전 신청을 해놓았으나 언제 옮길 수 있는지는 모른다고 한다. 1인실 병실은 하루 입원료가 40만원이 넘는다. 평소 같으면 언감생심이겠으나 6인실 입원료로 편리함을 누릴 수 있다는 생각과 늘 비좁은 보호자 침대에서 새우잠을 자는 아내가 좀 더 편해지기를 바라는 마음에 빨리 옮길 수 있기를 바랐다. 입원 첫 날에는 혈액 검사와 동맥혈 검사 그리고 엑스레이 등 기본적인 검사를 한다. 혈액 검사는 간호사가 채혈하는데 동맥혈은 인턴이 한다. 간호사는 내 왼팔뚝에서 채혈을 하려 했으나 결국 혈관을 못 찾아 찌른 바늘을 빼고는 미안하다고 했다. 나는 괜찮으니 아직 선명한 손등 혈관에서 채혈하라고 내밀었다. 간호사는 그곳에서 쉽게 채혈을 마쳤다. 그런데 인턴은 동맥을 잘 못 찾겠는지 찌른 바늘을 피부 아래서 방향을 여러 번 바꿔댔다. 피부 깊은 곳에서 우리한 통증이 느껴졌다. 채혈을 마친 인턴은 '아프셨죠. 미안합니다.'라고 사과를 하는 것이었다. 원래 의사들은 '미안하다'는 말을 거의 안 한다. 자신의 실수를 인정하는 것은 의료행위의 결과에 책임을 지겠다는 선언이기도 하기 때문이다. 의과대학 과정에 그런 말을 하지 말라는 교과가 있는지는 몰라도 그래서 의사에게서 '미안합니다'라는 말을 듣는 것은 매우 드문 일이다. 그런데 아직 어린 이 인턴은 자신으로 인해 더 아팠을 환자에게 정중하게 사과를 한 것이다. 기대하지 않은 사과로 통증도 가시고 기분도 나아졌다.

9시 30분에 간호사가 산소포화도 검사기기를 부착해야 한다며 침대에 누우라고 한다.

'엥? 한양대병원에서는 11시가 돼야 병실로 돌아왔는데…'

호흡기를 착용하고 누우니 손가락과 왼쪽 귓바퀴 두 곳에 검사기기를 부착했다. 그로 인해 밤새 오른쪽으로만 누워 있어야 할 것 같았다. 아! 한 쪽으로만 자야한다니, 첫 날부터 숙면은 글른 것 같았다.

열두 번째 입원의 첫 밤은 이렇게 시작됐다.

슬기로운 환자생활 12_ 2일차

검사기기를 왼쪽 귓바퀴에 붙여 오른쪽으로만 누워 있어야 하다보니 어깨와 골반이 아파 눈을 떴다. 12시 20분이다. 두 시간 정도 잔 것이다. 잠시 바로 누워 -평소에는 힘들지만 호흡기를 착용하면 잠깐은 바른 자세로 누워 있을 수 있다- 통증을 달래고 다시 오른쪽으로 눕기를 반복하다 새벽을 맞았다. 도저히 더는 견딜 수 없어 검사기기야 어찌되던 왼쪽으로 누워 버렸다. 기기가 눌리는 불편함을 참고 겨우 까무룩 잠들었는데 갑자기 누가 흔들어 깨웠다. 아이언맨 가슴의 팔라듐처럼 동그란 LED등을 단 간호사가 와서 내게 부착된 장치를 점검하러 온 것이었다. 제길, 겨우 잠들었는데 ㅠㅠ

새벽 5시. 이미 병원은 업무를 시작해 간호사들이 수시로 들어와 나와 옆 병상 환자의 상태를 점검했다. 6시에는 체중을 잰다고 왔는데 -체중을 꼭 이 이른 시간에 측정해야 한단 말인가- 침상에서 내려가야 하느냐고 묻자 기능원은 그대로 누워있으면 된다고 한다. 그러더니 두꺼운 천막 같은 재질의 들것을 몸 아래 넣더니 기중기로 들어 올려 측정했다. 58.1kg, 몇 달째 잘 유지되고 있다. 잠시 시장에 팔려 가는 돼지 신세가 된 기분이었다. 그리고 잠을 못 자서 기분도 꿀꿀했다.^^

모래알 같은 아침을 먹고 나니 그제서야 어제 간호사가 와서 귀와 손에 단 기기를 떼어줬다. 성가신 줄을 제거하고 복도에 나가 글 몇 줄을 쓰고 있는데 담당 교수가 회진을 왔다. 선한 웃음을 머금은 눈을 가진 교수는 몇 가지 문진 후 필요한 검사와 치료 내용을 설명해 주었다. 오늘 내일 중에 연하, 신경전도 검사, 폐 기능 검사를 하겠다고 한다. 연하 검사는 서울대병원에서 한 것이 마지막이니 재검을 할 시기가 됐다. 근전도 검사는 무척 아픈데 신경전도 검사는 그보다는 통증이 덜하다고 하니 다행이다. 그리고 폐 기능 검사는 한양대병원에서 3개월 전에 했는데 힘든 검사가 아닌지라 담당 교수의 처방에 순순히 따르기로 했다. 허긴 안 따르면 어쩔 건데…

산소포화도 검사, 회진 등 바쁘게 시간을 보내고 나니 어느새 점심 식사가 나왔다. 한창 식사 중에 담당 간호사가 와서는 1시에 신경전도 검사를 받으러 가야 한다고 했다. 마음이 급해 서둘러 밥을 먹고 있는데 20분 전에 이송원이 데리러 왔다. 뻔히 식사 중인데 빨리 가야 한다고 채근하는 바람에 밥숟갈 놓고 입을 대충 헹구고 끌려갈 수밖에 없었다. 검사실에 도착하니 12시 46분, 오히려 검사실이 점심시간이라 10여 분이나 기다려야 했다. 젠장~

이곳의 특징 중 하나는 '이송원'이다. 다른 병원에서는 검사를 받거나 재활치료를 받으러 갈 경우 보호자가 수고를 해야 한다. 그런데 여기는 이송원이 환자를 침대에서 내려 휠체어에 태워 목적지까지 옮겨주고, 일을 마치면 다른 이송원이 와서 침대까지 데려다 준다. 보호자의 수고를 덜어주는 좋은 시스템이다. 동관만 해도 수십 명의 이송원이 근무하는 것 같고, 세 곳을 합치면 적어도 백여 명 이상의 이송원이 있는 듯싶다. 조금만 시간을 주면 식사도 마치고 양치질이라도 했을 텐데 이런 점은 좀 아쉬웠다.

오후 4시 경 암사동에서 음식점을 크게 하는 동원이가 처와 함께 돼지 갈비 구운 것과 갈비탕을 포장해 왔다. 나이는 몇 살 아래지만 고양 AV 모임에서 만나 20년 넘게 연을 이어 온 마음 씀씀이가 따뜻한 고마운 벗이다. 앉아 얘기할 장소도 없고 장사하는 사람이 오랜 시간 병원에 있는 것도 좋지 않은 것 같아 서둘러 얘기를 마치고 돌려보냈다.

오늘은 곽 환우가 입원했다. 매달 열흘씩 병원에서 지내고, 한 달에 한두 번은 따로 만나는데 다른 장소에서 만나니 반가움이 새로웠다. 병원도 코로나에 대한 우려가 커서 그런지 환자들이 모여 있거나 다른 병실에 가면 간호사들이 바로 퇴실을 요청한다. 드래곤의 1인실에 모여 잠시 얘기를 나누던 중 담당 간호사가 와서 각자 병실로 돌아가라고 했다. 한양대병원 같으면 저녁 시간에는 웬만하면 못 본채 넘어갔을 텐데, 이곳 분위기는 사뭇 달랐고 아직 분위기를 잘 모르니 순순히 각자 병실로 향했다.

옆 병상은 대구에서 올라온 환자였는데 파킨슨에 뇌졸중이 겹쳐 현재 한쪽 몸을 쓰기 어려운 상태로 이곳에서 만 4개월을 입원 중이라고 했다. 그는 월남전 참전 용사 출신의 60대 후반이었고 그의 배우자는 그보다 많이 젊어 보이는 여자였다. 어제는 밤새 조용히 자길래 이웃을 잘 만났다며 아내와 좋아했는데, 어디가 잘못됐는지 오후부터 큰 신음을 쉬지 않고 냈다.

초기에 그의 아내는 나긋나긋한 사투리로 '어디가 아프노?', '우얄꼬?' 하며 살가운 목소리로 환자를 대했다. 그럼에도 환자의 신음이 계속되자 갑자기 X팔, ㅈ팔 따위의 욕설을 하기 시작했고 나중에는 찰싹찰싹 다리와 팔 등에 손찌검까지 했다. 그의 신음소리도 괴로웠지만 더 견디기 힘든 것은 그녀의 욕설과 손찌검 소리였다.

나는 그 모습이 보기 싫어 복도로 나왔다. 잠들기는 글렀구나 생각했는데 이미 그들의 상황을 아는 간호사들이 10시에 그를 데리고 나가 처치실에 격리시켰다. 뜻밖의 1인실이 된 병실에서 나와 아내는 어제의 피곤함으로 일찍 잠들었다.

슬기로운 환자생활 12_ 3일차

아직 깜깜하기만 한 새벽 5시부터 간호사들의 본격적인 업무가 시작되었다. 그 시간에 와서 잠을 깨운 간호사는 아직 비몽사몽인 내 입에 호흡기 비슷한 얇은 플라스틱을 갖다 댔다. 그리고 기기의 전원을 켜자 웅~하는 소리와 함께 호흡기에서 김이 나기 시작했다. 처음에는 약품 냄새가 역하게 느껴져 메슥거렸으나 몇 번 호흡을 하자 적응이 됐다. 오늘부터 시작하는 네뷸라이저 치료다. 호흡기 치료에 필요한 약물을 미세하게 분무해서 기관지의 가래를 삭히는데 도움이 되는 치료라고 한다. 이곳에서 처음 받아보는 치료인데 호흡기에서 나오는 증기를 직접 마시니 효과가 좋을 것 같다.

오늘도 8시 30부터 호흡재활치료를 하고 바로 작업치료가 예정되어 있어서 서둘러 세면을 하고 밥을 먹은 뒤 양치를 끝냈다. 이송원은 역시 20분 전에 도착했다. 나 같은 경우는 자동휠체어라 굳이 밀어주지 않아도 되는데 그들은 정해진 시간이 되면 무조건 온다. 호흡재활치료는 29살의 젊은 여성인 임수정 치료사가 오늘부터 나를 담당한다. 큰 키에 서글서글한 눈매 등 서구적인 인상을 가진 그녀는 성격이 밝고 친절했다. 우리는 치료시간 동안 많은 얘기를 나눴고 첫 날임에도 무척 친숙해졌다. 그래서인지 30분이 금세 지나갔다. 작업치료 담당인 변선희 치료사는 40대 초반으로 보이는 노련한 분이었고, 그녀 역시 친절하고 따뜻하게 대해 주어 편한 마음으로 치료를 받았다. 이들 덕에 낯선 환경에 빨리 적응하게 될 것 같다.

오후에 병실 앞 복도에서 핸드폰을 만지작거리고 있는데 갑자기 한 간호사가 옆 병실로 뛰어 들어가며 '모두 도와주세요!'라고 소리를 쳤다. 이어서 간호사들과 당직의로 보이는 사람들이 우르르 달려 들어갔다. 그러자마자 복도에는 차임벨과 급박한 코드블루 상황이 스피커로 전해졌다. 잠시 후 간호사들이 한 침대를 둘러싸며 끌고 나왔는데 당직의가 침상 위에서 환자에게 심장압박을 하고 있었다. 각종 의학드라마에서나 봤던 그 장면이 눈앞에 펼쳐진 것이다. 침대가 이동하는 짧은 순간 병상의 주인인 할머니의 얼굴을 스치듯 볼 수 있었는데 마치 슬로우 비디오처럼 매우 천천히 지나가서 할머니의 얼굴을 또렷이 볼 수 있었다. 내 착각이었는지 모르겠지만 왼쪽으로 처진 할머니의 얼굴은 의료진들의 다급한 모습과는 달리 무척 평화롭게 보였다. 다시 한 번 코드블루 방송이 나오고 여러 의사들이 처치실로 합류했다. 가족으로 보이는 아주머니가 복도에서 오열하고 있고 옆 병상 보호자로 보이는 분이 그녀를 위로했다.

옆 병실로 다가가 이름표를 보니 80세가 넘은 분인 것 같다. 무슨 병인지, 어떤 상태인지 모르겠으나 심폐소생술까지 해서 되살리는 게 의미가 있을까? 혹 본인의 평화로운 안식을 의술이라는 이름으로 막는 건 아닐까? 하는 생각이 들었다. 무엇이 옳은지는 모른다. 하지만 나에게 그런 순간이 온다면 DNR(Do Not Resuscitate)을 선택할 것이고, 이런 생각은 아내와 친구들에게 진작 얘기해 놓았다.

급박한 모습을 뒤로 하고 아내와 1층과 지하 1층 이곳저곳을 다녔다. 토요일 진료 환자들이 빠져나간 로비는 텅 비었고, 비로소 크고 긴 복도의 전체 모습이 눈에 들어왔다. 세 덩어리의 큰 건물이 이렇게 단차 없이 바르게 뻗어 있다니 잘 지은 건물이라는 생각이 들었다. 처음부터 증축을 염두에 둔 지혜로운 설계가 있었으리라.

대형 크리스마스트리가 신관, 동관과 서관에 각각 하나씩 세워져 있었다. 이제는 더 이상 아무런 기대나 설렘도 없는 그런 날이 되어버린 크리스마스. 어린 시절에도 선물을 받으며 자라지 못해 특별한 추억은 없지만 산타클로스의 존재를 믿고 싶은 마음과 선물에 대한 기대는 내겐 오히려 생채기 같은 기억들이다.

지하는 현대백화점의 축소판인 양 여러 종류의 점포가 입점해 있었다. 누가 사 입을까 싶은 싸 보이지 않은 옷을 걸어놓은 가게부터, 한식당, 일식당, 중식당과 베이커리, 편의점 등 다양한 점포들이 입점해 있다.

그리고 '하나은행 서울중앙아산병원지점' 간판이 보였다. 반가웠다. 다음 주 평일에 들러 후배들에게 음료라도 사주고 싶다는 생각이 들었으나 실행에 옮기지는 못했다.

저녁 식사 후 환우들과 낮에 보아둔 신관 1층 휴게실로 갔다. 산부인과와 소아과 진료실 앞에 위치한 휴게실은 나무 데크로 바닥을 깔아 놓았고 군데군데 벤치를 놓았다. 6층 높이까지 뻥 뚫려 있어 속이 후련할 정도로 개방감이 좋았다. 바닥 중간 중간 얕은, 한 뼘 남짓한 깊이의 연못을 만들어 놓았고 금붕어 몇 마리가 여유롭게 헤엄치고 있었다. 조용한 곳에서 우리는 이렇다 할 휴식장소가 없는 한양대병원을 생각하며 이런 장소가 한양대병원에도 있거나, 환우들이 이곳에 많았으면 좋겠다는 생각을 했다.

　1시간 후 올라와 영양제를 맞기 시작했다. 목통증이 심해져서 주사를 맞기로 했는데 월요일이나 되어야 놓아줄 것 같다. 환우도 셋뿐이고, 병실 방문을 제한하는 엄격한 분위기 때문에 여기는 한양대병원 보다 1시간 먼저 잠들게 된다. 수없이 깨기는 하지만.

슬기로운 환자생활 12_ 4일차

　"조용히 해라! 이 씨불놈아!"

　어젯밤에는 옆 병상 환자에게 강한 진통제를 처방했는지 신음을 내지 않고 조용히 잠들어 있었다. 나도 10시 즈음 잠자리에 들었는데, 3시 조금 넘자 약효가 떨어졌는지 옆 환자가 신음을 내기 시작했다. 그의 아내는 '옆에 아저씨 잠 몬 잔다. 좀 조용히 해라.'고 살살 달래기도 하고 조금 큰 소리를 내기도 하다가 기어코 욕을 샤우팅했다. 새벽 5시였다.

　"옆 환자 깬다. 고마 닥쳐라. 씨팔!"

　내 잠은 그녀의 걱정(?)과는 반대로 환자의 신음소리가 아니라 그녀의 시원한 욕 때문에 깔끔하게 깨버렸다. 어떤 때는 '오구구 우리 애기, 와빠야 -오빠야 인지, 아빠야 인지 사투리 억양 때문에 불명확하다- 산책가자.'라며 닦아주고 입혀주다가 수가 틀리면 주변 안 살피고 욕을 해대고 찰싹찰싹 때리기까지 한다. 오후에는 내일 다른 재활병원으로 옮긴다며 짐을 싸느라 내내 소음을 일으켰다. 그녀는 그 바쁜 와중에도 간간히 남편에게 욕하는 것을 빼놓지 않았다. '씨불놈'과 '와빠야' 사이 어디쯤이 수십 년 살아왔을 그 부부의 현주소일까?

아침 일찍 드래곤의 아내가 남편을 보러 왔다. 원칙상 면회 금지이긴하지만 아이러니하게도 편의 시설이 있는 곳에서는 만남이 가능하다. 지하 1층 식당가에 앉아있던 그녀는 우리 부부를 보자 달려오는 것으로 반가움을 표시했다. 그녀는 나를 보자마자 생일선물이라며 레그워머를 직접 신겨주었다. 혈액순환이 잘 안 되는 루 씨들은 여름에도 발이 차가운데 나는 겨울에 가벼운 통증이 느껴질 정도로 고통스럽다. 그렇지 않아도 이번 겨울에 대책을 마련해야겠다고 생각했었는데 뜻밖의 매우 유용한 생일 선물을 받게 된 것이다. 그녀는 곽 환우에게도 같은 것을 선물했다. 워머는 금세 발목부터 종아리까지를 따뜻하게 감싸줬다. 비싼 물건은 아니지만 그녀의 고마운 마음 씀씀이에 명품 선물을 받은 것처럼 기뻤다.

오후에는 날이 풀려 처음으로 7층 옥상공원에 나갔다. 공원은 꽤 넓어서 나무며 꽃나무가 제법 많이 있었다. 간호사의 말에 의하면 봄에 꽃이 필 때는 참 예쁘다고 한다. 오랜만에 따듯한 날씨지만 행여 감기라도 걸릴까 무릎담요를 덮고 겉옷을 입었다. 우리는 마치 나무가 광합성을 하듯 약간은 따가운 햇살을 온몸으로 받으며 한참 앉아 있었다.

입원 전부터 목통증이 계속되어 간호사실에 파스를 달라고 했더니 손가락 세 마디 만한 파스를 달랑 한 장 가져다 줬다. 내가 목에 붙인다고 했으니 적당량을 주리라 생각했지만 생각 외로 고지식한 일처리였다. 그래서 다시 5장을 달라고 했더니 이 파스는 48시간 효과가 있는 것이니 이틀에 한 번 5장 주면 되겠냐고 묻는다. 환자에 대한 철저함, 아산병원의 문화를 다시 한 번 느꼈다.

피곤하고 졸려 라디컷을 맞으며 한숨 잤다.

저녁을 먹고 신관 1층 휴식 장소에 다시 내려갔다. 띄엄띄엄 환자들과 보호자들이 벤치에 앉아 있었다. 옆으로 난 복도에는 서너 개의 링거액 줄을 단 어린 환자가 엄마가 끌어 주는 유모차 안에 있었다. 엄마는 조금이라도 통증을 줄여 주려고 아이에게 노래를 불러주기도, 말을 걸기도 하며 복도를 걸었다. 또 멀리 떨어진 벤치에는 젊은 부부가 강보에 싸인 아기를 안고 쩔쩔매고 있었는데 아픈 아이는 얼마나 울었는지 목소리가 쉬어 있었다. 아이들의 아픈 모습은 언제 보아도 짠하다.

9시 30분에 올라와 잠시 쉬다 잠자리에 들었다. 옆 병상 환자는 약을 먹었는지 조용히 잠들었고 그의 아내 역시 가르릉 코고는 소리를 내며 잠들어 있었다. 호흡기의 복잡한 몇 가닥의 줄을 없애고 하나의 호스로 바꾸고 모드도 변경했다. 벌써 나흘째 담당 간호사가 와서 호흡기의 적응 상태를 점검했다. 바꾸기 전까진 호흡기의 들숨과 날숨이 번갈아 나왔는데 새로운 모드는 쉬익~ 쉬익~ 거리며 지속적으로 공기가 배출돼 처음에는 당황스러웠다. 그러나 신기하게도 내가 숨을 쉬기 시작하면 호흡기는 바로 들숨과 날숨으로 바뀌었다. 나는 한 시간여 만에 새로운 모드에 적응했고 의사는 모든 수치가 양호하다며 잘 적응하고 있다고 했다. 작년 12월 서울대병원에서 호흡기를 처방 받았을 때는 한 번에 15분도 착용하기 힘들었는데 이제는 호흡기를 착용하고 자는 것이 편할 정도가 됐다. 그건 내 호흡 상태가 호흡기 없이는 어렵다는 것의 반증인지도 모른다. 호흡기, 휠체어, 장애등급 등을 덤덤히 받아들이는 내가 때로는 타인 같다는 생각이 들곤 한다. 기특한 건가?

슬기로운 환자생활 12_ 5일차

어제 새벽, 시원한 욕 샤우팅으로 잠을 깨운 옆 병상 보호자가 '승만 씨! 승만 씨!'하며 그의 남편을 불렀다. 환자는 다시 신음을 시작했는데 그녀는 약간 짜증이 묻어있지만 욕을 하지 않고 그의 이름을 부르는 것이었다. '아! 어제는 화가 많이 나서 욕을 했나보다. 오늘 퇴원하니 많이 누그러졌는지 이름을 부르네.'하고 생각했다. '병실 입구에 적혀있던 그의 이름은 희성이었는데 둘이 부르는 다른 이름이 승만 씨인가 보다.'라는 생각이 이어지는 순간

"승만 씨! 씨발!"

어제처럼 욕 샤유팅이 이어졌다. 아! 승만 씨는 그의 또 다른 이름이 아니라 '숨만 쉬어'라는 말이 억센 경상도 사투리를 타고 '승만 씨'로 들렸던 것이다.

"숨만 쉬~"

시간을 보니 새벽 2시 30분이다. '숨만 쉬!', '닥치라', '다물라' 등 육두문자가 병실에 울렸다. 오늘이 마지막 날인데 제발 조용히 있다 갔으면 좋으련만 그녀의 욕설은 강한 경상도 억양을 타고 귀에 박혔다. 신음과 욕설은 한 시간이나 계속된 후 잦아들었고 겨우 다시 잠들 수 있었다.

아침 식사에 미역국이 나왔다. 아내가 '오늘 자기 생일인데 병원에서 알고 미역국이 나왔다'며 오늘이 내 생일임을 알려줬다. 입원 기간 중 생일이 있는 줄은 알았지만 오늘인지는 몰랐다. 병원에서 처음 맞는 생일이라고 별다른 감흥도 의미도 서글픔도 없었다. 그냥 환자로서의 또 다른 하루일 뿐이라고 생각했다.

오늘은 4개의 재활치료와 연하검사가 예정되어 있다. 8시 30분에 시작해서 30분 단위로 작업과 연하 재활치료를 받았다. 점심을 먹고 나서 연하검사를 받았고 그 뒤에 전기와 호흡치료를 받았다. 연하검사 직전에는 목에 통증 완화주사를 맞는데 담당 의사가 연하검사 받기 전과 직후에 발성이 어떻게 달라지는지를 알아보는 시험이 있는데 도와주겠냐고 물어서 환자에게 도움이 되는 시험일텐데 그렇게 하겠다고 했다. 시험은 연하검사 직후 그 자리에서 '아~ 에~ 이~'등을 길게 소리 내는 것이었고 그 의사는 내 얼굴을 어떤 어플로 촬영했다. 핸드폰 어플에 비친 내 머리가 산발이다. 이럴 줄 알았으면 신경 좀 쓰고 오는 건데.ㅋㅋ

오후 4시부터 전기치료와 호흡치료를 받았다. 전기치료 베테랑 이진쌤이 내 목의 근육이 많이 뭉쳐있다며 손가락으로 뭉친 부위를 누르기 시작했는데 너무 아파 비명이 나올 지경이었다. 그러나 통증과 함께 시원한 느낌이 나서 이를 꽉 물고 참았다. 며칠 받으면 통증이 많이 가실 것이라고 하니 꾸준히 받아야겠다. 호흡치료는 주로 호흡에 관련된 각종 근육을 풀어주는 것에 중점을 두었다. 복근과 횡격막을 늘리고, 옆으로 뉘어 갈빗대 사이 근육까지 이완시켜 주었다. 처음 받는 치료였지만 그냥 기침유발기로 호흡 연습만 하던 것과는 달랐고 보다 근본적인 재활을 지향하는 것 같아 좋았다. 이렇게 검사와 재활을 받았지만 아직 라디컷 주사 1시간, 네뷸라이저 40분, 비타민 주사 3시간이 남아있다. 빡센 하루다.

이곳의 회진은 9시경에 시작되는데 내가 병실에 없으면 담당 교수와 주치의가 재활치료실까지 찾아와 상태를 물어보고 향후 치료 방향에 대해 설명을 해준다. 다른 병원에서는 보지 못한 회진이었고 이것 하나로 아산병원에 대한 신뢰도가 높아졌다. 담당 교수는 회진을 마친 후 치료사에게 "우리 환자 잘 부탁드려요."라고 말했다. 나는 돌아가는 교수에게 오늘은 손을 안 잡아 주냐고 하자 -첫 회진 시 내 손의 악력을 보고자 잡아 주었다.- 웃으며 두 손을 꼭 잡아 주었다. 따뜻한 마음이 손의 따뜻함과 더해져 전해왔다. 내가 "좋은 하루되세요. 선생님"이라고 하자 "환자분이 저에게 응원을 해주시네요. 감사합니다."하고 밝은 미소를 지으며 떠났다. 장난 같이 한 행동이었지만 나는 이곳까지 회진하러 온 그녀의 하루를 진심으로 응원해 주고 싶었다.

목동방송타운에서 같이 일했던 직원이 내 생일이라고 보리빵을 보내왔다. 양이 넉넉하여 환우들과도 나눴고 간호사들에게도 조금 나눠주었다. 이런 벗들로 인해 루와 맞설 의지가 생기고 투지가 자란다. 가끔 작은 좌절을 맛볼 때도 벗들의 전화, 카톡, 작은 선물들이 내게 현실과 맞설 힘을 준다. 13년이 다 된 시간이지만 시간이 흐를수록 익어가는 우리는 참 좋은 인연이다.

저녁 식사 후 1층 로비에 삼총사가 모였고 자그마한 생일 케익에 불을 붙이고 조촐하게 생일 축하 자리를 가졌다. 그런데 곽 환우가 페이스톡으로 한양대병원에 있는 환우들을 불러 같이 원격으로 생일 축하 노래를 불러주었다. 아산병원과 한양대병원 환우들의 콜라보 생일 축하 노래는 새로운 경험이자 감동이었다. 우리여서 할 수 있고, 느낄 수 있는 작은 행복감이 찾아 왔다. 특별할 것 없는 오늘을 행복하게 마무리하게 해 준 벗들에 감사하다.

그리고 늦은 시간에 서교동에서 같이 근무했던 권 대리로부터 축하 톡을 받았다. 매년 잊지 않고 축하와 선물을 보내주는 그녀. 나는 그녀에게 따뜻한 사람이었는지 되돌아보게 만드는 착한 심성을 가진 벗이다. 고마워 권 대리.

옆 병상 환자가 떠나 오늘은 1인실처럼 보내게 됐다. 숙면을 취해야지.

슬기로운 환자생활 12_ 6일차

오랜만에 7시까지 잤다. 아내도 푹 잔 것 같아 마음이 가볍다. 아침 식사 중 주치의의 회진이 있었는데 어제 연하검사 결과 약간의 문제는 있지만 일상적인 식사를 해도 좋을 만큼 상태가 좋다는 피드백을 주었다. 작년 12월 마지막 검사 때보다 오히려 나아진 듯 보인다고 했다. 나보다 아내가 더 기쁜 내색을 보였고 나 역시 나빠지지 않은 것에 감사했다.

9시에는 작업치료와 전기치료를 받았다. 어제에 이어 뭉친 목과 어깨의 근육을 정확히 집어 손가락으로 풀어주었다. 이렇게 손가락에 힘을 주어 마사지를 하면 본인도 많이 상할 텐데 어찌나 정성이 가득한지 고마웠다. 사실 이런 베테랑 치료사를 만나기 어렵다. 많은 병원들이 계약직으로 물리치료사를 채용하기 때문에 베테랑을 만나기 어렵다. 대부분 계약직 근무기간은 2년이고 그러면 새로운 계약직을 채용하기 때문에 한 곳에서 지속적으로 경력을 쌓는 것은 매우 드문 일이다. 이 분처럼 정규직으로 근무하면 환자에게 좋은 치료를 할 수 있는 경험을 쌓을 수 있는데, 환자의 치료보다 수익을 더 생각하는 우리나라 병원의 현실이 안타깝다.

오늘은 대설이다. 그러나 평년보다 높은 기온으로 햇볕 아래는 포근했다. 점심 먹기 전후 7층 정원에 나가 햇살을 맞았다. 아내는 이런 햇살이 피부에 안 좋다며 어느새 썬 크림을 가져와 얼굴에 발라주었다. 얼굴이 좀 타고 잡티 좀 생기면 어떠랴 싶었지만 볼 것 없는 얼굴을 챙겨주는 아내의 손길이 고마웠다.

오후 4시 다시 재활치료실에 갔는데 이 시간에는 침대에 실려 오는 환자가 다수라 넓은 치료실이 환자로 가득 찼다. 침대째 움직인다는 건 휠체어도 타지 못하는 상태를 의미한다. 대다수는 노인환자인데 간혹 젊은 사람도 눈에 띈다. 뇌졸중, 교통사고, 파킨슨 등 다양한 그들에게는 굳은 근육을 풀어주는 마사지나 누운 채 자전거 페달을 돌리는 운동을 시킨다.

내가 쓰는 엠부백과 휠체어 배낭은 모두 먼저 떠난 환우들의 것이다. 엠부백은 한 번도 못 만난 환우의 가족이 고인이 된 환자가 쓰지 않은 물건들을 나눈다 하여 받은 것이고, 배낭은 얼마 전 떠난 남강수 환우의 것이다. 두 물건 모두 한 번도 쓰지 않은 것이다. 갑자기 떠난 환우들에게는 그런 물건들이 많다. 어떤 사람들은 그런 물품을 쓰는 것을 꺼리지만 나는 아무런 선입견도 없다. 삶의 한 쪽 끝에 출생이 있듯 다른 한 편에는 죽음이 있는 것 아니겠는가?

재활치료는 단순히 기능의 저하 방지나 개선을 목적으로 하지 않는다. 치료 과정에서 치료사와 신뢰 관계를 형성함으로써 심리적 치료도 병행된다. 대부분의 치료사들은 그런 마음으로 환자를 대한다. 대화를 통해 매일 조금씩 가까워지고 신뢰가 형성되면 개인적인 이야기도 하게 된다. 이 과정은 물리적 치료와 더불어 심리적 치유 효과를 가져온다. 지금까지 만난 대부분의 물리치료사들은 그런 면에서 모두 고맙고 훌륭한 분들이다.

25년 경력의 베테랑 전기치료실 치료사는 30분 치료 시간 동안 쉴 새 없이 대화를 한다. 주로 그녀가 말하고 나는 대답을 할 뿐이지만, 그 시간은 유쾌하고 그만큼 시간은 빨리 지나갔다. 작업, 연하, 호흡치료실 역시 마찬가지다. 치료사의 손끝, 호흡에서 환자는 진정성을 가늠할 수 있다. 다행히 아산병원에서 만난 모든 분들이 내게 긍정적 영향을 미치고 있다.

슬기로운 환자생활 12_ 7일차

- 슬기롭지 못한 환자생활

미끌~ 쿵! 쿵!

순식간에 벌어진 일이었다. 등과 그 아래를 닦으려 앞에 설치한 봉을 잡고 일어선 순간 나를 잡고 있었던 아내나 내 발은 미끄러운 타일 위에서 아무런 힘을 쓰지 못했다. 일차적으로 엉덩방아를 찧었고 이어서 머리를 벽에 부딪쳤다. 흰 섬광 같은 것이 보이고 띵~하는 소리가 울렸다. 다행스러운 건 내가 초인적인 힘으로 부여잡고 있는 안전봉이 내 앉은 키보다 조금 높게 있어서 충격을 줄여주었고 머리를 바닥에 부딪치지 않았다는 것이다.

　아! 하고 내뱉은 아내의 짧은 비명에는 놀람과 걱정 그리고 약간의 원망이 섞여있는 것 같았다. 나도 당황스러울 정도로 많이 놀랐다. 엉덩이와 머리에 통증이 전해져 왔지만 그 순간에도 나는 아내의 눈치를 보고 있었다. 일어서려고 했지만 디딘 발은 힘 없이 바들바들 떨렸고, 미끄러운 바닥으로 인해 더 힘을 줄 수 없었다. 아내의 힘만으로는 일으켜 세우지 못하겠다는 생각에 우리는 잠시 누구의 도움을 받아야 할지 고민했다. 하지만 어떻게든 혼자 서고 싶었다. 이깟 깡마른 벌거벗은 몸을 보여주기 싫어서가 아니라 이 정도 일도 해결할 수 없는 나를 남들에게 확인시키고 싶지 않았다. 크게 심호흡을 하고 아직도 안전봉을 놓지 않고 있는 두 손에 힘을 주고, 오른발을 간신히 세워 아내에게 의지해 균형을 잡고 일어섰다. 팔, 다리가 후들거렸다. 목욕을 마치고 나오는 내내 아내는 계속 '괜찮냐?'고 물었고, 나는 '괜찮다.'고 답을 했다. 실제로 놀란 것에 비하면 충격은 작았기 때문이었다. 그보다는 내가 그 상황에서 아내의 눈치를 봤다는 사실이 새롭게 다가온 마음의 작은 파문이었다.

　"가만히 있어!"

　요즘 내가 아내에게 가장 많이 듣는 말 중 하나다. 잠자리에서 일어날 때도 아내는 힘이 없어 목을 툭 떨군 채 간신히 앉아 있는 내게 그 말을 한다. 그리고는 수면양말을 먼저 신기거나 호흡기 마스크를 닦으러 간다. 화장실에 들어가거나 나올 때도, 밥을 먹여 주던 아내가 전화통화를 하거나 다른 일을 처리할 때도, 아내가 부축하고 걷다가 휘청이는 등 무언가 급한 상황이 벌어질 때도 아내의 입에서는 어김없이 그 말이 나온다.

사실 나는 아내의 도움을 받지 않고는 일상적인 생활을 거의 할 수가 없다. 침대에서 일어나는 것, 호흡기를 쓰거나 벗는 것, 호흡기를 켜고 끄는 것, 거기에 증류수를 넣는 것, 화장실로의 이동, 양치질을 위한 준비, 세면, 머리감기, 목욕하기, 옷 입기, 등 긁기 -아! 이건 전에도 아내 없이는 못 했구나^^-, 거실로 나가기, 식사하기 등 24시간 아내의 도움을 받는다. 참! 자다가 돌아누워 돌돌 말린 이불도 아내가 펴주지 않으면 나는 누에고치 마냥 몇 시간이고 있어야 한다.

그 모든 과정에서 아내는 수시로 '가만히 있으라'는 말을 한다. 그 의미는 돌발 상황에 대한 걱정과 주의 환기에 있다는 걸 안다. 그렇지만 현실적으로 가만히 있을 수밖에 없는 내게 그 말은 '가만히 안 있어서 벌어지는 일은 당신 탓이야!'라는 워닝으로도 다가온다.

어젯밤 잠자리에 들기 위해 호흡기를 쓰고 아내는 나를 침대에 뉘였다. 그런데 방향이 조금 맞지 않아 머리가 베게에서 떨어졌고, 몸이 천정을 보고 눕는 자세가 되었다. 목이 꺾이고 호흡이 어려운 자세다. 호흡의 밸런스가 맞지 않자 호흡기에서는 계속 공기를 내뿜었고 나는 순간 멘붕이 왔다. 그런 상황에도 불구하고 아내는 먼저 내 무릎에 베개를 끼워 넣는데 여념이 없었다. '아!~'하고 신음이자 비명을 질렀지만 아내는 끝내 베개를 다 집어넣고서야 내 머리를 들어 베개에 올려 주었다.

　그러면서 아내는 '가만히 있으면 다 알아서 해줄 텐데 왜 소리를 지르냐!'라고 했고, 나는 '내가 가만히 있었지 꼼짝이나 할 수 있냐.'고 맞받아 쳤다. 그러나 내 목소리는 호흡기에 막혀 전달되지도 못했고 그저 '꺽! 꺽!' 소리 지르는 모습이 되고 말았다. 그날 밤 잠들기 전까지 '가만히 있어,'와 '다 알아서 해줄 텐데'라는 말이 맴돌아 정신이 사나웠다.

　그리고 오늘 저녁을 먹은 후 1층 로비에 내려가서 아내는 그 얘기를 다시 꺼냈다. 나는 어느 정도 잊었고, 또 생각하고 싶지 않은 얘기였는데. '우리 보호자들이 최선을 다하고 있는데 왜 그걸 못 참고 소리를 지르냐!'는 것이 말의 요지였다. 나는 '우리'라는 단어와 '최선'이라는 단어가 다른 말보다 귀에 들어왔다. 내 보호자는 아내 혼자인데 '우리'라니 그리고 '최선'이라니…

　요새 아내는 하루 중 상당 시간을 환우 보호자들과 통화한다. 서로 정보를 공유하기도 하고 격려하기도, 상대방의 고충을 들어주기도 한다. 각종 노하우가 많은 아내는 대부분이 손아래인 보호자들에게 중심 역할을 하고 있고 나는 그것을 매우 긍정적으로 생각한다. '우리'라는 단어는 보호자 대부분의 생각이라는 것이고, '최선'이라는 말은 많은 통화 중에 공통분모가 된 단어라고 생각한다.

　나는 모든 보호자가 '최선'을 다한다고 믿는다. 최선이라는 단어는 '고통의 감내'와 '희생'을 의미한다는 것도 안다. 그래서 나는 미안하다. 매일, 매순간 최선을 다하는 삶이 얼마나 피곤하겠는가? 그래서 환우들은 시간이 갈수록 '가해자 의식'이 커간다.

내가 할 수 없는 일이 늘어날수록 누군가 감내해야 할 일이 커진다는 것은 참 불공평하고 가슴 아픈 일이다.

환자는 끝도 없이 무너지는 고약한 병과 싸우느라 힘겹다. 보호자는 그런 모습을 보는 것도 힘들고, 맞춰 줘야 할 일들은 늘어나 지쳐 간다. 양쪽 모두 신경은 날카로워져 작은 자극에도 상처 입은 짐승처럼 격렬히 반응하게 되곤 한다. 누구의 탓도 아니다. 모두 힘겹고, 지쳐서 생기는 일들이다.

'최선을 다하고 있다.'는 말은 보호자들 간의 고충을 토로할 때 충분히 나눌 수 있는 말이다. 그런데 최선을 다하고 있는 사람에게 내가 어떤 요구를 한다는 것은 그 사람의 능력과 인내를 뛰어 넘는 그 무엇을 원한다는 것이지 않겠나. 그러면 내가 가해자 의식이 -그렇다고 가족이 피해자 의식을 갖는다는 의미는 아니다. 그것과 별개로 미안한 마음이 자라서 어느덧 그런 마음이 된다는 것이지- 더 커진다.

곽 환우와 활보선생님이 내려와 얘기에 동참하다가 삼천포로 빠져버려 얘기를 마무리 짓지 못했다. 아내는 나의 병간호와 시력을 잃은 사랑이를 보살피느라 사실상 연금 상태다. 1년이 넘는 시간 동안 그렇게 할 수 있는 것도 아내이기 때문이다. 언제가 끝일지 모르는 이 고난한 생활에서 이제는 아내도 쉼표가 필요한 것 같다. 나 역시 시간이 지나면 활동지원사의 도움이 필요할 것이니 보다 적극적으로 생각해야 할 순간이 된 것 같다. 늘 그랬듯이 새로운 변화에 적응하는 것이 쉬운 일은 아니겠지만 이제 더는 미룰 수 없는 일이 된 것 같다.

슬기로운 환자생활 12_ 8일차

〈케모포트 이상〉

한양대병원에서는 하루 맞을 주사가 끝나면 케모포트에 식염수를 주사한 뒤 피가 굳지 말라고 헤파린을 주사한다. 그리고 다음 날 주사 맞기전에는 이 헤파린을 주사기로 뽑아내는데 이때 약간의 혈액이 섞여서 나온다. 이 작업은 케모포트의 이상 여부를 확인하는 작업으로 열 번 주사를 맞으면 열 번 시행한다.

그러나 아산병원에서는 주사를 마친 후에 헤파린을 주사하지 않고 식염수만 주사하고 끝냈다. 그래서 그런지 주사를 맞기 전 케모포트에서 식염수를 빼려고 하면 식염수도 피도 나오지 않았다. 나는 이 점을 간호사에게 얘기했더니 '자신들은 프로토콜 따라 처치하고 있으나 주치의에게 다시 문의하겠다.'고 답을 했다.

케모포트도 수명이 있어 짧게는 6개월, 길게는 1년 이상 쓸 수 있다고 한다. '나는 겨우 넉 달째인데 이상이 있으면 어떡하지?'하는 걱정이 들었다. 그래서 담당 교수와 주치의 회진시 얘기를 했고 담당 교수는 '자신들의 프로토콜에는 마지막 주사 후 헤파린을 주사한다고 되어 있는데 다시 한 번 점검해 보겠다고 했다.' 그리고는 '다른 이상이 있는지 엑스레이 촬영도 진행하겠다.'고 했다.

그날 암병동에 근무하는 꽤 경력이 있어 보이는 간호사가 와서 이런저런 방법을 써가며 식염수를 빼려했지만 한 방울도 나오지 않았다. 다만 식염수 주입은 원활했기에 당분간은 계속 사용할 수 있으니 걱정 말라는 답만 주고 갔다. 그 후 저녁 무렵 이동식 엑스레이로 가슴 촬영을 했고 그 결과도 이상 없었다. 담당 교수 역시 자신들의 프로토콜이 한양대병원과는 다르나 이상 없다고 얘기해서 계속 맞기로 했다.

그런데 의외의 사건이 터졌다. 영상의학과에서 코로나 확진자가 나왔고, 어제 촬영한 기사가 간접 접촉자로 분류됐다고 했다. 나는 당황스럽게도 3차 접촉자가 되어 코로나 검사를 받아야 했다. 촬영 내내 마스크를 쓰고 있긴 했지만 다음 날 음성 결과가 나오기 전까지 무척 긴장했다. 작은 딸애 바로 옆에 앉아 있는 직장 상사가 감염됐다고 하더니 코로나가 생활 반경 내에 아주 가까이에 와있음을 실감하게 만들었다.

오후 재활시간에 상섭 형님이 외래로 재활에 들어오셔서 잠깐 인사를 나눴다. 형님은 이전보다 조금 더 야위었고 앉아서도 가쁜 숨을 내쉬었다. 호흡에 문제가 생기면 어려움을 겪는 환우를 많이 보았다. 루게릭의 종착지가 호흡으로 인한 마감이니 호흡은 가장 중요한 척도 중 하나다. 형님께서 이 정도에서 더 나빠지지 않으셨으면 하는 바람이다. 형수님이 과일이며 내가 좋아하는 열무김치 등 각종 김치를 잔뜩 싸들고 오셔서 나눠 먹으라고 주셨다. 김장을 못 담갔을 아내를 위해 바리바리 싸오신 것이다. 환자 돌보기에도 정신이 없으실 텐데 마음 씀씀이가 고맙다. 형님은 치료 후 힘드신지 잠시 얘기를 나누다 집으로 돌아가셨다.

저녁에 아내가 다시 '가만히 있어봐.'라는 말을 해 짜증을 냈다. 나는 모든 것이 피동적인데 나보고 가만히 있으라니 본인이 사전에 준비를 잘 하면 되지 않는가?하는 생각에 그만 짜증을 낸 것이다. 고마운 것과 불편, 불만인 것은 별개로 존재하고 나도 참다가 쌓이면 터진다고 말했다.

일에 순서가 있는데 침대에 눕히다 내가 자세를 잡지 못해 불편함을 얘기하는데 베개부터 다리 사이에 끼워주는 것은 아니지 않느냐. 그리고 내가 알아서 해줄 텐데 왜 조급하게 그러냐고 하면 아무 말도 하지 말라는 것인지. 몇 번이나 얘기했는데도 이어폰은 좌우를 구분 못하고. 생각해보면 병원 생활 초기에는 아무렇지도 않게 넘어가던 일이 다툼의 소재가 되곤 한다. 서로 지쳐가고 있다는 반증이다.

아내에게 미안하다.

그리고 슬프다.

슬기로운 환자생활 12_ 10일차

4시 반에 깨서 뒤척거리다 핸드폰 방송 들으며 자다 깨다 반복했다.

6시 40분쯤 일어난 아내는 일어나자마자 부리나케 샤워장으로 달려갔다. 목욕 가방을 의자에 놓고는 행여 누가 먼저 들어갈까 나를 휠체어에 태우고는 샤워장으로 달려갔다. 지난번 낙상으로 우리는 둘 다 극도로 조심하며 목욕을 마쳤다.

환자로서의 삶은 이번 생에서 처음이다. 가족들도 환자 보호자가 되기는 처음이다. 결혼해서 초기에 생활 습관이 맞지 않아 다툼이 잦듯이 환자와 보호자 사이에도 서로 주파수를 맞추는데 시간이 필요하다.

1. 식사

얼굴, 턱 근육과 혀의 움직임도 둔해져 음식을 먹는 시간이 오래 걸린다. 특히 사례에 대한 우려 때문에 여러 번 씹게 된다. 그런데 아직 입안에 음식이 있는데 또 숟가락을 입으로 가져온다. 그러면 마음이 급해져 덜 씹은 음식을 삼키거나 아직 입안에 음식이 있음에도 또 음식을 받아먹는다. 이런 경우 사례 들거나 입 주변으로 흘리게 된다. 제발 다 삼킨 후에 줬으면 좋겠다고 몇 번을 얘기해도 좀처럼 고쳐지지 않아서 이제는 아직 음식을 삼키지 못했으면 눈을 감고 있다. 그러면 아내의 손이 오다 멈춘다. 다행히 강제로 입을 벌리고 넣지는 않는다.ㅋㅋㅋ

2. 식사 중 사례

식사 중 사례가 터지면 입안에 있던 음식이 튀어나가 식탁을 엉망으로 만들어 놓는다. 가족들은 '미리 입을 막아야지'라고 얘기하지만 사례는 예고 없이 터진다. 그리고 사례가 터지면 온몸이 경직돼 팔도 올리지 못한다. 입을 막을 수가 없는 것이다.

이런 일이 몇 번 반복되더니 이젠 사례의 조짐만 보여도 잽싸게 휴지를 갖다 대준다. 잘해쓰.

3. 면도하기

전기면도기는 괜찮은데 처음 해보는 칼 면도는 어려운 미션이다. 게다가 타인의 얼굴을 면도하는 일은 쉽지 않다. 이해는 하지만 베이는 순간은 섬뜩하다. 그리고 턱은 그나마 괜찮은데 입술은 정말 아프다.ㅜㅜ 따뜻한 물로 어느 정도 수염을 부드럽게 만들고 면도를 하면 수월하게 깎인다. 몇 번 시행착오 끝에 이젠 매끈하게 잘한다.

4. 바지 올리기

바지를 갈아입거나 화장실을 다녀온 후 바지를 배꼽 위까지 바짝 추키면 남자는 매우 불편해진다. 그리고 여자와는 다른 신체 구조로 인해 좌우 한쪽으로 옷이 꼬이기 마련이다. 몇 번 얘기했는데 여전히 바짝 추킨다. 어흑ㅠㅠ

5. 웃옷 벗기기

단추가 없는 상의를 벗길 때 양팔을 빼고 나서는 턱부터 빼야 한다. 뒷목부터 빼면 옷이 목을 조른다. 특히 신축성이 없는 옷의 경우는 잠시 심각한 지경에 빠진다. 빈도로 따지면 많이 개선되었지만 지금도 가끔씩 목을 조른다. 일부러 그러나 싶어 잘 못한 일은 없는지 생각하게 만든다.^^

6. 밥맛없는데

병원 밥(죽)을 400여 끼 먹다보니 잠을 설치거나 피곤한 날은 정말 밥 먹기가 싫다. 그럼에도 아내는 한 숟갈이라도 더 먹으라고 한다. 그 마음은 충분히 알지만 다른 대안이 필요할 때도 있다. 어느 날 아내가 한 끼 먹어보고는 '정말 맛없다'고 인정했다. 그 뒤로는 먹기 싫다면 다른 음식이나 뉴케어로 대체해 준다. 쌩큐.

7. "조그만 불편도 못 참아!"

어느 날 양치하는 물이 너무 차가워서 이가 시려 너무 차갑다고 하자,

'그것도 못 참냐'고 한다. 온통 참을 것 투성이인 나는 조금이라도 불편함에서 벗어나고 싶다. 내가 할 수 있는 일들이 하나둘 줄어들고 이제는 대다수의 일을 가족에게 의지해야 하는 나로서는 고마움, 미안함과 별개로 불편함을 느낄 수 있다는 점을 이해해 줬으면 한다. 미안하지만 내 말을 들어주오.

8. 신경질

나의 신경질은 빈도나 강도가 확실히 늘었다. 신경질을 낼 필요도 없는 일이거나 참아 넘길 일도 짜증을 내곤 한다. 병은 내 신체만 갉아 먹고 있는 것이 아니라 감정까지도 얇은 유리처럼 만들고 있다. 조그만 충격에도 산산이 부서져서 날카로운 파편이 나 자신과 가족에게 상처를 입힌다. 가족들이 보면 아무것도 아닌 것 같은 일에 투정 아닌 투정을 부릴지라도 그것까지 이해해 달라고 하면 과한 요구일까?

미안해 모두 ㅠㅠ

9. 호흡기 탈착

일에는 순서가 있다. 호흡기를 작동 시키지 않고 마스크부터 얼굴에 씌우면 나는 잠시 숨을 쉬지 못한다. 반대로 아침에 마스크부터 제거하지 않고 호흡기를 끄면 같은 상황이 된다. 잠깐이지만 마치 물에 빠진 것 같은 공포감을 느끼곤 한다. 순서만 조금 바꾸면 되는데 이걸 바꾸는데 7번과 8번을 반복하며 오랜 시간이 걸렸다. 바꿔 줘서 쌩유 ^^

환자와 보호자 사이에는 참 많은 일들을 손발을 맞춰야 한다. 시간이 도와주는 경우도 있지만 서로 노력해야 가능한 일도 많다. 오래 같이 살았지만 거져 주어지는 것은 아무 것도 없다. 병력이 오래된 환우와 보호자들은 정말 대단한 일을 하고 있는 것이다.^^

슬기로운 환자생활 12_ 11일차

어제 호흡기를 착용하고 누우니 연건 쌤과 희연 쌤이 들어와 혈압과 체온을 측정하고 호흡기 증류수통에 뮤코미스트를 넣어주었다. 그리고 내일은 둘 다 쉬는 날이라 오늘밤이 마지막이라며 작별 인사를 했다. 나도 누워 손을 흔드니 희연 쌤이 다가와 꼭하고 잡아주었다. 따뜻하다. 그녀의 체온과 함께 바라보는 눈빛에서 안쓰러움, 기원, 응원 등의 마음이 전해져 온다. 호흡기를 착용해서 말을 할 수 없었지만 나도 역시 눈으로 감사, 응원의 마음을 전했다. 서울대병원 정민 쌤 이후로 오랜만에 느껴보는 따듯함이었다.

이곳의 간호사들은 취침 중에도 수시로 들어와 호흡기 상태를 사진으로 찍어 가고 잠들기 전 그리고 새벽녘에 혈압과 체온을 측정한다. 야간에 근무해야 하는 간호사들은 참으로 고된 직업이 아닐 수 없다. 결혼해 가정을 갖고 남편과 밤낮이 서로 바뀐 생활을 한다는 건 힘든 일이다. 게다가 아이라도 낳게 되면 육아와 간호사 일을 병행한다는 건 막강한 체력과 그보다 더 강한 인내심이 필요할 것이다. 그래서인지 종합병원에서 나이 든 간호사를 보기 어렵다. 힘든 전문가 과정을 밟고도 경력단절을 겪기 쉬운 직업이다.

오후 1시 30분에 마지막 라디컷을 맞고 5시 30분에 비타민을 맞음으로 주사는 끝났다. 말씨도 예쁘고 친절한 간호사가 케모포드에 식염수를 넣고 피를 빼내려고 시도했지만 오늘도 실패했다. 헤파린을 주입하고 바늘을 제거함으로써 아산병원에서의 주사 치료는 끝났다.

한양대병원 환우들이 아산의 시스템에 대해 궁금해 했다. 그래서 나는 "한양대병원은 가난한 친정 같고, 아산병원은 부자 시댁 같다."고 했다. 이 말 한 마디에 모든 의미가 함축돼 있지만 굳이 장단점을 비교하자면

먼저 한양대병원의 장점이다.

한양대병원은 마음이 편하다. 매달 입원해서 열흘씩 살다 보니 또 하나의 집이 되어 간다. 주치의들과 간호사 쌤과도 인간적인 소통이 늘어 간다.

루게릭 환자의 많은 임상 경험을 한 의료진과 간호사가 있다. 그래서 웬만한 환자의 고충은 다 잘 이해하고 적절한 처방을 내려준다.

매달 입원이 가능한 반면 아산병원은 1년에 두 번만 입원이 가능하다. 이는 실손 보험 지급기준이 입원 치료로 되어 있는 경우 매우 중요한 요소다.

2인실, 다인실 병실이 조금 더 넓다. 특히 다인실의 경우는 훨씬 쾌적하다. 놀라운 일이다.

공용 화장실 구조가 이용하기 편하다. 게다가 16층에는 비데도 있다. 비데는 손을 못 쓰는 루게릭 환우에게는 무척 중요한 요소다.

평일에도 상대적으로 덜 붐빈다.

그러나 아산병원의 1층과 지하1층은 인파로 정신이 없을 정도다.

간혹 시켜 먹거나 나눠 먹는 간식의 즐거움이 있다.

다음은 아산병원의 장점이다.

1. 매뉴얼이 잘 정비되어 있고, 체계적이라는 느낌을 준다. 의료진, 간호사에 대한 신뢰가 높아진다.
2. 재활치료실이 무척 넓고 치료사들이 많다. 다양한 기구가 있어 다양한 재활운동을 할 수 있다.
3. 이송원들이 있어 Bed to Bed 서비스를 해준다. 보호자의 수고를 확실히 덜어준다.
4. 식재료나 맛이 상대적으로 낮다. 상대적으로 낮다는 것이지, 맛집이라는 의미는 아니다.
5. 엘리베이터가 많다. 특히 환자 전용 엘리베이터가 있어서 빠른 이동이 가능하다.
6. 취침 시간 중 3번 욕창 방지를 위해 환자를 뒤집어 준다. 이 신박한 서비스는 간호사가 2인 1조로 각 병실에 다니며 와상 환자의 자세를 바꿔 주는 것이다. 나 같은 경우는 첫날 필요 없다고 했는데 인수인계가 안 됐는지 갑자기 두 명의 간호사가 들이닥치더니 잠자는 나를 깨우고는 아무 말 없이 부침개 뒤집듯 뒤집어 놓고 가는 것이었다. 조금 전에 막 자세 변경을 힘들게 했는데ㅠㅠ
7. 옥상정원, 1층에 넓은 휴게공간 등 다양한 공간이 있다.
8. 지하에 다양한 식당과 베이커리, 큰 편의점 등 편의시설이 많다.

9. 물자가 풍부하다. 각 병실 문 앞에는 소독용 휴지(소독제가 있는 물휴지 정도 되겠다. 사이즈가 커서 한두 장이면 웬만한 물건은 다 닦을 수 있다.), 1회용 비닐 옷, 글래스 등이 있는데 의료진분만 아니라 환자들도 자유롭게 쓸 수 있다.

10. 샤워실이 무척 넓고 미용실처럼 누워서 머리를 감을 수 있는 세면대가 있다.

양 병원의 크고 작은 장점들이다.

그러나 나에게 최고의 장점 한 가지를 고르라고 한다면 한양대병원에서는 많은 환우들을 만날 수 있다는 것이다. 그들과의 만남 자체가 위로고 격려이며 치유다. 이 장점 하나가 다른 부족함을 다 상쇄할 수 있다.

그럼에도 우리 환우들이 한 번은 아산병원에서의 새로운 재활치료 경험을 해보길 권하고 싶다. 특히 호흡, 연하의 어려움을 겪는 환우들은 다른 체계의 재활훈련을 받을 필요가 있다고 생각한다. 입원은 6개월에 한 번이지만 재활은 외래로도 가능하다.

오늘 저녁에도 신관1층 연못 휴게실에서 곽 환우와 마지막 저녁 만남을 가졌다. 나마저 퇴원하면 무척 심심할 텐데 남은 이틀 잘 보내라고 인사를 나눴다.

슬기로운 환자생활 12_ 퇴원

오늘은 마지막 재활치료가 8시30분에 예정되어 있다.

이송원은 역시나 20분 전에 도착했고, 나와 다른 환자 둘을 동시에 끌고 가려해서 나는 자동으로 가겠다고 하고 따라 갔다.

재활치료실에는 벌써 십여 대의 휠체어와 두 대의 침대가 대기하고 있었고 내가 도착한 뒤에도 계속 휠체어와 침대가 내려왔다. 환자들은 마치 배급을 기다리는 어려운 나라의 아이들처럼 표정도, 말도 없이 조용히 앉아 있다가 차례가 되면 하나씩 해당 치료실로 옮겨졌다.

호흡치료를 마치고 임경림 선생님과 따뜻하게 양손을 잡았다. 그녀는 내게 건강 잘 유지하라는 덕담과 건강한 모습으로 다시 만나자는 인사를 건넸고, 나 역시 그동안 고마웠다는 인사를 전했다. 전기치료실의 이진 선생님과도 치료를 마친 후 손을 잡고 감사를 전했고 그녀 역시 건강히 또 만나자는 인사를 해줬다.

병실로 올라오니 아내가 퇴원수속을 하러 내려갔고 간호사실에서 몇 가지 약과 파스 등 용품을 갖다 줬다. 이제 11박 12일의 두 번째 긴 입원이 끝난 것이다.

기온이 많이 내려가서 1층 로비의 공기는 차가웠다. 배웅 나온 곽 환우와 활보 선생님에게 어서 올라가라고 하고 장콜을 기다렸다. 월요일 병원 로비는 환자와 보호자들로 복잡했지만 집에 돌아간다는 기대에 마음이 편하다. 십여 분이 지나고 차량이 도착했고 친절한 기사분은 나를 조심스럽게 뒷자리에 태웠다.

하느님은 추운 날씨에는 햇볕을 거두지 않는다. 바깥 풍경은 한겨울

복판의 것이었지만 차창을 통해 들어오는 햇살은 따듯했다.

　1시간여 만에 집에 도착했고 엘리베이터에서 내리자 사랑이의 격한 환영이 먼저 우리를 맞는다. 집이다.

슬기로운 환자생활 13

서로 나누는 아픔

(2022년 1월 2일 ~ 1월 8일)

슬기로운 환자생활 13_ 입원

새해 첫 날을 보내고 일요일인 오늘로 입원을 앞당겼다. 아무래도 월요일부터는 입원 환자가 많아져서 16층으로 가기는 어려울 것을 예상했기 때문이다. 오전에 휴일 원무과로 전화해 보니 16층 5인실로 배정됐다고 한다. 작전의 승리.^^

지난 12월 16일부터 90일간 실손 보험 면책기간이다. 3월 16일 이후 입원해야 보험금을 지급 받을 수 있다. 처음에는 이 '면책기간'이라는 생소한 단어에 대해 아무런 지식도 없어서 그냥 입원만 하면 보험금이 나오는 줄로만 알았다. 그러나 보험 계약조건에 따라 90일 내지 180일의 면책기간이 있다는 걸 루 환우 덕에 알게 됐다. 루 환우들 대부분은 면책기간 동안 입원을 하지 않는다.

그러나 나는 1월과 2월에 입원하기로 했다. 요새 말로 하면 '내돈내원'쯤 되겠다. 적지 않은 병원비를 부담하면서 입원을 결정하게 된 것은 두 달이나 라디컷을 건너뛰면 상태가 악화될지도 모른다는 아내의 걱정과 환우들을 만나고 싶은 내 바람의 결과이다. 아내는 치료, 나는 치유에 더 방점을 둔 결정이라고나 할까. 다만 사랑이 돌보는 것 때문에 입원기간을 3일 앞당겨 6박 7일만 입원하기로 했다.

오늘은 이번 겨울 들어 가장 기온이 낮은 날이다. 추운 날씨에 자칫 몸이 경직될까 걱정이 되어 옷을 단단히 입고 무릎담요까지 덮고 집을 나섰다. 엘리베이터에 타자 맞은편에 아파트 리모델링 관련 포스터가 크게 두 장 붙어 있었다. 거기 적혀있는 일정대로라면 2028년까지 리모델링을 마치고 입주를 하게 되는데 과연 내가 새로운 집을 구경할 수 있을

지 모르겠다. 바람이 있다면 그전에 두 아이가 모두 결혼을 하고 그 모습을 내가 보는 것이다. 그리고 사랑이도 그때까지 같이 살기 바란다. 어찌 보면 아무것도 아닌 이 소망이 나에게는 세상을 구원하는 일만큼 무겁게 다가온다.

지난 12월은 아산병원에 입원해서 두 달 만에 다시 한양대병원으로 오게 됐다. 익숙한 복도와 엘리베이터를 타고 16층에 올라가니 간호사 쌤들이 반갑게 맞아 주었다. 익숙함이 주는 편안함, 그리고 1년을 도와준 의료진들과의 쌓은 관계, 이런 이유로 이곳은 가난한 친정처럼 정겹고 포근하다. 지난달 산휴 들어간 애닝쌤 그리고 그만 둔 다른 쌤으로 인해 낯선 얼굴들이 보였지만 며칠 지나면 그들과도 편해질 것이다.

16층 27호실은 처음 가게 됐다. 외부 엘리베이터 공사로 인해 몇 달째 창문에 시트지를 붙여 놓아 병실이 어둡고 환기가 안 되어 답답했지만 내돈내원인데 2인실로 갈 수는 없었다. 그리고 어제 정 환우가 먼저 입원했고 내일은 곽 환우, 송 환우, 은아 조카 등 나의 최애 환우들이 입원할 예정이라 그들과 함께 할 시간이 기다려진다. 자! 이번에도 잘 지내보자.

슬기로운 환자생활 13_ 2일차

이놈의 난면증이 다시 도졌다. 2시 40분에 깨서 5시 넘어 간신히 다시 잠들었다. 그래도 두 시간 가량 보충했더니 아주 피곤하지는 않다.

오늘은 16층에 10명의 환자가 입퇴원한다고 한다. 퇴원 환자는 오전에, 입원은 오후에 하니 주간 근무 간호사들이 무척 고생할 것 같다. 특히 입원의 경우는 병상 준비, 환자 및 보호자의 코로나 검사 확인, 혈압 및 체온 측정, 입원 기초 검사 준비, 채뇨, 채혈 등 해야 할 일들이 많다. 이런 날은 식사도 못하고 일하곤 하던데 그녀들을 보는 마음이 안쓰럽다.

송 환우는 2인실로 갔고 곽 환우, 정 환우가 우리 방으로 배정되어 왔다. 원래는 한 자리만 퇴원이었는데 내 왼쪽 병상이 과(科)가 달라져서 다른 병동으로 옮기게 되어 15층을 배정받은 곽 환우까지 오게 된 것이다. 창 측 두 자리에 먼저 온 환자들은 모두 커튼을 굳게 치고 필요할 경우에만 나왔다. 잠깐 얼굴을 보일 때마다 인사를 나누지만 어떤 이들은 다른 사람의 관심을 싫어하는 경우도 있어 다가가기 조심스럽다. 그러나 루 환우들이 모일 경우에는 잠자는 시간 빼고는 모두 커튼을 열어 젖혀 놓는다. 좁게 느껴지고 어둡기만 했던 병실은 두 배는 넓어 보여 서로 얘기하고 도움 주기도 편해진다. 아예 다인실 2개는 남녀 루 환우 전담 입원실로 해도 좋을 텐데 병원 운영 상 우리 마음 같지는 않다.

운동치료 시간에 기립대에 섰다. 기립대는 말 그대로 환자를 침상에 눕히고 넓은 벨크로 천으로 몇 군데를 고정한 뒤 일으켜 세우는 기구다. 다리가 불편해서 일어설 수 없는 환자도 이렇게 하면 5~20분 정도 중력을 느끼며 일어설 수 있다. 오랜만에 일어서니 발목과 무릎에 힘이 가는 것이 스스로의 힘으로 선 것 같은 착각이 들었다. 운동치료실의 넓은 창으로 아차산과 차가운 공기로 파리해진 하늘이 선명하게 들어왔다. 10분이 넘어서자 허벅지 근육이 땅기고 무릎이 묵직해져 왔다. 5분 더 욕심을 부려 기립의 맛을 더 보고 내려왔다.

연초라 아직 환우들이 많지는 않았지만 저녁 식사 후 3층 로비에 나가 보니 7~8명은 됐다. 오랜만에 만난 환우들과 새해 인사를 나눴다. 투병 중인 사람에게는 '건강하세요.'나 '완쾌하세요.'가 적절한 인사인데 루 환우는 '건강 잘 유지하세요.'가 최상의 인사다. 보호자들 역시도 환우들에게 그렇게 새해 인사를 건넨다. 하긴 현 상태를 잘 유지하는 것만이 최선이니 이 인사는 루 환우들에게는 매우 적절한 것이다.

정 환우는 50대 중반으로 11월에 처음 봤다. 확진받은 지 그리 오래되지 않았는데 진행이 빠른 편이라 오른손과 다리가 많이 불편해져서 전동 휠체어를 이용한다. 같은 병실에 있는 내내 먼저 말을 걸기 전에는 말을 걸어오는 경우가 거의 없다. 그는 누이가 병간호를 하는데 그녀가 활달한 성격을 가진 반면 그는 매우 조용한 편이다. 물론 남매끼리도 성격이 다를 수 있으나 나는 그의 눈에서 좌절과 슬픔을 언뜻 느꼈다. 나는 그것이 급속히 나빠진 병세 때문이라 짐작을 했다.

저녁 모임에서 그와 긴 얘기를 나눌 기회가 있었는데 그는 뜻밖에도 재활병원에 입원하는 걸 어떻게 생각하냐고 물었다. 나는 그의 생각에 문제가 있다고 여겨 다소 강한 어조로 답변을 시작했다. 여기 있는 환우들 모두 한 번쯤은 '죽음'을 생각해 봤을 것이다. 그러나 실행할 수 없는 이유 중 하나는 남은 가족에게 씻을 수 없는 상처를 남기게 되기 때문이다. 재활병원에 입원하는 것이 가족을 편하게 해 줄 것 같지만 재활병원에 가면 가족과 단절이 되기 십상이고 그리되면 환자에게도 무척 안 좋은 영향을 미칠 것이다. 그리고 가족들도 처음엔 편한 것 같아도 부채의식이 자라게 되어 환자 본인이나 가족 모두에게 좋지 않은 선택인 것 같다.

차라리 활동보조 시간을 더 청구해서 활보를 일상 중에 적극적으로 활용할 방법을 강구해 보는 게 어떻겠냐? 그럼 본인과 가족 모두 실질적인 도움을 받을 수 있고 마음이 편해질 것 같다.

나는 말미에 '절대 재활병원에 들어갈 생각은 마라.'는 얘기를 거듭했다. 그는 내 말에 수긍이 된다는 표정을 지었다. 그럼에도 그의 눈은 여전히 슬퍼보였다.

병실에 돌아와서 아내에게서 그에 관한 얘기를 듣고 내가 실수를 했음을 깨달았다. 재활병원에 대한 생각은 그가 아닌 그의 배우자와 가족들의 생각이라는 것이다. 본인이 선택할 여지가 없는 상황이 그의 슬픈 눈과 침묵의 이유 중 하나였을 것이다.

이런 과정을 겪는 환우들이 적지 않다. 그럼에도 나는 가능한 집에서 해결할 수 있는 방법을 찾아야 한다고 생각한다. 어차피 우리 병은 아직 치료가 불가능한 것이나 마음의 치유는 가능하다.

마음이 평화로워지면 건강 유지에 도움이 된다. 반대로 마음의 상처가 병을 악화시키는 경우를 여러 번 보았다. 재활병원은 오직 할 수 있는 치유의 기회마저 포기하는 것이고 버틸 힘을 급격히 상실하게 만든다고 생각한다. 괜한 오지랖에 그의 속만 더 시끄럽게 만든 것 같아 미안할 따름이다.

내일은 먼저 더 밝게 인사를 나눠야겠다.

슬기로운 환자생활 13_ 3일차

이번 입원 기간 중 식단에 변화를 주었다. 삼시세끼 죽이 지겨워 아침을 간편식으로 먹고 병원식은 점심과 저녁 두 끼만 주문했다. 삶은 달걀 2개, 약간의 샐러드, 사과 반 쪽, 뉴케어 1캔이 아침 식사다. 아침을 그렇게 먹으니 확실히 점심과 저녁 먹기가 조금 수월한 것 같다. 또 저녁에는 치킨, 족발 등 다양한 외식을 곁들이니 영양면에서 부족함이 없다.

목의 통증이 점점 심해진다. 목근육이 빠지면서 남은 근육이 무거운 머리를 지탱하다보니 피로도가 가중되고 그것이 지속되다 보니 통증이 오는 것 같다. 통증 완화 주사 맞는다고 근본적으로 해결될 일은 아니지만 다만 며칠이라도 편해지고 싶어 재활과 담당 교수 회진 때 요청하여 9시에 진료 시작하자마자 재활의학과에 내려가 목과 어깨에 주사를 맞았다. 확실히 주사를 맞고 전기치료를 받는 동안에는 통증이 줄어든다. 퇴원하여 이삼 일 지나면 다시 원위치로 돌아온다 하더라도 입원 기간만큼은 조금 가볍게 지낼 수 있다.

커피 친구 베프 은아 씨와 1층 할리스로 내려가 커피를 마셨다. 현 차장이 보내 준 커피 상품권을 이용했다. -잊지 않고 보내주는 참 고마운 벗이다.- 은아 씨는 아라, 나는 아아다. 아프기 전에는 여름에도 뜨거운 커피를 마셨는데 손이 불편해지고 나서는 난 얼죽아가 됐다. 뜨거운 커피는 들다 쏟을 염려도 있고, 마시기도 힘들다. 하지만 아아는 빨대를 꽂으면 조금만 들어도 마실 수 있고 설사 쏟는다 해도 옷만 갈아입으면 되기 때문이다. 우리는 커피를 마시며 입원 전 일상과 지난달 다녀온 아산병원에 대해 얘기했다. 은아 씨는 호흡에는 아무런 문제가 없지만 그곳 교수 말처럼 건강할 때 재활 연습을 하는 것이 더 중요하다는 말을 전해주었다.

그녀는 나를 '삼촌'으로 부를 만큼 나이 차이 많이 나지만 작년 7월 이후 우리는 정말 많은 얘기를 나눠 왔다. 나는 그녀의 얘기를 많이 들어주었고 그녀나 나나 남들에게 하지 않거나 못하는 얘기도 나누며 때론 눈물을 보이기도 했다. '친구란 자신의 어깨에 나의 슬픔을 대신 짊어져 주는 사람'이라고 한다. 우리는 기꺼이 상대방의 슬픔에 공감하고 때론 서로의 비밀(?)도 지켜가며 더욱 단단한 친구가 되어가고 있다.

오후에 복도 끝에서 얘기를 나누고 있는데 '후범 형부, 이리 좀 와 주세요!'라는 외침이 언뜻 들렸다. 복도에는 다른 사람들도 있었는데 아무도 반응을 안하기에 잘못 들었으려니 하고 넘어갔으나 잠시 후 송 환우의 아내가 다급한 모습으로 나왔다. 뭔가 송 환우에게 일이 생겨 복도에 있던 나를 다급하게 불렀지만 내가 제대로 못 들은 것이었다.

'무슨 일이냐?', '사람 불러줄까?'라고 물었지만 수습이 되어간다며 오히려 병실에 들어오는 것을 막았다. 아마도 다른 사람에게 보이고 싶지 않은 일이 생긴 것 같다. 무척 미안한 마음으로 병실로 돌아왔는데 아무래도 마음에 걸려 전화를 해보니 서 선생님(곽 환우의 활보)을 보내달라고 했다. 서 선생님께 급히 가보라 전하고 나니 미안한 마음이 더 커졌다. 다행히 잠시 뒤 일이 수습되고 송 환우는 밖으로 나왔고 그의 아내도 기진맥진한 모습으로 나왔다. 그 모습을 보고는 바로 가보지 못한 나를 자책하며 사과의 문자를 보냈다.

슬기로운 환자생활 13_ 4일차

　사흘째 새벽 2시 30분에 깼다. 눈이 아프고 침침하다. 다시 자야하는
데 또 이어폰을 꽂은 게 실수였다. 그냥 잔잔한 음악이나 듣던지 잠오는
철학 강의나 들었어야 했는데 평소 즐겨 듣는 팟케스트 방송을 듣다 하
도 웃겨서 호흡기 마스크를 끼고 큭큭 웃다보니 잠은 안드로메다로 가버
렸다. 깔깔한 아침을 먹고 휠체어에 앉아 멍때리고 있으려니 창 측에 있
던 환자가 퇴원을 한다며 '건강하시라'는 인사와 함께 '있는 동안 시끄러
웠다'고 뼈있는 한마디를 던지고 갔다.

　점잖은 편이었던 그는 늘 커튼 안에만 있었는데 나와 곽 환우 그리고
수시로 찾아오는 루 환우들로 인해 불편했던 모양이었다. 하지만 나는
그의 기도 소리와 아침에 틀어 놓는 뉴스에도 크게 불평하지 않았는데
뒤늦은 억울함이 살짝 밀려왔다. 그러나 나도 나와 곽 환우가 얼마나 떠
드는지 잘 안다. 그리고 우리 병실에 많은 환우들이 수시로 들락거리는
것도, 그들과의 대화가 다소 시끄러울 수 있다는 것도 안다. 그래서 사실
늘 주변 환자들에게 미안한 마음을 갖고 있다.

　퇴원한 환자의 반대편에 있는 환자도 늘 커튼 속에 있었다. 인공호흡
기가 있고, 위루줄로 영양식을 넣는 것 같아 우리 루 환우인줄 알았는데
알고 보니 다른 병으로 입원한 17살 어린 환자였다. '준홍' 그의 이름은
조카의 아들과 이름이 같아 금방 외워졌다. 그는 몇 달 전 원인 모를 고
열에 정신을 잃고 응급실로 왔다가 중환자실에서 2개월을 보냈고, 그때
콧줄과 기관 삽관을 하였다고 했다. 그 2개월 동안 죽을 고비도 여러 번
넘겼고, 깨어날 확률이 없다고 했는데 기적적으로 깨어나 일반 병실로

옮겼고 이제 재활 치료를 받는다고 했다.

　그 친구는 어머니가 병간호를 했는데 매우 조용한 편이라 병실에 다른 사람에게 먼저 말을 걸지 않았다. 그의 상태를 잘 모르던 나는 우리가 크게 떠들어 불편하고 싫어하지는 않을까 걱정했었다. 가뜩이나 오늘 퇴원하는 사람으로부터 '그동안 시끄러웠다'는 인사(?)를 들었던 상황이라 그 걱정을 더 키웠다. 아침에 화장실에 다녀오는 길에 그녀가 병실 문에 기대어 전화통화를 하고 있었다. 내가 병실 문에 다다랐을 때 마침 통화를 마친 그녀를 보고 '힘드시죠?'라고 인사를 건넸더니 작은 미소를 지으며 '아들이 더 힘들죠. 저야 뭐~'하며 받아 주었다.

　그래서 내친 김에 그 커튼 속에 있는 아이와 인사를 나누기로 했다. 그의 어머니에게 아이를 봐도 되겠냐고 양해를 구하자 그녀가 커튼을 젖히고 아이를 보여주었다. 내가 '안녕!'하고 인사를 건네자 밤송이 같은 머리를 한 그 친구는 안경 너머 동그란 눈으로 내게 인사를 했다. 그동안 그는 콧줄로 영양식을 공급했었는데 오늘 아침에 콧줄을 제거하고 처음으로 입으로 식사를 하게 됐다고 준홍 엄마가 소녀 같은 목소리로 말했다. 그리고 아직도 기관삽관인 상태라 말은 못했지만 그의 엄마는 기적같이 깨어나 이젠 밥까지 먹는 아들을 정말 사랑스러운 눈으로 바라보았다. 몇 개월 동안 침대에 누워있어서 체중이 20키로나 줄고, 팔다리 근육이 모두 빠져 앙상했지만 앞으로 영양 섭취 잘하고, 꾸준히 재활치료를 받으면 좋아질 것이다.

　이렇게 원인 모르게 죽을 고비를 넘긴 사람들을 가끔씩 본다. 그들이 넘다 온 죽음의 고비가 어떤 것인지는 모르지만 이렇게 매일 조금씩 희망이

자라는 그들의 상태가 부럽기도 했다. '우리가 너무 시끄럽게 해서 미안하다'고 하니까 그 친구는 머리를 도리도리함으로써 괜찮다고 답해 주었다. 그 후 나는 수시로 그의 커튼을 젖혔고 그때마다 좋아지는 그 친구의 상태를 보고 덩달아 기분이 좋아졌다.

아내는 수시로 준홍 엄마에게 먹거리를 나눠 주었고 족발, 멕시컨 푸드, 치킨 따위의 간식을 시킬 때마다 같이 나눴다. 그러던 어느 날 준홍 엄마가 비싸서 먹을 엄두도 내지 못했던 큰 딸기 한 팩을 나눠 먹으라고 주었다. '아휴! 뭘, 안 줘도 된다'고 했지만 우리는 그것도 맛있게 나눴다.

오늘 퇴원한 병상에는 2인실에 있던 송 환우가 옮겨 왔다. 이제 5인실에 4명이 루 환우고, 준홍이네까지 친해졌으니 우리는 더 시끄럽게 깔깔거리며 얘기를 나누었고, 먹거리를 나눴다. 물론 커튼도 열어 젖혀 답답한 병실도 한결 밝아졌다.

나중에 얘기를 들으니 준홍이는 상태도 좋아지고 남아있던 곽, 송 환우와도 친해져서 그들의 전동휠체어를 타고 복도에 나가기도 했다고 한다. 그리고 재활병원으로 옮기던 날 환우들에게 '고맙다'고 인사를 했다고 하니 해준 것 없는 내 마음이 다 뿌듯했다. 준홍이의 빠른 쾌유를 빈다.

슬기로운 환자생활 13_ 5일차

주치의에게 사흘째 계속되는 난면증에 대해 얘기했더니 신경안정제 반 알을 처방해 주어 먹고 잤다. 통증으로 역시 서너 번 정도 깼으나 약효 덕분인지 다시 잠들 수 있었다. 6시 40분경 눈이 떠졌다. 다시 자려면 잠들 수 있을 것 같았으나 일어날 시간이라 이어폰을 꽂고 유튜브로 뉴스를 봤다. 아내도 간만에 깊게 잠들은 것 같아 7시 40분까지 깨우지 않고 한 시간 가량 더 누워 있었다.

아내는 일어나자마자 샤워장으로 달려가 자리를 맡았다. 겨울철이라 목욕은 이틀에 한 번 하고 사이에는 머리만 감는다. 병실 세면대 옆에 샤워기라도 있으면 머리 감을 때 좋으련만 다인실 화장실엔 샤워기가 없다. 그리고 샤워장엔 반대로 세면대가 없어서 머리를 감기 위해서는 신발을 벗고 바지를 최대한 걷어 올린 다음, 있는 대로 쩍벌을 하고 머리를 깊숙이 숙여야 한다. 감기는 사람이나 감는 사람 모두 힘들다. 환자들 중 상당수는 이 자세를 오랫동안 유지하기 어렵다. 그리고 아예 머리를 숙이지 못 하는 사람도 많다. 샤워기, 세면대 설치 등 작은 변화만 줘도 만족도가 오를 수 있을 텐데 왜 방치해 놓는지 이해가 안 된다. 환자 중심이 아니라 이익 중심으로 병원이 운영된다는 방증 중 하나다.

초원의 사자는 배가 부르면 더 이상 사냥을 하지 않는다. 그래서 배부른 사자 옆에는 얼룩말이나 물소가 한가로이 풀을 뜯어 먹는 장면을 볼 수 있다. 그러나 자본가라는 괴물은 포만감을 느끼지 못해 끊임없이 재화를 불리려 약자의 몫까지 강탈하곤 한다. 아프리카 평원의 평화조차도 없는 것이 자본주의 시스템의 가장 큰 단점이다. 우리나라 병원은 영리를 목적으로 하지 않는다. 환자의 진료와 치료에 관한 모든 것은 법률에 의해 규정되고 민관이 조율한다. 그리고 정부는 다양한 명목으로 금전적 지원을 한다. 그래서 우리나라 건강보험 시스템을 세계 최고의 자리에 올려놓았다. 이 시스템이 세계적인 복지 모델이 된 것은 국민의 건보료와 세금 부담이 중추적 역할을 했다. 그럼에도 큰 종합병원들은 매년 적게는 수십억에서 많게는 수백억까지 이익을 낸다. 의료진과 환자에게 돌아갈 서비스 비용이 학교 또는 재단의 몸집을 불리는 데 쓰이고 있다. 안타까운 일이다.

어제 주문한 떡이 아침에 배송됐다. 내가 좋아하는 구름떡이다. 9만원짜리 큰 상자에는 떡이 56개 들었다. 아내는 꼼꼼하게 환자마다 2개씩 돌리고 3교대하는 간호사들 몫도 빠트리지 않았다. 그래봐야 환자와 보호자 한 개, 간호사들의 몫은 두 개다. 마음 같아서는 세 상자쯤 사서 나누면 넉넉할 것 같은데 이번 입원은 내돈내원이니 참아야 했다. 웬 떡이냐 묻는 사람이 있어 다음 달에 내가 완치될 예정이라 미리 떡을 돌리는 것이라고 했다. 이 어림없는 농담에 모두 깔깔 웃어줬다.

송 환우의 아내가 시어머니와 교대했다. 그러고보니 27호 병실 한 쪽이 쪼르륵 지난 달 아산병원에 같이 입원했던 사람들과 보호자들이다. 반가운 인사를 나눴지만 아내를 잃은(^^) 송 환우는 우울해 보인다. 하긴 나도 가장 편한 보호자는 아내임에 틀림없다. 그러나 매달 이 고생을 계속하게 둘 수는 없다. 입원 기간만이라도 활동보조인의 도움을 받으려 하는데 생각보다 쉽지 않다. 겨울이 가기 전까지 해결이 되길 바란다.

슬기로운 환자생활 13_ 6일차

신경 안정제 먹고 자서 6시에 눈이 떠졌다. 어차피 일어날 시간이라 이어폰으로 유튜브의 '싱어게인2' 프로그램을 시청했다. 두 번째 노래인가? 60대로 보이는 가수와 20대 초반의 풋풋한 가수가 양희은의 노래 '엄마가 딸에게'를 불렀다. 그녀들의 얘기하듯 부르는 잔잔한 목소리에 절로 눈을 감겼다. 그 순간 "내가 좀 더 좋은 엄마가 되지 못했던 걸 용서해 줄 수 있겠니?"라는 가사가 들렸고, 그 가사는 "내가 좀 더 좋은 아빠가 되지 못했던 걸 용서해 줄 수 있겠니?"와 "내가 좀 더 좋은 남편이 되지 못했던 걸 용서해 줄 수 있겠어?"로 바뀌어 들어왔다. 순간 눈물이 나기 시작하더니 걷잡을 수 없이 터져버렸다. 좁은 보호자 침대에서 쪽잠을 자고 있는 아내의 뒷모습에 점점 무너지는 나를 보고도 티 안 내고 열심히 나를 살펴주는 아이들의 모습이 겹쳐 나는 꺽꺽 소리를 내며 울었다.

호흡이 불안정해지자 호흡기는 연신 삐비빅~ 경고음을 내뱉고, 나도 더 이상 참지 못해 아내를 깨웠다. 갑작스런 상황에 깜짝 놀란 아내는 호흡기를 벗기고 눈물을 닦아 주었다. 꼭 끌어 안고 등을 두드리며 '무슨 나쁜 꿈을 꿨냐?', '꿈에 어머니를 만났냐?'고 물었다. 나는 차마 이유를 말하지 못했고 한동안 아내의 품에서 펑펑 울었다.

오후에 전기치료를 받고 내일 퇴원한다고 인사를 하고 나오는 길에 박 쌤이 따라와 다음 주에 재계약 발표가 있는데 앞으로 못 보게 될 수도 있다며 손을 잡으며 인사를 하더니 갑자기 허그를 했다. 그녀와 얼굴을 익힌지는 오래됐지만 직접 치료는 두 번 받은 게 다인데 나는 의외의 허그와 응원의 인사에 놀랐다. 꼭 필요한 자리의 인력임에도 계약직으로 운영하는 우리 사회의 얄팍한 자본주의 논리가 공공의 목적을 위한 조직에도 스며들어 이렇게 철새를 만드는 것이다. 나도 박 쌤에게 '고마웠다. 다음 달에 꼭 다시 보자.'고 응원의 인사로 답했다.

저녁 모임에서 베프에게 아침의 감정에 대해 얘기했다. 다시 눈물이 나기 시작했다. 그녀의 눈에도 물기가 비쳤다. 그녀는 자기 남편이 어느 날 술을 마시고 들어와서는 그녀의 발을 쓰다듬으며 '네가 점점 없어지는 것 같아.'라고 얘기했다며 굵은 눈물을 흘렸다. 조금 더 있으면 우리 둘 다 엉엉 울 참이었는데 그때 아내가 우리에게 왔다. 베프는 아내에게 '영은 아줌마 삼촌이 자꾸 울려요.'라며 일렀고(^^) 아내는 '왜 그랬냐'며 나를 야단쳤다. 그 덕에 우리는 울음을 멈출 수 있었다.

〈새로 만난 환우들〉

이번에도 여러 명의 새로운 환우들을 만났다.

원주에서 온 은경 씨는 42살의 초등학생 딸을 가진 환우다. 임상환자인 그녀는 급속히 상태가 악화돼 두 다리의 힘을 모두 잃었다. 그리고 오른손도 거의 힘을 잃어 가고 있는 상태였다. 그녀는 병동 제일 끝에 있는 2인실에 있었는데 베프를 통해 그녀의 존재를 알게 된 나는 먼저 찾아가서 그녀와 그녀의 어머니한테 인사를 했다. 그녀는 이번이 줄기세포 임상 4차인데 상태가 급속히 악화되자 임상을 중단하고 라디컷을 맞는 것을 담당 교수와 상의했다고 한다. 담당 교수는 이번까지 하고 상태를 보고 결정하자고 했다고 한다. 그럼에도 다행히 그녀는 밝은 미소를 잃지 않고 있었다. 그리고 그녀의 어머니 역시 밝은 기운을 가지고 계셨다. 줄기세포를 주입하고 통증과 두통에 고생하는 그녀를 마지막으로 보고 퇴원하는 날은 보질 못했다. 아직 젊은 나이에 그리고 아이에게 해 줄 일이 많은 엄마라 더 마음이 쓰인 환자였다.

75년생 연 환우는 확진받은 지는 6개월쯤 됐고 아직 한 손이 불편할 뿐 걷고 말하는 것은 일반인과 다름없는 상태였다. 마지막 저녁 환우 모임에서 만난 그는 결혼했냐는 질문에 '날짜까지 잡았다가 놓아 주었다'고 했다. '놓아 주었다'는 말이 마음을 아프게 했다. 그는 아직 병을 인정하지 못했다. '왜 하필 내게', '내가 무슨 잘못이 있다고', '나쁜 놈들도 잘 사는데' 등등 현실 부정과 함께 대상없는 분노가 가득했다. 그 마음이 충분히 이해되어 다른 말은 하지 못했다. 다만 겨울철 추운 날씨가 우리 루 환우들에게는 안 좋으니 따뜻하게 다니라고 했다. 사랑하는 사람을 놓아 준 그에게 어떤 말이 필요하랴.

모임을 마치고 환자복 차림으로 담배를 피러 가는 그의 뒷모습을 향해 드라마 '나의 아저씨'의 이지안이 박동훈 부장에게 했던 것처럼 자그맣게 '파이팅!'을 외쳤다.

또 다른 환우는 줄기세포 1차 임상을 위해 입원한 토끼띠 동갑네기 남 환우였다. 경기도 광주에서 올라온 그는 역시 자신의 병에 대해 인정하지 못한 상태였다. 잠깐의 대화에서 분노, 슬픔, 좌절의 감정을 고스란히 느낄 수 있었다. 그리고 그와 그의 아내는 줄기세포 주입에 대한 매우 큰 기대를 갖고 있었다. 언젠가는 그 희망의 크기에 몇 곱절이 될 절망이 찾아 올 수도 있는데, 차마 큰 기대를 하지 말라고 얘기할 수는 없었다. 대신 좋은 결과 있기를 바란다는 진심어린 기원을 해주었다.

마지막으로 가장 기억에 남는 환우는 베프의 병실에 들락거리다가 퇴원 전날 알게 된 집사람과 동갑인 여 환우였다. 그 병실에 갈 때마다 커튼이 굳게 쳐져 있었는데 베프가 창가 병상도 우리 환우라고 말해 조심스럽게 커튼을 젖히고 인사를 했다. 그녀는 확진 받은 지 2년이 됐는데 심한 구음장애만 왔을 뿐 팔다리는 아무 병세가 없었다. 그러나 목소리를 잃은 그녀는 깊은 좌절의 구덩이에 빠져 있었고 하루 종일 커튼 안에서 그녀에게 다가온 불행을 향해 끊임없이 돌을 던지고 있었다.

그런 그녀에게 인사를 하고 옆 병상 환자들이 다 루 환우니까 커튼을 열어도 되겠냐고 양해를 구했다. 그녀의 양해 덕분에 왼쪽 세 병상의 커튼은 모두 오픈됐다. 그리고 다른 환우들과도 인사를 나눴다. 나도 목소리를 내기가 쉽지 않아 나는 그 길로 곽 회장을 데리고 갔다. 곽 회장은 역시 오랜 경험과 달변으로 그녀의 마음을 열기 시작했다. 이제 6차례 라디컷을 맞고 있는 그녀는 구음장애에 효과가 있는 뉴덱스타를 먹지 않고 있었다. 얘기를 들어보니 담당 교수가 효과가 없다고 처방전을 써주지 않았다고 하는데 이해가 안 갔다. 그래서 뉴덱스타 전문가인 아내를 보내 설명과 도움을 주라고 했다. 아내는 바로 그 병실로 달려가 동갑내기 친구에게 자세한 설명과 더불어 빨리 처방과 식약처 신청을 마칠 수 있도록 도움을 주었다. 다음 날이 퇴원이라 식약처에 팩스로 신청하는 일은 최근 아내로부터 방법을 전수 받은 둥이네(100키로 넘는 자기 남편을 귀염둥이라 불러 생긴 애칭이다.)가 담당해 주기로 했다.

이렇게 환우들과 보호자들은 서로에게 손을 내밀고 어깨를 걸어 힘을 준다. 나도 그 힘으로 여기까지 왔고 앞으로도 그리 될 것이다.

우리는 세상에서 가장 무거운 병을 얻었지만 반면 가장 위로가 되는 벗을 얻기도 했다. 이곳 한양대병원에서.

슬기로운 환자생활 13_ 퇴원

맞은편 병상에 있던 정 환우가 수동침대가 불편하다며 15층으로 옮겼다. 병간호하는 누이에게 수시로 '올려 달라, 내려 달라' 부탁하는 것도 미안했던 것 같다.

새로 입실한 환자는 91살의 노인이었다. 무슨 병인지는 모르나 고개를 들어 인사하실 정도로 의식도 있고 나이답지 않게 목소리도 또렷하셨다. 낮에도 조용하시고 잠자리도 별 다른 증상이 없으셨던 할아버지가 새벽녘에 잠꼬대인지 신음인지 분간이 안가는 소리를 내셨다.

"아이고 어머니 아파요."

"어머니 살려 주세요."

아흔 살이 넘은 할아버지가 어머니를 찾는 소리는 병실 가득 퍼졌다. 신달자 시인은 '사모곡'이란 시에서

〈사모곡 〉

– 신달자 –

길에서 미열이 나면

하나님 하고 부르지만

자다가 신열이 끓으면

어머니,

어머니를 불러요

아직도 몸 아프면

날 찾냐고

쯧쯧쯧 혀를 차시나요

(하략)

아! 하느님이 자신의 손길이 다 미치지 못하는 곳을 위해 어머니를 세상에 보냈다고 하더니 91살의 노인도 아프면 찾을 만큼 어머니는 위대한 존재다. 나 역시 오래 전 돌아가신 어머니를 꿈에서라도 만나면 좋으니 말이다. 아침에도 다시 한 번 어머니를 찾는 할아버지를 보며 퇴원 수속을 마쳤다.

다른 때보다 3일 빠르게 퇴원해서 그런 것도 있고, 깨어있는 내내 웃고 떠들며 즐겁게 시간을 보낸 덕에 일주일의 입원기간은 지루할 틈도 없이 지났다. 각 병실을 돌며 퇴원 인사를 했고 많은 환우들과 보호자들이 엘리베이터까지 마중을 나왔다. 홍수 형은 내 퇴원을 돕겠다며 와주어 무거운 짐들을 장콜에 실어 주었다. 고마운 벗들로 인해 이번 환자생활도 슬기롭게 마쳤다.

모두에게 감사하다.

나는 희망의 증거이고 싶다

초판인쇄   2022년 05월 06일
초판발행   2022년 05월 20일
지 은 이   이후범
엮 은 이   곽재규
펴 낸 이   옥종필
편집·인쇄   황선혜
펴 낸 곳   도서출판 애드미트
등록번호   제 301-2009-165호
주   소   서울 중구 퇴계로197 충무빌딩 311호
전   화   02-2275-0150
메   일   admeet21@hanmail.net

ISBN 979-11-88271-12-2

정가 18,000원

저자와 합의하에인지는 생략함.

파본은 구입하신 서점에서 교환하여 드립니다.